劳动与社会保障法实务教程

张居盛 唐文娟 主编

科 学 出 版 社
北 京

内 容 简 介

本书以培养学生法治理念、创新能力、法律职业素养和技能为宗旨，根据劳动与社会保障法的运行规律和实务过程，以实验项目为教学单元，结合现有的法学实验教学方式，融入现代教育技术，从劳动者和用人单位不同视角训练学生职业技能。本书内容涵盖了劳动争议案件咨询、劳动合同的起草与签订、企业规章制度的制定、劳务派遣的运作、工伤赔偿的取证与谈判、劳动纠纷的解决等若干实验项目，并提供了相关的文书、表格，以及复杂程序的流程图、小技巧和拓展思考等内容，同时还对劳动与社会保障法的一些疑难案件进行专题研究。

本书能够充分发挥教师和学生两个主体的积极性，既能满足法学、劳动保障专业实验教学需要，又能满足大学生职场技能训练需要，同时对律师、人力资源管理者也具有很好的参考价值。

图书在版编目（CIP）数据

劳动与社会保障法实务教程/张居盛,唐文娟主编. —北京：科学出版社，2016.9
 ISBN 978-7-03-049634-8

Ⅰ. ①劳… Ⅱ. ①张… ②唐… Ⅲ. ①劳动法－中国－高等学校－教材 ②社会保障法－中国－高等学校－教材 Ⅳ. ①D922.5

中国版本图书馆 CIP 数据核字(2016)第 200940 号

责任编辑：李淑丽　陈会迎/责任校对：杜子昂
责任印制：徐晓晨/封面设计：华路天然工作室

科学出版社 出版
北京东黄城根北街 16 号
邮政编码：100717
http://www.sciencep.com

北京中石油彩色印刷有限责任公司 印刷
科学出版社发行　各地新华书店经销

*

2016 年 9 月第 一 版　开本：720×1000 1/16
2018 年 7 月第三次印刷　印张：16 3/4
字数：326 000
定价：**55.00 元**
（如有印装质量问题，我社负责调换）

作者简介

张居盛，男，成都大学法学教授，兼职律师。毕业于四川大学法学院，法学硕士。长期担任民事诉讼法学、法律文书写作、劳动法学等专业课程的教学工作，主持民事诉讼法学省级精品课程建设，获四川省政府优秀教学成果三等奖，校级教学名师。研究方向：民事诉讼法和劳动法。出版教材和专著五部，《彝族纠纷解决：过去、现在和未来》获成都市人民政府二等奖，公开发表论文30多篇。四川省诉讼法学研究会理事,四川省立法研究会理事，成都市政协立法协商专家组成员,法治成都建设特邀研究员，主持《成都市妇女权益保障条例》起草工作。

唐文娟，女，成都大学法学副教授，毕业于四川大学法学院诉讼法专业，法学硕士。主要研究方向：社区矫正、司法与诉讼制度。先后主持和参与省部级、州级、院级科研课题和横向课题十余项，《社区矫正在彝族聚居区的探索与实践》由中央编译出版社出版，在各种学术期刊上发表论文20余篇，获得成都市哲学社会科学优秀成果等多项奖励。四川犯罪防控中心研究员、成都法治城市特邀研究员、成都中级人民法院陪审员、成都市妇联专家志愿者。

前　言

建设社会主义法治国家需要一支信念执着、品德优良、知识丰富、本领过硬的法治人才队伍。创新法治人才培养机制，实施卓越法律人才教育培养计划，为全面推进依法治国提供人才保障，是法学教育肩负的重要历史使命。

卓越法律人才教育培养计划围绕提升人才培养质量的核心任务，针对法学高等教育面临的问题与挑战，将目标定位在：以提升法律人才的培养质量为核心，以提高法律人才的实践能力为重点，加大应用型、复合型法律人才的培养力度，培养、造就一批适应社会主义法治国家建设需要的卓越法律职业人才。因此，适应多样化法律职业要求，重视学生法律实务技能的培养，提高学生运用法学与其他学科知识解决实际法律问题的能力，培养一批优秀的法律实务人才，促进法学教育与法律职业的有效衔接，成为创新法治人才培养机制的着力点和突破口。

加强实验教学是实现应用型法律职业人才培养目标、提高学生法律职业技能的途径之一。法学实验教学遵循学校的人才培养计划，让学生通过亲历法律实务操作，发现、验证、描述法律领域的普适性知识，体验法律实务运行规律，解决实际法律问题，养成法律职业品性，提高法律职业技能。法学实验教学对培养学生法律职业的"知行统一"起到了不可替代的作用，并成为卓越法律人才培养不可或缺的重要因素。

为了更好地推进卓越法律人才教育培养基地建设工作，全面深化法学综合改革，培养卓越法律人才，成都大学开发建设了一批提高学生法律实务技能的选修课程和实验教材。在宏观思路上，强调了理论性与实践性相结合，突出培养学生解决实际问题的能力；在体例结构上，强调了体系性与专题性相结合，突出对学生个别重点专题的训练。

劳动与社会保障法实验是其中之一。作为我国劳动保障法制建设进程中的一个里程碑，《劳动合同法》的颁布实施有着深远的意义。在现实中，劳动与社会保障法越来越受到人们的重视，几乎牵动着所有劳动者和人事经理的神经。与此同时，劳动与社会保障法课程教学也受到法学及非法学专业的重视，不仅需要通过理论教学传授基本的劳动理论知识和法律法规，还需要通过实验教学来训练、提高学生运用理论解决实务问题的能力，掌握劳动争议处理的基本技能和技巧。

本书以培养学生法治理念、创新能力、法律职业素养和技能为宗旨，以劳动与社会保障法的运行过程为主线，弥补现有教学理论知识为课程教学内容的不足,具有以下特点:一是整体性,本教材基本涵盖了劳动与社会保障法课程所涉及的全部教学内容和纠纷解决的所有环节;二是实务性,本书通过把劳动法律实务处理过程完整地展现在学生面前,让学生以实验方式演练,给学生提供了亲手处理法律事务的机会,不仅能够传授法律知识,更能培养学生的法律技能;三是可操作性,本教材每章编排由实验目的、实验要求、实验原理、实验素材和实验环节五个基本要素构成,使教师和学生的实验活动目标明确、素材丰富、角色齐全、易于操作。

本书由法学理论素养深厚、实验教学水平高的一线教师,以及法律实践经验丰富、长期处理劳动争议的仲裁员、审判法官和代理律师共同编写。具体分工为:第一章、第四章、第五章、第十章由张居盛教授编写;第二章、第三章由唐文娟副教授编写;第六章、第七章由刘剑编写;第八章、第九章由刘德莉编写。最终由张居盛、唐文娟负责统稿、定稿。

本书的编写得到四川省教学改革"专业法学综合改革"项目的资金支持,在此深表感谢!部分实验素材来源于公开出版物和实务部门的收集整理,在此深表感谢!本教材的顺利出版也得益于科学出版社相关编辑的辛勤工作,在此深表感谢!

由于对法学实验教学的研究有待深入,法学实验教学的组织形式和方法有待探索,加之缺乏法学实验教材编写经验,该教材有些内容可能会出现疏漏或不足,希望广大读者不吝指正,以便我们进一步完善!

编　者

2016年7月11日

目　　录

第一章　劳动与社会保障法实验概述 ………………………………… 1
    一、开展法学实验教学是培养法治后备人才的需要 ……………… 1
    二、劳动与社会保障法实验教学的目的与意义 …………………… 2
    三、劳动与社会保障法实验教学的基本方法 ……………………… 5
    四、劳动与社会保障法实验课程的成绩评定 ……………………… 6
第二章　劳动争议案件咨询 …………………………………………… 8
    实验项目一　劳动关系争议案件咨询实验 ………………………… 9
    实验项目二　劳动保护争议案件咨询实验 ………………………… 14
    实验项目三　竞业限制争议案件咨询实验 ………………………… 18
第三章　劳动合同签订实验 …………………………………………… 25
    实验项目一　劳动合同签订实验 …………………………………… 26
    实验项目二　劳动合同修改实验 …………………………………… 33
    实验项目三　劳动合同变更实验 …………………………………… 41
    实验项目四　劳动合同解除实验 …………………………………… 43
第四章　企业规章制度制定实验 ……………………………………… 61
    实验项目一　企业规章制度调研实验 ……………………………… 62
    实验项目二　企业规章制度起草实验 ……………………………… 65
    实验项目三　企业规章制度审查实验 ……………………………… 72
第五章　工伤赔偿实验 ………………………………………………… 80
    实验项目一　工伤委托代理合同签订实验 ………………………… 80
    实验项目二　工伤认定实验 ………………………………………… 82
    实验项目三　劳动能力鉴定实验 …………………………………… 85
    实验项目四　工伤保险待遇支付实验 ……………………………… 89
第六章　劳务派遣实验 ………………………………………………… 93
    实验项目一　劳务派遣公司实验 …………………………………… 93
    实验项目二　劳务派遣的行政许可实验 …………………………… 99
    实验项目三　劳务派遣运作实验 …………………………………… 101

第七章　劳动争议调解实验 ……………………………………………… 112
实验项目一　工会劳动争议调解实验 …………………………………… 112
实验项目二　劳动争议调解文书写作及归档实验 ……………………… 119

第八章　劳动争议仲裁实验 ……………………………………………… 125
实验项目一　劳动争议仲裁庭前程序实验 ……………………………… 126
实验项目二　劳动争议模拟仲裁庭审及执行实验 ……………………… 132
实验项目三　劳动争议仲裁涉及的各类法律文书写作实验 …………… 137

第九章　劳动争议诉讼实验 ……………………………………………… 149
实验项目一　劳动争议案件的起诉与受理实验 ………………………… 149
实验项目二　劳动争议案件审判实验 …………………………………… 159

第十章　疑难案例分析实验 ……………………………………………… 167
实验项目一　劳动关系的认定 …………………………………………… 168
实验项目二　单独试用期合同的效力 …………………………………… 173
实验项目三　培训服务期协议 …………………………………………… 175
实验项目四　侵权与工伤的竞合 ………………………………………… 178
实验项目五　无固定期限劳动合同的签订 ……………………………… 182
实验项目六　在校大学生签订的劳动合同的效力 ……………………… 188

附录 …………………………………………………………………………… 192
附录一　中华人民共和国劳动法 ………………………………………… 192
附录二　中华人民共和国劳动合同法 …………………………………… 202
附录三　中华人民共和国劳动合同法实施条例 ………………………… 215
附录四　劳动法相关司法解释 …………………………………………… 219
附录五　中华人民共和国社会保险法 …………………………………… 229
附录六　工伤保险条例 …………………………………………………… 241
附录七　中华人民共和国劳动争议调解仲裁法 ………………………… 252

第一章 劳动与社会保障法实验概述

一、开展法学实验教学是培养法治后备人才的需要

建设法治中国需要大批信念执著、品德优良、知识丰富、本领过硬的法治人才。中央卓越法律人才教育培养计划提出强化学生法律职业伦理教育、强化学生法律实验技能培养,提高学生运用法学与其他学科知识方法解决实际法律问题的能力。创新法治人才培养机制,实施卓越法律人才教育培养计划,为全面推进依法治国提供人才保障,是法学教育肩负的重要历史使命。

高校法学专业作为培养法治后备人才的主要基地,坚持专业教育与通识教育并重,大众化教育兼顾精英教育理念,培养造就了大批具有法律人格、法律知识和法律职业技能的专门人才。但是,我们也要清醒看到,同加快建设社会主义法治国家的新形势、新要求相比,法治人才培养质量和机制还存在一些亟待解决的问题。目前我国法学教育模式仍然是以传授知识为主,注重对基础理论的训练而忽视学生的实际操作能力培养,导致法学教育很难培养出符合"厚基础、宽口径、高质量"的专门法律人才,改变这种教学模式,必须探索出一条新的能够更加注重学生的实际操作能力的教学模式。美国大法官霍姆斯认为,法律的生命不在于逻辑而在于经验,而法律之经验必经法律职业的丰富过程才能习得和领会。法学教育必须提供法治人才所需的知识、技能及价值,即养成良好的法律职业品性;具备适用的法律科学知识;掌握必备的法律职业技能;具备创新素养并能够借助这种素养创造性地发现、分析、解决法律实务问题。

卓越法律人才教育培养计划围绕提升人才培养质量的核心任务,针对法学高等教育面临的问题与挑战,将目标定位在:以提升法律人才的培养质量为核心,以提高法律人才的实践能力为重点,加大应用型、复合型法律人才的培养力度,培养、造就一批适应社会主义法治国家建设需要的卓越法律职业人才。因此,适应多样化法律职业要求,重视学生法律实务技能的培养,提高学生运用法学与其他学科知识解决实际法律问题的能力,培养一批优秀的法律实务人才,促进法学教育与法律职业的有效衔接,成为创新法治人才培养机制的着力点和突破口。

培养学生法律实践能力主要有法律实验、法律实训、法律实践等途径。后两种教学方式是比较早就采取的教学方法。"法律实训"是教师采用来自法律职业实验的实际案例,并利用学校的实验教学条件模拟相应的实际法律职场环境,指

导学生通过参与式、操作式、扮演式、体验式学习，发现、验证、描述法律领域的普适性知识，体验法律实务运行规律，解决虚拟的法律问题，提高法律职业能力，形成准法律职业直接经验，产出相关法律知识成果的过程。"法律实践"教学，是学生根据学校法科专业人才培养目标及教学计划的要求，在法律实务部门和学校的双重管理下，通过学生在法律实务部门顶岗任职等形式，以法律实务部门员工的身份在实际岗位上自主实施实质性职业行动并由此全面体验(相对于非"实习"形式下的不完全体验而言)法律职业角色意识、权利、义务、责任、知识、能力、技术的过程。法学实验教学是学生遵循学校的教育培养计划，通过亲历法律科学研究和实验操作，发现、验证、描述法律领域的普适性知识，养成法律职业品性，体验法律实验运行规律，解决实际法律问题，提高法律职业技能，形成法律职业直接经验，产出相关法律知识成果的过程。[1]

法学实验教学是连接理论教学与法律实践之间的桥梁。法学实验教学是在人为控制条件下，让学生通过系列的人际互动、人机互动与实务操作，将特定法学理论和法律规则转化为实践过程，从而让学生体验理论和规则并培养其法律实践能力的教学活动。法学实验教学在培养学生法律职业"知行统一"方面能够起到不可替代的作用，并成为培养卓越法律人才不可或缺的重要因素。法学实验教学是将特定法学理论和法律规则转化成法律实践的过程，可以培养法律人的表达、沟通、合作、写作、决策能力，可以提高学生分析问题和解决问题的法律实践能力。

二、劳动与社会保障法实验教学的目的与意义

劳动与社会保障法的课程内容和每个人的社会生活及切身利益息息相关，实践性很强，不仅需要传授基本的理论知识和法律法规，还需要通过实践教学来训练、提高学生运用理论解决实验问题的能力。各高校大多都对该课程配备了一定的实践教学学时，但由于各种因素的限制，劳动与社会保障法课程的实践教学面临多种困境。一是质量不高、流于形式。过分强调理论教学，实验教学未能纳入日常课程体系，实验教学操作规范缺乏。二是设备陈旧、投入不足[2]。劳动与社会保障法实验必须通过仿真数据模拟，以操作化、规范化的标准要求方可督促学生熟悉并掌握劳动与社会保障领域的法规政策、操作流程等。而实验实训教学经费投入不足已成为部分高校法学本科专业实验教学质量提高的瓶颈，有的高校没有符合标准的实验室，或者虽有实验室但设施落后，社会保障方面的实践操作模

---

[1] 王均平. 法学实验教学相关概念的界定及其应用[J]. 高等教育研究, 2012, (9)
[2] 杨萍. 劳动与社会保障法实践教学模式探讨[J]. 临沂大学学报, 2015, (5)

拟软件资源更为稀缺。三是实验教材缺乏。目前国内普遍缺乏法学相关学科实验教材,而已有的劳动与社会保障法实验教材内容缺乏仿真性,模拟案件案情过于简单,内容陈旧、与新的法律法规联系不紧密等。

劳动与社会保障法实验课程就是在学生完成劳动与社会保障法理论学习后为其开设的课程。其重要意义主要体现在以下几个方面。

(一)有利于充分调动学生课程学习的积极性和主动性

劳动与社会保障法实验教学所选实验素材源于现实社会中的生活原型,一般具有较高的关注度,容易引起人们的兴趣;并且实验教学是将传统教学以"教"为主,转变为"学"和"用"为主,要求以学生为中心,学生通过扮演不同的角色,完成相关实践项目,有利于促使其更加主动地学习,更好地理解和运用劳动与社会保障法的相关理论知识。实验教学中老师与学生的互动,发挥着启发性和引导性作用,学生之间的互动可以让学生体会到团队交流、分享、合作的乐趣。

(二)有利于培养学生解决实际问题的能力

现代社会,法律知识爆炸式增长,不必要把所有陈旧、固化的理论都灌输给学生。劳动与社会保障法实验以最新的劳动法律法规、司法解释为依据,运用劳动与社会保障法新理论分析解决现实生活中复杂多变的劳动争议案件,能够帮助学生开阔视野,启迪智慧,激发其思考,也能展现其创造性。劳动与社会保障法实验教学采用生活中的实例,并且不预设"标准答案",使学生有充分的空间去发挥自己的批判性思维和创造性,有利于提高学生运用理论解决实际问题的能力,并通过实际问题的解决进一步丰富和发展其理论知识。

(三)有利于增强学生在职场的适应性

实验教学以实践为基石,培养学生对法律知识的运用能力,并对法律的社会需求有更深的认知。在实验教学过程中,学生调动视觉、听觉、触觉等感官,动用心脑和肢体,通过与同学、老师或其他社会群体进行沟通、分享、合作等互动,有助于发散思维,从多角度加深对知识的理解,同时训练学生的独立思考、应变、表达、谈判、人际交往及团队合作能力,提升学生的综合素质[①]。通过实验教学训练的学生在未来的就业市场上具有更强的竞争力和适应性。

劳动与社会保障法实验课程通过开展各种法律实验项目,培养学生将法学理论应用于法律实践的能力,包括拟定提纲、整理思路、调查研究、分析判断、语

---

① 杨思斌. 劳动与社会保障法实验教学基本模式探讨[J]. 芜湖职业技术学院学报, 2013, (1)

言表达、笔录文案等法律专业能力，以及扮演不同法律职业角色、与不同类型社会成员交往，在不同场合进行表达等社会适应能力。实验教学本身存在多元的目标体系，至少有以下五个教学目标：第一，案件事实的叙述和分析能力；第二，法律关系的分析和判断能力；第三，证据运用能力；第四，文书写作能力；第五，批判性法律思维能力。劳动与社会保障法实验教学在培养法学学生的法律职业技能的根本目标下，努力创造模拟法律事务环境、建立真实的法律服务平台、创造法学学术研究平台、提供理论教学辅助平台和开设师生互动平台来保证目标实现。当然，这种教学方法并不期望所有的学生都能实现这五个教学目标，而是其中的两个、三个或者更多。

要实现劳动与社会保证法实验教学的目标，需要专门的实验教学教师、完备的实验教学课程体系、够用的实验设施和配套的法学实验教材等条件。但是，现有教材偏重阐释本门课程的基本理论和涉及的主要法律法规的内容，教学方法和手段都相对单一，学生只能通过听讲来了解和学习教材上的专业理论知识，加之学生对劳动与社会保障领域比较生疏，在学习中往往很难把所学知识与劳动社会保障实践直观地联系起来，在培养学生自主学习能力和法律职业技能方面就有所欠缺。此外，劳动与社会保障法实验素材缺乏。开展劳动与社会保障法实验更为重要的是实验素材，实验素材是学生进行创造性加工的原材料。案例是实验素材中最重要的因素，应该从真实的劳动与社会保障争议案件入手，涉及劳动与社会保障各个阶段和环节，并且能保持案件的真实性和原始性，供老师和学生实验时选用。

为此，要求劳动与社会保障法实验教材具有以下特征。

（1）仿真性。劳动与社会保障法实验课程的素材来自劳动与社会保障领域实际发生的案例或者企业人力资源管理过程经常遇到的法律问题，具有高度的仿真性。教师根据教学目的和内容，选取典型案例，设置特定场景，学生在案例场景中扮演法律职业角色，启发学生自主学习，以期提高学生分析问题和解决问题的能力。教材所选取的实验素材都是劳动与社会保障实务中经常遇到的真实典型案例，能反映出案件事实与法律适用的关联度，社会关注度高。

（2）综合性。劳动与社会保障法实验课程教学过程中，不仅会遇到劳动法、劳动合同法、社会保障法等实体法的内容，还会涉及劳动争议调解、仲裁和诉讼等程序法内容。教材选取劳动与社会保障纠纷中常见八个方面的案例，从法律规定、证据分析和实务操作等方面设计，并注意案例的启发性和疑难性。因为具有启发性和疑难性的教学案例，才有利于培养学生多层次、全方位的思维能力。

（3）实践性。劳动与社会保障法实验课程要将相关的劳动法学理论运用到具体的劳动与社会保障活动中去，是从理论到实践的过程，要求学生既要掌握劳动与社会保障法的理论，又要熟悉劳动与社会保障法的运作过程和操作技巧。因此，教材编写既有理论思考、实验原理的全面分析，又有案情梳理，证据、事实和法律关系分析，还有法律文书制作等实验要求。学生通过亲历法律事务操作，发现、验证、描述劳动与社会保障法领域的普适性知识，体验法律实务运行规律，解决实际法律问题，养成法律职业品性，提高法律职业技能。

（4）针对性。为了让学生能够系统掌握劳动领域的劳动合同起草与修改、企业规章制度制定、工伤事故的理赔、劳务派遣公司运作、劳动法律咨询和劳动争议处理的程序，每一个实验都以一个主要知识点为核心，给学生充分的动手操作空间和主动思考社会问题的机会，以达到劳动法知识的掌握、人文精神的培养和独立人格的塑造以及相应职业技能的锻造等目的。

三、劳动与社会保障法实验教学的基本方法

劳动与社会保障法实验实行以学生为中心、专业教师指导、学生自我训练为主的教学模式，着力培养学生劳动与社会保障实践方面的综合能力，培养社会所需的应用型法律专业人才。劳动与社会保障法实验课程教学中，教师充当指导角色，学生是实验的主体，并在相关实验中模拟各种角色。在实验过程中要充分调动学生参与的积极性和主动性，发挥他们的创造性，争取每一位学生都能够得到充分的训练机会。因此，针对不同类型的实验，采取不同的教学方法。在演示和验证性实验中，对经典实验按照实验原理要求，采用经典的技术、方法和手段，便于学生学习实验基础知识和操作技术，理解理论教学内容和实验设计者的原创思想。对于综合性、设计性、综合设计性和开放性实验则以培养学生的创新能力为教学目的，通过真实案件训练，提高学生的理论应用能力和探索意识、创新能力。主要采用以下三种实验教学方法。

1. 统一指导、独立完成实验教学方法

劳动法律咨询是成本较低的劳动与社会保障法实验教学，基本上属于应该独立完成的简单实验，一般先由实验老师进行集中指导，然后由学生根据实验教材的指导独立完成。在实验模拟中，学生尝试学会把书本上的知识运用到实际的劳动争议处理实验中，以提高对劳动争议的调解能力和实际处理案件的专业素养技能。

2. 自主设计、协同完成实验教学方法

劳动争议调解、仲裁、诉讼，以及劳务派遣、工伤赔偿等综合设计性实验项目，实验目标和要求明确，但实验内容和具体实现方案必须由学生进行精心设计与安排。这类实验一般每组由4～6名学生组成，共同设计实验方案，规划实验步骤，老师在实验过程中，给予必要的指导，实验结果由实验小组协同完成。有的

设计性实验还采用学生讲解、老师提问学生的答辩方式对实验结果进行评判。

3. 个别指导、项目管理实验教学方法

对于创新实验项目，如企业规章制度制定、工伤赔偿取证、谈判等依托教师承担的科研项目的实验，皆采取老师个别指导、学生实验小组自主完成的教学方式。学生在初步熟悉劳动与社会保障法操作规范，掌握一定实践操作技能的基础上，走出学校，走进社会，实际参与企业规章制度制定和工伤赔偿谈判，以全面提高学生的职业岗位能力、职业素养和市场运作能力。实验项目的目标由学生和指导老师共同商定，实验方案、实验步骤由学生实验小组自行制定。实验过程中，老师分阶段定期对学生进行指导，实验结果一律采用答辩的方式进行。

四、劳动与社会保障法实验课程的成绩评定

对学生实验技能掌握程度的考核评价，一直是法学实验教学改革的重点。法学实验教学实际上是一种过程评价，其教学效果主要体现在实验过程中的内容及最终实验报告的结果。当然，与以往的一次性考核的不同之处在于，这种过程性考核的教学效果并不是通过一张试卷、一份报告获得，必须由多次、不同阶段的成绩组成。

1. 参加实验的态度、仪表和纪律

首先，学生参加实验的态度反映其对本门课程学习的重视程度。其态度是否认真、实验过程是否严谨、对待可能的困难采取何种态度、工作是否勤奋、能否与其他同学合作完成实验任务等，都会影响学习本课程的实际效果，成绩评定应该充分考虑其态度。

其次，学生在实验过程中的仪表是否庄重，言谈举止是否得当，不仅反映出个人修养水平，也是法学教育效果的一种标志。因此，对学生仪表和言谈举止的考核，自然应该成为劳动与社会保障法实验课程成绩考核体系中的一项内容。

最后，纪律是实现实验整体效果、实验有序进行、实验目标达成的保障。遵守纪律是每个社会成员都应该承担的一项社会责任，更是法治人才应有的一项素质。劳动与社会保障法实验课程也不例外。学生是否能够准时参加和完成实验，在实验过程中能否遵守相关纪律，应当成为学生成绩考核的组成部分。

2. 法律专业知识与技能的运用

劳动与社会保障法实验课程的目的在于培养学生运用劳动与社会保障法理论解决相关实际问题的能力，因此，在实验过程中对相关劳动法律知识的理解和掌握是否正确、运用是否恰当、相关技能运用是否熟练，应当成为劳动与社会保

障法实验课程考核的核心，可以从实验的准备过程、实施过程、实验效果三个方面进行考核。

法律专业知识与技能的运用考核的具体内容至少应该包括下列几项：其一是理论功底。法学院毕业的学生应当具备深厚的理论功底是毫无疑问的，这是从事法律职业的基本要求。法律工作是专业性很强的职业，它要求执业者具备知法、懂法、用法的基本功，而且随着我国法律职业的快速发展，对法律工作者的要求也越来越高，法律从业者要知法、懂法、用法。其二是逻辑判断。严密的逻辑思维能力是法律从业者必须具备的基本能力，如果说法律思维是法律人最核心的能力，那么严密的逻辑判断能力则是法律思维能力的核心。法律工作的特质就在于用法律解决复杂的社会问题，这要求法律工作者应当具备独特的逻辑思维能力，并且从法律人的角度来观察分析问题。其三是表达能力。流利的表达能力是一个法律从业者的招牌。表达能力是指通过语言或文字与他人或社会交换信息的能力，法律从业者应当具备超乎寻常的表达能力，能够清晰表达自己的思想，用词要认真选择、言简意赅，要不断培养运用丰富多彩的表达方式的能力。其四，操作规范性。包括证据的取得和运用是否符合要求、劳动争议解决程序是否合法、现场掌控是否恰当等。其五，职业道德。职业道德是指法律从业者对当事人保密、尽职等义务要求；法律道德要求法律从业者维护程序公正、维护法律尊严、追求公平正义。技能使法律从业者拥有前进的力量，道德则为他们指引了方向，只有内功和外功的法律从业者只能说是会办案的法律人，而内、外功兼备且有高尚道德的法律人才称得上卓越。

3. 法律文书和材料的制作

第一，法律文书内容是否完整，制作格式是否规范。法律文书是相关主体传递相关信息的重要手段，内容完整是其基本要求。同时，法律文书一般有严格的格式要求，因而有必要把法律文书制作格式是否规范作为一项重要考核内容。

第二，法律文书用语是否准确、恰当。无论是劳动仲裁、诉讼文书，还是劳动合同、企业规章制度，用语准确、恰当是起码的要求。因此，把法律文书用语准确、恰当、规范作为考核学生的内容是理所当然的。

第三，实验报告的写作和实验材料的处置是否规范。劳动与社会保障法实验项目一般需要多人合作完成，实验材料及报告的制作应当规范，包括文字工整与正确，才可以让参与者在不同环境中运用时避免产生不必要的误解与歧义。同时，一些材料可能需要反复使用，这就需要做好实验材料归档的工作。

第二章 劳动争议案件咨询

➡ 本章概要

劳动争议的分类　劳动争议的范围　劳动关系与劳务关系比较　劳动保护争议　竞业限制争议　劳动争议案件咨询注意事项

➡ 学习目标

熟悉我国现行关于劳动争议处理的法律规范，明确劳动争议的主要范围，熟悉当前劳动争议的主要类型和处理方式，能区分劳动关系与劳务关系的界限，明确劳动争议案件的处理流程。主要训练学生接受普通劳动争议案件咨询的能力和技巧，要求学生针对常见的劳动争议案件给当事人提供咨询建议和处理办法，学习对劳动争议特点的把握和咨询建议的撰写，提高现实劳动争议案件的应对能力和处置能力。

➡ 理论思考

1. 劳动争议的特点和范围是什么？
2. 劳动关系与劳务关系如何界定？
3. 常见的劳动争议有哪些类型？
4. 如何处理劳动争议案件？主要流程是什么？
5. 接受劳动争议案件咨询应注意哪些事项？

➡ 法规点睛

1.《中华人民共和国劳动合同法》（2013年）
2.《中华人民共和国劳动合同法实施条例》（2013年）
3.《劳动人事争议仲裁办案规则》（2009年）
4.《中华人民共和国劳动争议调解仲裁法》（2007年）
5.《企业劳动争议协商调解规定》（2011年）
6.《最高人民法院关于审理劳动争议案件适用法律若干问题的解释（一）》（2001年）

《最高人民法院关于审理劳动争议案件适用法律若干问题的解释（二）》（2006年）

《最高人民法院关于审理劳动争议案件适用法律若干问题的解释（三）》（2010年）

《最高人民法院关于审理劳动争议案件适用法律若干问题的解释（四）》（2013年）

7.《国务院女职工劳动保护特别规定》（2012年）

➡ **实务应用**

实验项目一　劳动关系争议案件咨询实验

一、实验目的

劳动关系是指在实现社会劳动过程中，劳动者与所在单位之间的社会劳动关系。劳动关系中的一方是符合法定条件的用人单位，另一方是符合劳动年龄条件，且具有与履行劳动合同义务相适应能力的自然人，处于劳动关系中的用人单位与劳动者之间存在隶属关系。劳动关系由《劳动合同法》规范，建立劳动关系应签订书面劳动合同。

提供真实案例，要求学生了解基本案情后，设计模拟角色，通过处理劳动关系争议案件咨询业务，分清劳动关系与劳务关系的差异，了解劳动关系争议案件的主要形式，熟悉劳动关系争议案件的特点和处理方式，能结合实际给涉及劳动关系争议的当事人提出合理建议，训练学生对劳动关系的判断分析能力，要求学生能较规范地撰写法律咨询意见。

二、实验原理

（一）律师接待法律咨询的程序

咨询一般控制在40分钟内，分为三个阶段：开始会谈、会谈中间、结束会谈。

（1）开始会谈。寒暄话题可以是针对当事人或律师，也可以是中性话题；切入正题。注意：一个笑脸、一句好言、一杯热水、一声请坐，最好马上拿出笔和本等准备记录，给当事人一种被重视的感觉；最好两人，一人问，另一个人记。

（2）会谈中间。在会谈中就两件事：询问、倾听。询问：如你为什么来这里呢？我能为你做些什么？最近有什么烦恼吗？问是律师与当事人探讨的重要方式。咨询提问可以体现律师的专业性，让当事人有说话的机会，不过要注意控制谈话的方向和内容,给当事人提供一个没有威胁且易于当事人舒泄的机会,这是一种信任的表达方式。倾听:90%的咨询是律师在听,而倾听的积极姿态表现在行动上,即积极地关注别人。有效(专心)的倾听是倾听者将对方的叙述与感觉用他自己的语言再总结给对方听。你接纳了对方的感觉,对方就会乐意将问题告诉你,并与你分享更多的忧愁。

(3)结束阶段。承诺当事人应避免两种倾向:太过积极的承诺和太过消极的承诺。在承诺时要实事求是,如"只要我们双方共同努力,积极合作,问题能解决好"。对当事人不可以作道德批判,另外必须对保密作承诺(当面锁档案数据)。

(二)确立劳动关系相关理论和法律规定

劳动关系从法律意义上讲,是指用人单位招用劳动者为其成员,劳动者在用人单位的管理下提供有报酬的劳动而产生的权利义务关系。从合同的主体上看,劳动关系的一方必须是用人单位,即机关、企事业单位、社会团体或个体经济组织,另一方是劳动者个人。从双方的关系上看,劳动关系中的劳动者与用人单位有隶属关系,接受用人单位的管理,遵守用人单位的规章制度(如考勤、考核等),从事用人单位分配的工作和服从用人单位的人事安排。从报酬的支付形式上看,劳动关系支付报酬的方式多以工资的方式定期支付(一般是按月支付),有规律性。从法律的适用上来看,劳动关系中产生的纠纷是用人单位与劳动者之间的纠纷,应由劳动法来调整。

劳动关系的认定对劳动者而言有极为重要的意义。这意味着劳动者可以因此享受到劳动法的保护。与一般的法律保护不同,劳动法实行的是倾斜保护,简单来说,就是给劳动者更多权利和要求雇主承担更多的义务。劳动合同是劳动者维权的第一步,甚至有人说是劳动者的"护身符"。《劳动合同法》第七条规定,用人单位自用工之日起即与劳动者建立劳动关系。第十条规定,建立劳动关系,应当订立书面劳动合同。

但如果没有签订劳动合同,劳动关系如何认定呢?主要参考以下三个标准。

(1)用人单位和劳动者符合法律、法规规定的主体资格。

(2)用人单位依法制定的各项劳动规章制度适用于劳动者,劳动者受用人单位的劳动管理,从事用人单位安排的有报酬的劳动。

(3)劳动者提供的劳动是用人单位业务的组成部分。

这三条标准实际包括对"用人单位"、"劳动行为"、"劳动者"三方面的考察。"用人单位"必须是我国劳动法中的"企业、个体经济组织等"。而"劳动行为"是劳动者在用人单位的管理下,从事具体劳动,并获得报酬的过程。"劳动者"同样必须具备合法的资格。

如果劳动者发现用人单位没有与自己签订劳动合同，就要注意收集以下证据，以备不时之需。

（1）工资支付凭证或记录（职工工资发放花名册）、缴纳各项社会保险费的记录。

（2）用人单位向劳动者发放的"工作证"、"服务证"等能够证明身份的证件。

（3）劳动者填写的用人单位招工招聘"登记表"、"报名表"等招用记录。

（4）考勤记录。

（5）其他劳动者的证言等。

归纳来说，劳动者就是要注意收集自己的收入凭证、与用人单位有关的身份证明、用人单位的招工材料、用人单位对劳动者实施管理的证明、其他可以作为旁证的证明。需要特别说明的，用人单位的报销凭证等、因公传递的电子邮件等也属于有效证据。

三、实验要求

整个实验主要由学生通过角色模拟的方式完成，根据真实案例素材，将学生分为两组，一组为当事人（根据案件素材，可以是劳动者，也可以是用人单位），另一组为律师。在实验过程中，主要训练学生会见当事人，为劳动关系争议案件提供法律咨询的能力，具体要求如下。

第一，在实验开始前，指导教师将案件素材派发给当事人组，由当事人组学生熟悉案情，并对案情严格保密，对自己所扮演的角色进行演练和相关素材准备，如劳动合同等。

第二，指导教师咨询案例类型提前通知律师组学生，律师组提前查阅相关法律法规，为会见当事人，进入咨询环节做充分准备。

第三，进入会见当事人阶段，律师组学生应按法律咨询的整个工作程序来完成劳动关系争议案件咨询。具体内容包括以下几点。

（1）登记和记录。要求填写"法律咨询登记表"，了解询问人的基本情况，包括姓名、性别、年龄、民族、职业、工作单位、住址、联系方式等；对咨询中提出的主要问题及具体情况加以记录，将案件的主要事实、主要证据记录清楚。

（2）听取咨询者的陈述。要求律师组仔细倾听咨询者的陈述、弄清案件来龙去脉，听准问题的关键和实质，根据劳动法律、法规，能够辨别用人单位与劳动者之间是否存在劳动关系。

（3）对证据进行观察和审阅。查看咨询者提供的证据和材料，观察咨询者的精神状态弄清其真实意图，找出问题的症结所在，为正确提供咨询服务创造条件。

（4）有针对性地提问。依据劳动关系的主要特征，从用人单位的资质、与劳动者的隶属关系、管理制度和支付报酬方式等角度对当事人进行提问，引导咨询者讲出真实思想和事实真相。

（5）综合分析。律师组对当事人陈述的内容结合劳动法律、法规进行综合分析，判断问题的性质，确定正确的法律依据和处理办法。

（6）解答。针对咨询者的问题，在进行分析判断后，以法律、法规为依据，进行回答，必要时也可以根据当事人介绍的事实情况和提供的相关证据出具法律咨询意见。

四、实验素材及环节

（一）实验素材

实验素材1

顺华公司与三林公司签订《搅拌车承包协议》，期限自2011年9月26日起至2013年9月25日止，协议约定，三林公司将其所有的包括川 A777286号在内的11台"搅拌车"租赁给顺华公司使用，三林公司收取承包费，顺华公司自行承担"该车产生的人工费、修理费、邮费、年审规费"等费用。2011年10月，李天易在顺华公司安排下担任川 A777286号重型专项作业车驾驶员。2012年5月11日，顺华公司（合同中称甲方）与李天易（合同中称乙方）补签《劳务合同》一份，合同约定的部分内容为："……甲方雇佣乙方，乙方为甲方提供劳务，订立本劳务协议，并承诺共同遵守。其中，劳务合同期限：乙方从2012年5月11日起到甲方处为甲方提供劳务，至2013年5月10日止；乙方提供劳务必须符合以下条件：应当适用甲方指定的驾驶员工作岗位的具体实际需要，在甲方指定的市区某具体地方，按照甲方要求提供劳务。甲方与乙方之间只存在劳务关系，没有劳动关系；甲方每月10日前以现金、银行转账方式或其他方式将本月劳务费用一次性支付到乙方账户或乙方指定的账户；乙方遵守甲方的规章制度，违反则按照甲方规定承担责任或受到处罚；乙方有再实际工作中出现不符合甲方工作岗位要求、违反甲方规定的情况(包括不服从甲方安排的工作地点等情况)，甲方可以解除合同。"之后，李天易按照顺华公司安排继续担任川 A777286号重型专项作业车驾驶员工作，顺华公司按月向李天易支付4500元。2012年8月28日，李天易因驾驶上述作业车发生交通事故并受伤住院治疗。李天易受伤后至2013年6月顺华公司均按月向李天易支付在家休息期间的费用共计22 000元。2013年7月30日李天易向某市某区劳动人事争议仲裁委员会申请裁决其与三林公司自2011年10月16日至今存在事实劳动关系，并在仲裁中申请追加了顺华公司为第三人参加仲裁。2013年9月5日仲裁委员会裁决李天易与顺华公司自2010年10月16日起形成事实劳动关系。李天易和顺华公司均不服，各自向不同的律师事务所律师进行法律咨询。

实验素材 2

2006年4月,枫新公司成立,经营范围为酒水、饮料批发,公司的法定代表人岑永与阳先友因业务往来相识。随后,阳先友来到枫新公司,以枫新公司的名义向超市等客户推销"蓝剑"等系列酒水、饮料,等到货款收回后,阳先友根据自己推销货物的数量,从枫新公司提取100%、50%、30%的利润分成。2006年12月16日,阳先友与其他合作人李云、王灿辉、肖齐贵、叶旭、刘余杭等共同出具一份《誓言》,内容为"对枫新公司的经营项目,在经营期间永不退缩,若有退缩者在三年内不得参与从事本公司的同类项目和产品。若有违约赔偿违约金人民币二十万元"。2010年8月,枫新公司的经营业务因"蓝剑"系列酒水饮料的经营许可权被收回而受到影响,阳先友与枫新公司终止了共同经营。在2007年4月至2008年6月及2008年8月、9月、11月,阳先友应在枫新公司分得利润共计151 538元,平均每月应分得8419元,其中最少的一个月应分得7.5元,最多的一个月应分得31 865元。2011年,阳先友申请劳动争议仲裁,请求裁决:①解除阳先友与枫新公司的劳动关系;②枫新公司支付阳先友未签订书面合同的双倍工资133 650元(12 150×11);③支付未签订无固定期限劳动合同2009年至仲裁提起之日止的双倍工资340 200元(12 150×28);④支付经济补偿金60 750元(12 150×5);⑤支付一直未支付的基本工资37 700元(650×58);⑥支付休息日加班工资279 310.34元(12 150÷21.75×250×200%);⑦支付2006~2010年的一直未支付的提成工资667 000元;⑧支付无故拖欠劳动者报酬的25%的经济补偿金236 577.59元[(279 310.34+667 000)×25%];⑨补缴2006年2月至仲裁之日止的社会保险,共计1 755 187.93元。仲裁委员会于2011年7月22日作出仲裁裁决:阳先友与枫新公司解除劳动关系;枫新公司向阳先友支付2008年2月1日至2008年12月31日未签订劳动合同的双倍工资余额44 209元、解除劳动合同经济补偿金18 085元;枫新公司为阳先友补办2006年12月至2011年1月的社会保险。阳先友与枫新公司均不服该仲裁协议,各自向不同的律师事务所律师进行法律咨询。

(二)实验环节

(1)会见不同的当事人。实验小组被分为两个大组——律师组和当事人组,根据实验素材分别由律师会见当事人劳动者和由律师会见当事人用人单位。扮演当事人的学生应事先熟悉案件素材,对其中细节进行沟通复原,同时能准确表达自己的想法和主张。

(2)律师与当事人之间进行直接的会见与交流,最终形成咨询建议。其中,要求律师组明确会见当事人的目的,做好会见前的各种准备工作,填写法律咨询登记表,按照会见程序完成会见工作。

（3）在律师与当事人会见过程中，组织部分旁观学生以观察员身份介入，引导学生观察律师会见过程中存在的问题和影响因素，为实验后的讨论做准备。

（4）会见完备，以不同的会见组别提交最终的书面咨询建议。

（5）组织全体学生根据会见当事人的具体情况，围绕劳动关系争议案件的理论进行讨论，指导学生学会从劳动关系的主体资格、当事人与用人单位的隶属关系、当事人的义务承担、用人单位的管理和支付报酬方式等方面进行劳动关系与劳务关系的甄别，以及事实劳动关系的判断。

（6）最后要求各实验小组根据自己的角色扮演，撰写实验报告。

实验项目二　劳动保护争议案件咨询实验

一、实验目的

根据现实中常见的劳动保护争议案件，提供女职工就业保护、在校学生就业协议、企业职工休息休假等方面的真实案例，要求学生了解基本案情后，设计模拟角色，通过处理劳动保护争议案件的咨询业务，熟悉我国《劳动合同法》关于劳动保护的内容，能结合实际给涉及劳动保护争议的当事人提出合理建议，要求学生能较规范地撰写法律咨询意见。

二、实验原理

（一）律师解答法律咨询的技巧

解答法律咨询，是律师执业的入门课，也是基本功。在律师的业务中，解答法律咨询也是一项经常性的工作。律师接受法律咨询的基本步骤：一听，律师应当以友善的态度，站在当事人的角度，带着同情心去听取当事人的述说。一个好的律师，应当像一个心理医生，善于开导当事人，给予当事人信心和安慰，使郁闷的当事人能够稍微放下心理包袱，使愁苦的当事人看到希望，使激动的当事人能够恢复理性。如果律师在解答咨询的时候，能够达到这些效果，应该说，双方的沟通就会变得容易很多，当事人对律师的依赖和信任也会随之增加。二问，在听取当事人讲述基本情况以后，律师应当及时打断当事人过于冗长的述说，接过话题主动出击，向当事人询问一些自己需要了解的信息。三析，当发问结束后，律师对这个案件的基本情况大致了解后，对于自己能不能解答这个问题，是否有能力办理这起案件已经心中有数，这时可以根据自己对法律的熟悉程度，有选择性地为当事人解答。四答，律师在解答法律咨询的时候，应当牢牢把握局势，争取主动，不能让当事人接二连三的问题把律师难倒。一般而言，不要全面接受当事人的材料和看法,而要有自己独到的见解。

(二)劳动保护相关理论和法律规定

劳动保护的目的是为劳动者创造安全、卫生、舒适的劳动工作条件,消除和预防劳动生产过程中可能发生的伤亡、职业病和急性职业中毒,保障劳动者以健康的劳动力参加社会生产,促进劳动生产率的提高,保证社会主义现代化建设顺利进行。

1. 劳动安全卫生

劳动安全卫生又称劳动保护,以保障职工在职业活动过程中的安全与健康为目的的工作领域,以及在法律、技术、设备、组织制度和教育等方面所采取的相应措施。

劳动安全卫生主要包括两大方面的内容,一是属于生产行政管理的制度,如安全生产责任制度、加班加点审批制度、卫生保健制度、劳保用品发放制度及特殊保护制度;二是属于生产技术管理的制度,如设备维修制度、安全操作规程等。

2. 女职工劳动保护

2012年4月18日国务院通过的《女职工劳动保护特别规定》(以下简称《规定》)规定了用人单位应当遵守女职工禁忌从事的劳动范围,并在附录中详细规定了女职工在经期、孕期、哺乳期等禁忌从事的劳动范围。

《规定》指出,用人单位不得因女职工怀孕、生育、哺乳降低其工资、予以辞退、与其解除劳动或者聘用合同。

《规定》指出,女职工在孕期不能适应原劳动的,用人单位应当根据医疗机构的证明,予以减轻劳动量或者安排其他能够适应的劳动。对怀孕7个月以上的女职工,用人单位不得延长劳动时间或者安排夜班劳动,并应当在劳动时间内安排一定的休息时间。怀孕女职工在劳动时间内进行产前检查,所需时间计入劳动时间。

《规定》第七条指出,女职工生育享受98天产假,其中产前可以休假15天;难产的,增加产假15天;生育多胞胎的,每多生育1个婴儿,增加产假15天。女职工怀孕未满4个月流产的,享受15天产假;怀孕满4个月流产的,享受42天产假。

3. 未成年工劳动保护

未成年工劳动保护是我国法律针对未成年工(已满16周岁、未满18周岁)的生理特点,在工作时间和工作分配及工作性质等方面所进行的区别于成年工特殊保护。

年满16周岁、未满18周岁,为未成年工,不得安排从事矿山井下、有毒有害、国家规定的第四级体力劳动强度和其他禁忌从事的劳动。定期进行健康检查。

(三) 劳动法律意见书的主要内容

劳动法律意见书的主要内容包括基本案件事实、主要事实依据、主要法律依据、法律意见。

三、实验要求

整个实验主要由学生通过角色模拟的方式完成，根据真实典型的案例素材，将学生分为三组，一组为女职工就业保护劳动争议案件、一组为在校学生就业协议争议案件、一组为企业职工休息休假争议案件。在实验过程中，主要以学生扮演律师会见当事人的模拟活动展开，根据不同的劳动保护争议案件提供可行的法律咨询，具体要求如下。

（1）根据组别选择三类实验素材，根据不同的实验素材设计不同扮演角色，每一组别中有当事人小组和律师小组的划分。

（2）实验开始前，先由指导老师将案件素材分派给各个当事人组，由当事人组进行情节复原，进行相关材料准备，包括劳动合同等。

（3）指导教师围绕劳动保护争议案件，将咨询类型提前通知律师组学生，律师组提前查阅相关法律法规，为进入咨询环节做充分准备。

（4）进入正式咨询环节，操作步骤与上一个实验项目相同，律师组学生按法律咨询的整个工作程序来完成劳动保护争议案件咨询。

（5）咨询完毕，将三组咨询情况进行汇总讨论，对三组案件的咨询意见进行评价，按小组撰写实验报告。

四、实验素材及环节

(一) 实验素材

实验素材 1

讯捷公司与蔡艳红签订劳动合同，期限为2012年3月13日至2015年3月12日，其中2012年3月13日至2012年6月12日为试用期，蔡艳红于2012年3月14日开始在讯捷公司从事出纳工作，每月工资3200元。讯捷公司于2012年6月开始为蔡艳红缴纳社会保险，没有为蔡艳红缴纳2012年3~5月的社会保险费。2012年7月，蔡艳红发现自己怀孕，2013年1月15日蔡艳红开始休产假，因剖宫产增加了15天难产假。2013年6月9日，蔡艳红正式回讯捷公司上班。因讯捷公司为蔡艳红缴纳社会保险费未满一年，蔡艳红没有生育保险待遇，同时讯捷公司也没有支付蔡艳红产假工资。蔡艳红申请劳动仲裁委员会仲裁，要求讯捷公司补买社会保险，并要求享受生育津贴和生育期间工资。劳动人事争议仲裁委员会裁决：①迅捷公司在裁决书生效后5日内以现金形式一次性支付蔡艳红产假工资9600元；②迅捷公司在裁决书生效后5日内到社会保险经办机构为蔡艳红补缴2012年3月至2012年5月的社会保险费，其中个人应该缴纳部分由蔡艳红承担（具体金额由社保机构核算）；③驳回蔡艳红要求享受生育期间津贴的仲裁请求。迅捷公司不服，准备起诉，向律师进行咨询。

实验素材 2

2007年5月13日，黄小姐应聘进入"欧莱雅"公司担任销售主管之职，双方订有劳动合同，合同期限至2009年6月24日，每月税前工资为3931元。2009年年初，黄小姐月工资调整为税前4050元。同年3月22日，黄小姐休完产假回公司上班，4月就被调至销售部担任美容顾问主管，双方续订劳动合同至2009年12月23日。同年5月，"欧莱雅"公司按美容顾问主管岗位的工资标准向黄小姐发放。拿到工资后，黄小姐发现自己的月工资比原来标准减少了，便向"欧莱雅"公司提出异议，要求公司补足原工资水平。在没有获得满意答复后，黄小姐准备申请劳动仲裁，不知能否获得支持。

如果你是律师，你会给黄小姐或"欧莱雅"公司什么法律意见？

实验素材 3

刘全系某服装公司的一名普通工人，自2008年3月进入该公司以来，其工资的发放一直实行计件制，2011年2月，刘全的父亲卧病在床，需要有人照顾，刘全从同事处得知像自己这样的情况可以享受5天的带薪年休假，遂向公司提出休假的请求，但是公司认为刘全是计件工人，无权享受带薪年休假，不仅拒不安排，而且令刘全没有想到的是在多次请求遭拒绝后，公司竟然向其发出了解除劳动合同的通知书，刘全不理解，自己争取合法权益究竟错在哪里？公司则认为刘全不是全日制职工，属于计件制员工，所以不能享受带薪休假。如果你是律师，你会给刘全或服装公司什么法律意见？

（二）实验环节

（1）会见不同的当事人。实验小组被分为两个大组——律师组和当事人组，根据实验素材分别由律师会见当事人劳动者和由律师会见当事人用人单位。扮演当事人的学生应事先熟悉案件素材，对其中细节进行沟通复原，同时能准确表达自己的想法和主张。

（2）律师与当事人之间进行直接的会见与交流，最终形成咨询建议。其中，要求律师组明确会见当事人的目的，做好会见前的各种准备工作，填写法律咨询登记表，按照会见程序完成会见工作。

(3）在律师与当事人会见过程中，组织部分旁观学生以观察员身份介入，引导学生观察律师会见过程中存在的问题和影响因素，为实验后的讨论做准备。

（4）会见完备，以不同的会见组别提交最终的书面咨询建议。

（5）组织全体学生根据会见当事人的具体情况，围绕劳动保护争议案件的理论进行讨论，指导学生加深从劳动法对女职工特殊保护（包括"三期"保护、男女平等就业权、男女同工同酬等）、对未成年人特殊保护、对休息休假权利的规定等方面内容的理解和运用。

（6）最后要求各实验小组根据自己的角色扮演，撰写实验报告。

实验项目三　竞业限制争议案件咨询实验

一、实验目的

用人单位与劳动者签订竞业限制协议是企业保护自身商业秘密和其他经营利益的必要措施，其目的是尽量避免劳动者用在职期间所掌握的用人单位的商业秘密等损害企业的利益，维护企业正常的生存和发展。

选取现实中涉及竞业限制争议的案件，要求学生了解基本案情后，设计模拟角色，通过处理竞业限制争议案件的咨询业务，熟悉我国《劳动合同法》关于竞业限制的内容，能结合实际给涉及竞业限制争议的当事人提出合理建议，要求学生能较规范地撰写法律咨询意见。

二、实验原理

（一）律师法律咨询注意的问题

解答的目的是使当事人在律师的提问和解答后更了解案情，以及如何应对，并使当事人对律师产生信任。因此，面对自己熟悉的法律领域，应当考虑到当事人的具体情况，对于不太了解法律知识的当事人，应当尽量避免采用法律术语，而选择使用当事人能立即理解的语言。在出现自己不能立刻很好地解答当事人问题的情况时，律师仍应做到自信和从容，保持律师该有的形象，不可因此便使当事人认为自己的咨询律师什么都不懂，还收我费用。

（二）竞业限制相关理论及法律条款

竞业限制是指负有特定义务的劳动者在离任后的一定期间内，不得自营或者为他人经营与所任职的企业同类性质的行业，不得泄露用人单位的商业秘密和与知识产权相关的保密事项。竞业限制的目的是保护用人单位的商业秘密,限制恶意竞争。

《劳动合同法》第二十三条第二款规定:对负有保密义务的劳动者,用人单位可以在劳动合同或者保密协议中与劳动者约定竞业限制条款,并约定在解除或者终止劳动合同后,在竞业限制期限内按月给劳动者经济补偿。劳动者违反竞业限制约定的,应当按照约定向用人单位支付违约金。

《劳动合同法》第二十四条规定:竞业限制的人员限于用人单位的高级管理人员、高级技术人员和其他负有保密义务的人员。竞业限制的范围、地域、期限由用人单位与劳动者约定,竞业限制的约定不得违反法律、法规的规定。

在解除或者终止劳动合同后,前款规定的人员到与本单位生产或者经营同类产品、从事同类业务的有竞争关系的其他用人单位,或者自己开业生产或者经营同类产品、从事同类业务的竞业限制期限,不得超过两年。

(三)竞业限制协议内容

竞业限制的范围:在竞业限制协议中,关键是限制的范围,其内容包括今后一定时间内不得从事的行业、业务及具体禁止服务的企业名单。

竞业限制的期限:从员工离职日算起,企业和员工可以协商具体时间长短,最多不超过两年。

竞业限制的经济补偿金:协议中的补偿条款对公司的人来说很重要。竞业限制不是一项纯粹的员工义务,公司如果想要员工履行协议,就必须支付相应的经济补偿。

违约责任:如果员工违反协议,那就需要承担违约责任,主要依据是协议中的约定。比如,明确承担的违约金数额或是计算公式。尽管法律上没有明确规定违约金数额的最高上限,但法院在审理实际案件时也会公平地判断违约金数额,如果数额远远超出员工的承担能力,法院也有权下调至一个更为合理的标准。

三、实验要求

整个实验主要由学生通过角色模拟的方式完成,根据案例素材,将学生分为两组,一组为律师组,另一组为当事人组。在实验过程中,主要以学生扮演律师会见当事人的模拟活动展开,根据不同的竞业限制争议案件提供可行的法律咨询,具体要求如下。

(1)根据实验素材分组,按照素材需要设计不同扮演角色,主要以律师组和当事人组的不同要求安排任务。

(2)实验开始前,先由指导老师将案件素材分派给各个当事人组,由当事人组进行情节复原,进行相关材料准备,包括劳动合同、竞业限制协议等。

（3）指导教师围绕竞业限制争议案件，将咨询类型提前通知律师组学生，律师组提前查阅相关法律法规，为进入咨询环节做充分准备。

（4）进入正式咨询环节，操作步骤与上面的实验项目相同，律师组学生按法律咨询的整个工作程序来完成竞业限制争议案件咨询。

（5）咨询完毕，将各组咨询情况进行汇总讨论，对各组案件的咨询意见进行评价，按小组撰写实验报告。

四、实验素材及环节

（一）实验素材

实验素材 1

2012年8月2日，向伍宏与某市蓝天科技信息有限公司签订劳动合同，合同约定：向伍宏担任该公司技术研发部主管职务，主持研发 A 网络产品，每月工资1万元，合同期限两年。同时双方另行签订保密及竞业限制协议，该协议约定：向伍宏在蓝天公司工作期间及离职后两年内，必须保守 A 网络产品的技术信息和经营信息等商业秘密；同时，向伍宏在离开蓝天公司后的两年不得自己或者为他人从事与 A 网络产品的技术信息和经营信息相关的业务；蓝天公司在向伍宏在职期间每月的工资中增加3000元作为竞业限制的经济补偿；如向伍宏违反双方的约定，应向蓝天公司支付违约金5万元。2012年11月初，向伍宏以个人原因辞职，蓝天公司为其办理了退工手续。同年年底，向伍宏来到蓝天公司的 A 网络产品客户——大地销售公司工作，担任该公司技术部经理一职，负责维护 A 网络产品。蓝天公司得知后，认为孙某违反了双方签订的保密及竞业限制协议，准备向当地劳动争议仲裁委员会提出申请，公司认为，既然向伍宏与公司间存在保密及竞业限制协议，且向伍宏违反了该协议，理所当然应该支付竞业限制违约金。向伍宏认为，自己与公司之间签订的保密及竞业限制协议中所定的竞业限制经济补偿是随工资发放的，不符合《劳动合同法》中相关的规定，因而该协议无效，自己不应支付竞业限制违约金。如果蓝天公司与向伍宏分别向律师咨询，你该给他们提供什么样的咨询意见？

实验素材 2

林金原为某市 A 农药厂副总经理，A 农药厂与林金间签订的劳动合同中关于竞业限制的部分规定："凡技术工种或业务骨干离职，3年内不得到相关企业工作，如果有违约依法承担赔偿责任。"2012年3月，林金跳槽到 B 农药厂工作。A 农药厂认为林金擅自离职的行为，违反了劳动合同中竞业限制的约定，应该赔偿给本厂造成的经济损失60万元。林金认为，自己口头申请辞职经过了 A 厂法定代表人的同意,且该厂还召集中层以上人员为其开告别宴会,并非擅自离职;自己在职期间为常务副总,做企业的管理工作,不在竞业限制人员的范围内,也从未拿过竞业限制补偿,因此,虽然自己现在受雇于与A厂同行业的B厂,但构成竞业限制,不应该赔偿A厂的60万元损失。如果A农药厂与向林金分别向律师咨询,你该给他们提供什么样的咨询意见?

(二)实验环节

(1)会见不同的当事人。实验小组被分为两个大组——律师组和当事人组,根据实验素材分别由律师会见当事人劳动者和由律师会见当事人用人单位。扮演当事人的学生应事先熟悉案件素材,对其中细节进行沟通复原,同时能准确表达自己的想法和主张。

(2)律师与当事人之间进行直接的会见与交流,最终形成咨询建议。其中,要求律师组明确会见当事人的目的,做好会见前的各种准备工作,填写法律咨询登记表,按照会见程序完成会见工作。

(3)在律师与当事人会见过程中,组织部分旁观学生以观察员身份介入,引导学生观察律师会见过程中存在的问题和影响因素,为实验后的讨论做准备。

(4)会见完备,以不同的会见组别提交最终的书面咨询建议。

(5)组织全体学生根据会见当事人的具体情况,围绕竞业限制争议案件的理论进行讨论,指导学生对竞业限制协议有效性的辨别、对适用竞业限制追究劳动者违约责任条件的认识,以及学会对竞业限制与不正当竞争不同规范的区分。

(6)最后要求各实验小组根据自己的角色扮演,撰写实验报告。

附件 2-1　法律咨询登记表(样本)

法律咨询登记表

编号:　　　　　　　　　　　　　　　　　　　咨询日期:

咨询人情况	姓名		性别		出生日期	年　月　日
	民族		手机		电话	
	电子邮件		联系地址			
	工作单位		职务/职业			
信息来源	□网络搜索　□新闻媒介　□他人介绍 介绍人(　　)□组织推荐					
咨询目的	□咨询法律问题　□委托承办案件　□其他					

案件类型	民商案件	☐离婚纠纷 ☐子女抚养 ☐赡养纠纷 ☐继承纠纷 ☐交通事故 ☐医疗事故 ☐工伤纠纷 ☐劳动争议 ☐商品买卖 ☐借款纠纷 ☐承揽合同 ☐担保合同 ☐物权纠纷 ☐知识产权 ☐海商纠纷 ☐证券纠纷 ☐破产纠纷 ☐期货纠纷 ☐人事争议 ☐其他纠纷
	刑事案件	☐故意伤害 ☐故意杀人 ☐交通肇事 ☐危害国家安全 ☐抢夺 ☐毒品犯罪 ☐文物犯罪 ☐虐待遗弃 ☐危害国防利益 ☐抢劫 ☐盗窃 ☐危害公共安全 ☐走私 ☐诈骗 ☐卖淫等犯罪 ☐其他
	行政案件	☐行政征收 ☐行政许可 ☐行政给付 ☐行政确认 ☐行政处罚 ☐行政强制 ☐行政合同 ☐行政程序 ☐国家赔偿 ☐其他
案情经过		
咨询事项		
律师意见		
备 注（以下内容律师填写）		
处理结果		☐律师承办 ☐解答处理 ☐转交他人
收费情况		☐免费解答 ☐收费咨询（收费标准 元/次或 元/小时）
备注		

附件 2-2 律师会见谈话记录（样本）

律师事务所接待谈话笔录

时间： 年 月 日 时 分至 时 分 地点：

接待人：＿＿＿＿＿＿＿＿＿＿＿＿＿＿＿ 记录人：＿＿＿＿＿＿＿＿＿＿＿＿＿＿＿

被接待人：＿＿＿＿＿＿＿＿＿＿＿＿＿＿＿

问：感谢你对我们的信任，使我们有机会为你提供法律服务。你找我们有何事，要求提供咨询或案件代理的服务吗？

答：_____
问：谈一下案件的情况。
答：_____
问：提供你的证据我看一下。
答：当事人出示了相关的证据。
问：对方的证据情况你是否清楚？
答：_____
问：你还有什么要求？
答：_____
问：就本案我谈一下法律观点。

附件2-3　律师法律意见书格式及样本

关于　　　　　　　　的法律意见书

（　）字第　号

致：××公司

　　××律师事务所依法接受贵公司的委托，指派本律师根据贵公司及其工作人员向我们提供的与本案有关的材料，我们假设本案材料已包括已知与本案有关的所有材料以及其向本律师所陈述的相关事实，就贵公司_____一案进行法律分析并提出法律意见。

　　现出具法律意见书如下，供贵公司参考。

　　一、出具本法律意见书所依据的证据材料（事实依据）

1.

2.

3.

　　二、出具法律意见书所依据的主要法律及司法解释（依据）

1.

2.

3.

　　三、本案的基本事实

据本意见书所载明的情况及贵公司相关人员的介绍：（基本事实）

1.

2.

3.

四、双方的争议及交涉情况（本案背景）

1.

2.

3.

五、对本案的法律分析

1. 关于本案　　　　　问题。

1.1

1.2

2. 关于本案　　　　　问题。

2.1

2.2

六、纠纷解决方式建议

首先，可以通过和与用人单位和解解决，或者通过工会调解解决。

其次，若上两者不可行，则申请仲裁。此时要注意时效问题。

最后，对于仲裁结果不满意的话，可以自收到裁决书之日起十五日内向法院提起诉讼。

七、特别说明

需要说明的是，上述意见是在目前掌握的相关证明材料的基础上得出的，分析是我们对本案的初步法律分析，供且仅供贵公司参考，不用于任何第三方使用。该分析是在假设您告知贵公司及相关人员的情况介绍与事实完全相符和提供的资料完整、准确、真实，资料的复印件与原件相符的基础上而作出的初步分析意见，也不排除随案情发展进一步修改的可能。

本意见书不是本事务所和/或本律师向贵公司作出的保证，仅供贵公司在处理本案时做参考之用。委托人对本意见的结论有独立判断之权利。未经本律师事务所及本律师书面许可，本意见书不得向任何第三人出示，并不得作为证据使用。

本事务所和/或本律师所拥有唯一的解释权。

××律师事务所

律师：

年　月　日

第三章　劳动合同签订实验

➜ 本章概要

劳动合同　劳动合同的订立　劳动合同的内容　劳动合同的审查
劳动合同的效力　劳动合同的修改　劳动合同的变更　劳动合同的解除

➜ 学习目标

熟悉劳动合同的必备条款和订立程序，能对劳动合同效力进行审查和判断。

➜ 理论思考

1. 劳动合同订立的基本原则是什么？
2. 劳动合同订立的程序有哪些？
3. 劳动合同订立的形式有什么特别规定？
4. 如何判断劳动合同的效力？
5. 劳动合同应该具备的主要内容有哪些？什么是必备条款？什么是约定条款？
6. 劳动合同的变更应遵循什么程序？
7. 劳动合同如何解除？解除劳动合同的经济补偿和赔偿金如何界定？

➜ 法规点睛

1.《中华人民共和国劳动合同法》（2013年）
2.《中华人民共和国劳动合同法实施条例》（2013年）
3.《中华人民共和国劳动争议调解仲裁法》（2007年）
4.《企业劳动争议协商调解规定》（2011年）
5.《最高人民法院关于审理劳动争议案件适用法律若干问题的解释（一）》（2001年）

《最高人民法院关于审理劳动争议案件适用法律若干问题的解释（二）》（2006年）

《最高人民法院关于审理劳动争议案件适用法律若干问题的解释（三）》（2010年）

《最高人民法院关于审理劳动争议案件适用法律若干问题的解释（四）》（2013年）

6.《中华人民共和国工会法》（2001年）

➡ 实务应用

实验项目一　　劳动合同签订实验

一、实验目的

劳动合同，是用人单位（包括企业、事业、国家机关、社会团体等组织）同劳动者之间确定劳动关系，明确相互权利义务的协议。企业与被招用的工人签订劳动合同时，必须遵守国家政策和法规的规定，坚持平等自愿和协商一致的原则；劳动合同必须以书面形式签订；劳动合同的内容必须完备、准确。需要明确的是，劳动合同订立并不意味着劳动关系建立，劳动关系建立也不标志着劳动合同订立。劳动合同订立的标志是双方签字盖章，劳动关系的建立是劳动者与用人单位之间形成劳动法上的劳动权利义务关系。

选择真实案例，分组设计模拟角色，要求学生通过参与劳动合同的订立过程，熟悉劳动合同订立流程与内容，能够区分劳动合同与就业协议、录用通知等特殊协议的联系与区别，能够起草劳动合同以及培训服务期协议、保密协议竞业限制协议等特殊协议，明确劳动合同中的合同期限、工作内容及工作地点、工作时间及休息休假、劳动报酬、社会保险及福利待遇、劳动保护、劳动条件和职业病防护、劳动纪律、保密条款等内容。

二、实验原理

（一）订立劳动合同的条件

劳动合同的主体，即劳动法律关系当事人，具体指"劳动者"和"用人单位"。劳动合同的主体是由法律规定的，具有特定性：一方是劳动者；另一方是用人单位。劳动者和用人单位都要具备法律规定的劳动合同主体条件，才能签订劳动合同。不具有法定资格的公民与不具有用工权的组织和个人都不能签订劳动合同。

《劳动合同法》第二条规定："中华人民共和国境内的企业、个体经济组织、民办非企业单位等组织（以下称用人单位）与劳动者建立劳动关系，订立、履行、变更、解除或者终止劳动合同，适用本法。国家机关、事业单位、社会团体和与其建立劳动关系的劳动者，订立、履行、变更、解除或者终止劳动合同，依照本法执行。"第九十六条规定:"事业单位与实行聘用制的工作人员订立、履行、变更、解除或者终止劳动合同,法律、行政法规或者国务院另有规定的,依照其规定;未作规定的,依照本法有关规定执行。"这些规定不仅明确了我国劳动合同法的适用范围,同时也规定了劳动合同主体的表现形式。

(1)劳动者应具备的条件。劳动法律意义上的劳动者特指那些具有劳动权利能力和劳动行为能力的公民。《劳动法》第十五条规定:"禁止用人单位招用未满十六周岁的未成年人。"这就是我国公民取得劳动权利能力和劳动行为能力的法定资格。当然也有特殊情况,《劳动法》第十五条第二款又规定:"文艺、体育和特种工艺单位招用未满十六周岁的未成年人,必须依照国家有关规定,履行审批手续,并保障其接受义务教育的权利。"

(2)用人单位的条件。劳动合同主体的另一方是用人单位。所谓用人单位,即法律允许招用和使用劳动力的组织。这些组织包括中华人民共和国境内的企业、个体经济组织、民办非企业单位;还包括国家机关、事业单位、社会团体。

《劳动合同法》与《劳动法》相比,在用人单位的范围上有所扩大,新增加了"民办非企业单位"。民办非企业单位,是指企业事业单位、社会团体和其他社会力量以及公民利用非国有资产举办的,从事非营利性社会服务活动的社会组织,包括各类民办院校、科研院所等。

(二)订立劳动合同的程序

规范有序地签订好书面劳动合同,是每个用人单位都必须做好的基础性工作,也是人力资源部门一项非常重要的任务。其政策性、沟通性、技术性和规范性的要求都很高。之所以一些用人单位劳动合同有问题,其原因也往往出在合同签订的流程上不科学、不规范。

那么,劳动合同的规范流程主要应有哪些呢?

1. 审查劳动者的主体资格

(1)劳动者身份的审查。首先要对劳动者提供的身份证原件及复印件进行审查核对,然后让其在复印件上签字确认。明确"复印件与原件一致,由本人提供。如有虚假,愿意承担一切法律责任"。

(2)劳动者学历、资格及工作经历的审查。用人单位应让劳动者提供学历、资格的原件及复印件,并让其签字确认提供的原始证件是真实的。同时对劳动者提供的工作经历也应让其进行书面确认,明确"若有虚假,愿意承担一切法律责任"。

(3)审查劳动者与其他用人单位是否还存有劳动关系。一个劳动者只能与一个用人单位签订劳动合同,确认一个劳动关系。如果录用了与其他用人单位还存在劳动关系的人员,对原录用单位造成损失的,该用人单位承担连带赔偿责任,且这种赔偿要承担较大的责任。用人单位一定要劳动者提供与原用人单位解除或终止劳动关系的证明,主要审阅《劳动手册》的有关记载,还包括要求劳动者提供失业等证明。另外,用人单位还要注意审查劳动者是否存在竞业限制的情况。对此,用人单位一定要让劳动者作出书面承诺,并签字确认。

(4)查验劳动者身体健康证明。因可能涉及录用条件和医疗期及职业病的可能,用人单位为了减少风险,可要求劳动者提供县级以上或用人单位规定的医院出具的健康证明。最为妥当的做法是用人单位组织录用员工一起到挂钩的医院进行体检。

2. 双方履行告知义务

根据《劳动合同法》第八条规定,用人单位应如实告知劳动者工作内容、工作条件、工作地点、职业危害、安全生产状况、劳动报酬,以及详细解答劳动者要求了解的其他情况。用人单位应当让劳动者签署用人单位设计好的《告知书》,并妥善保存。同时,听取劳动者相对应的告之情况,并做好书面记录,让录用员工签字确认。

3. 签署劳动合同

劳动合同文本应该提前一天时间交给劳动者看阅。对于双方要协商的情况,有一定的时间进行沟通,达到有效沟通、协商一致的目的。

在签署劳动合同时,应当注意必须双方当事人在一起当面签字。一般先让劳动者签字,在用人单位法人或委托人签字后统一盖章。盖章要做到最后有盖章,每页还有骑缝章。这样确保书面合同签字的真实性和有效性,以防被篡改。最后将两份劳动合同,一份交给劳动者保管,并有劳动者领取的签收凭单;另一份用人单位保存并及时归档。

劳动合同签订的时间,一般在正式入职报到后的一周时间内完成。已经建立劳动关系的,未同时订立书面劳动合同的,应当自用工之日起一个月内订立书面劳动合同。

4. 办理入职手续

入职手续一般包括填写《入职登记表》、提交入职材料、办理报到手续、建立职工名册等。同时在规定的时间内,到所在区县的职业介绍所进行用工登记备案和相关的社会保险的转移。

工会对录用员工也应实行必要的监督。我国工会法规定,企业行政录用员工时,应当通知基层工会。基层工会如发现录用员工违法时,有权于三日内提出异议。这样做可以防止个别单位乱用人员,可维护录用人员的合法权益。规范有序地办理入职手续,可规避用工前的事实劳动关系,避免各种违法违规的情况出现。

（三）订立劳动合同的注意事项

用人单位在与被招收的职工订立劳动合同时，应注意以下问题。

（1）签约单位的合法性。在签订劳动合同时，应仔细察看企业是否经过工商部门登记以及企业注册的有效期限。否则，所签订的劳动合同是一份无效合同。

（2）劳动合同应依法订立。只有主体合法、内容合法、形式合法、程序合法的劳动合同才能产生法律效力。不合法的劳动合同，属于无效合同，不受法律承认和保护。

（3）合同双方地位的平等性。在劳动合同订立的过程中，劳动者与企业之间的法律地位是平等的。只有做到地位平等，才能使所订立的劳动合同具有公正性。

（4）合同的订立必须采取书面形式劳动合同都有一定的期限，而且劳动关系非常复杂，涉及诸多内容。采取书面形式使权利义务明确具体，有利于合同的履行。一旦发生争议，也有据可查，便于争议的解决。

（5）合同的具体性劳动合同字句要准确、清楚、完整、明白易懂，不能用缩写、替代或含糊的文字表达，否则就可能在劳动执行过程中产生误解或曲解，从而带来不必要的争议，给用人单位和劳动者双方造成损失，也为合同争议的处理带来困难。

三、实验要求

整个实验主要由学生通过角色模拟的方式完成，根据真实案例素材，将学生分为两组，一组为用人单位，另一组为劳动者。在实验过程中，主要训练学生双方之间为签订劳动合同进行协商、起草劳动合同条款、完成劳动合同订立的实际操作能力，具体要求如下。

（1）在实验开始前，指导教师将案件素材派发给用人单位组，由用人单位组学生熟悉案情，根据自己单位实际编制用工计划，并将相关信息向劳动者组公布。

（2）由劳动者组学生设计自己模拟角色，参与用人单位招聘工作，确定初步岗位意愿。

（3）由用人单位组与劳动组进行协商，劳动者根据各自角色与用人单位订立劳动合同。

四、实验素材及环节

（一）实验素材

实验素材1

某财富股权投资基金管理有限公司是经政府批准成立专业从事现货投资、实物销售及咨询服务的金融机构，是××地区规模较大、实力雄厚、管理规范的交易公司。公司拥有该地区同行业中规模较大的办公及营业场地数千平方米。现代化的软硬件办公设施，优越的办公环境，和谐的工作氛围及"诚信经营、以德为先、以学为根"的文化精髓，为公司的高速发展奠定了坚实的基础。公司秉承"以客户至上、以员工为先、以专业为本"的企业理念，通过打造完善的服务体系，搭建合法规范的交易平台，为客户提供安全、专业、周到、快捷的服务。同时公司坚守与时俱进的信念，在稳健中求发展，在发展中引领行业潮流，立志把现货投资交易演绎成一种时尚的理财行为艺术。公司因发展需要，拟招聘以下人员。

1）律师/法律顾问（招2人）

岗位职责：①完成公司各类法律事务处理、法律风险规避、合同管理、法律意识宣传等法务管理工作；②负责相关法律文件的审核；③协助上级做好其他日常工作；④处理日常诉讼纠纷；⑤为公司各部门提供法律咨询。

任职资格：①大学本科以上，法律专业；②年龄为28~50岁；③有法务工作3年以上工作经验；④工作踏实，有敬业精神；⑤有较强的沟通能力、工作责任心，适应接受能力强。

工作时间：周一至周五9：30~18：00。周末双休，国家法定节假日全休。

薪资待遇：面议。

2）法务专员\主管（招2人）

岗位职责：①负责相关法律事务的处理；②提供相关的法律咨询服务；③负责公司风险管理制度的制定和完善；④负责公司业务、项目资料的收集、审核及后续跟踪；⑤监督项目进展情况，及时发现潜在风险并上报相关人员；⑥参与项目谈判，提交项目分析报告及制定风控措施；⑦与客户建立良好的沟通渠道，维护日常客户关系；⑧完成上级领导交办的各项工作任务。

任职资格：①法律、投资、经济、金融、财务专业全日制本科或以上学历；②持律师职业资格证；③具有2年以上法务管理或风控工作经历，在银行、担保公司等从事过信贷、风控工作优先；④具备各类法律事务的逻辑判断和分析能力、外部事务的公关能力；⑤具有一定的写作能力，熟练使用计算机办公软件，会驾驶；⑥具备良好的敬业精神和职业道德操守，具有强烈的责任心和原则性，具备较强的沟通和团队合作精神。

工作时间：周一至周五9：30~18：00。周末双休，国家法定节假日全休。

薪资待遇：面议。

实验素材2

某保险集团股份有限公司是国内九大保险集团之一、中国500强企业，由中国石油化工集团公司、中国南方航空集团公司、中国铝业公司、中国外运长航集团有限公司、广东电力发展股份有限公司等大型企业集团于2005年发起组建，注册资本金65.6亿元人民币。公司股东实力强大，涉及行业广泛，股权结构合理，符合现代企业制度。目前拥有××财产保险股份有限公司和××人寿保险股份有限公司等多家专业子公司。××保险充分发挥集团优势，有效整合产、寿险等保险资源，不断研究和开发满足客户各种保障需求的新型保险产品，着力打造强大的市场拓展。××知识产权代理有限公司是该保险集团股份有限公司的合作单位，现因业务拓展需要，向社会诚招以下人员。

1) 律师/法律顾问（国际代理方向）（招2人）

岗位职责：①负责公司内外商标案件代理，处理后续事务并制作报告；②持续关注公司代理案件的进展状态；③为促进顾问内外业务成交提供代理事务协助；④负责对公司内外商标业务提供专业知识支持；⑤严格执行国际业务代理流程。

任职要求：①本科及以上学历，英语或法律专业，条件优秀者可放宽学历限制；②英语专业四级或同等水平，具备良好的英语读写能力，能熟练运用Office软件；③诚信正直，有客户意识与服务精神，以及较好的沟通表达能力、分析问题能力、学习能力，成就欲望强烈。

公司福利：五险一金、双休、法定假日、年休假、过节礼品/礼金、生日礼金、结婚补助、生育补助等。

公司将提供一系列的专业知识、技能培训，提供公平、公开、公正的发展平台和发展空间。

晋升空间：代理人助理—高级代理人助理—代理人—高级代理人—资深代理人；素质合适者有机会进入公司管理层，也有机会成为公司合伙人。

薪资待遇：5000～8000元。

2) 办公室文员（招1人）

岗位职责：①在上级领导的指示下，协助开展部门各项工作；②负责部门文档资料的收集、归类、存放以及对作废文件定期清理；③负责部门员工日常考勤的统计汇总、上报工作；④部门会议记录和相关文件、资料的传阅、存档；⑤完成上级领导交办的其他工作。

任职要求：①28岁以下，行政、文秘、中文相关专业大专以上学历；②能够熟练使用各类办公软件和熟练操作常用办公设备，具备基本的网络知识；③沟通能力较好，有较强的抗压能力。

公司福利：五险一金、双休、法定假日、年休假、过节礼品/礼金、生日礼金、结婚补助、生育补助等。

薪资待遇：3000～5000元。

实验素材 3

某律师事务所是经中国××省司法厅批准成立的合伙制律师事务所，自购办公写字间位于××市××街××号××大厦×楼，具备现代化的办公设施。本所由执业经验丰富的资深律师为首组成强大的专业团队，其中拥有著名专家、学者及各类高级顾问，在执业过程中重视各种资源的优化配置与整合，秉承"诚信为本、敬业至上"的服务理念，进行规范、专业化管理。本所律师具有强烈的团队精神、严谨的工作作风、高度的责任感，为国内外客户提供优质高效的法律服务。因业务拓展需要，拟向社会招聘以下人员。

1）专职律师（人数不限）

岗位职责：专职律师。

任职资格：①大学法律专业本科以上学历，年龄在45岁以下，取得律师执业证；②职业道德好，严守执业纪律；③有较好的敬业精神和工作认真尽职尽责的作风；④对具有承办某领域案件或代理法律事务专长者优先。

薪资待遇：年薪10万元以上或面议。

2）律师助理（招2人）

任职要求：①法学本科以上学历，持有律师执业证；②具备独立处理诉讼与非诉业务的能力且具有较强的写作能力；③具有良好的沟通协调能力，具有开拓精神创新意识，具有较强的团队合作意识；④工作责任心强，为人稳重，维护本所的信誉和利益。

应聘条件：①大学法律专业本科以上学历，取得司法资格证书；②职业道德好，严守执业纪律；③有较好的敬业精神和团队合作精神。

薪资待遇：面议。

实验任务：根据以上提供的素材，分别模拟用人单位与劳动者之间招聘、应聘、签订劳动合同过程。

（二）实验环节

（1）选择素材，将实验小组分为两个大组，用人单位组和劳动者组，根据实验素材设计扮演角色，安排招聘人员、应聘人员，模拟招聘工作。

（2）应聘选中人员安排与用人单位协商，商谈订立劳动合同的有关事项。

（3）形成正式的劳动合同书，双方继续进行协商、修改。

（4）完成劳动合同订立过程，上交各小组最终形成的劳动合同。

（5）组织全体学生根据会见当事人的具体情况，围绕劳动合同订立过程中出现的问题进行讨论，指导学生从劳动合同的主体资格、劳动合同的必备条款、劳动合同拟定的注意事项等内容进行学习。

（6）最后要求各实验小组根据自己的角色扮演，撰写实验报告。

实验项目二　劳动合同修改实验

一、实验目的

了解劳动合同背景、阅读合同、查阅资料。掌握劳动合同的内容、形式及合法性要求，明确劳动合同的必备条款和选择条款，劳动合同草案既要体现用人单位的利益和要求，也要符合劳动法的规定。

熟悉合同审查与修订的基本原则，掌握劳动合同修改的程序和技巧，双方协商谈判完成劳动合同修改。

二、实验原理

（一）修改前的准备工作

首先了解该劳动合同的背景，阅读合同、查阅资料。最重要的是深刻领会客户的意图，明白客户需要什么和不需要什么。在动笔前，要确保手边有足够的参考资料。对于劳动合同范本和模板，要看它们出自何人之手，官方范本，由政府部门制定的文书模板，会将双方权利义务写得相对平衡；企业法务文书，一般会注重操作性，但在文字表达和框架上不够严谨，有些甚至可能判断法律关系错误；专业律师文书，文字表达和框架相对严谨，需要根据实际情况删减或修改才能真正符合客户的要求。

（二）劳动合同修改程序

（1）合法性、结构审查和修改。劳动合同修改的重中之重，是合法，这是合同修订的第一要务。在起草或审查合同时，应当注意分别审查法律关系当中的主体、客体和权利义务内容，有无违反国家强制性规定之处，以保证劳动合同合法有效。

（2）内容和表达修改。注意审查劳动合同当中的九个必备条款有无缺失，可选择条款是否明确。

（3）润色和细节修改。首先，消灭和界定模糊的用词，提高用词准确度。其次，同一意思可能会有多种表达方法，而客户的意思表达多数情况下是简单的、粗略的或者模糊的，此时需要起草者使用文字准确地、全面地和周密地将客户的意思表达出来，较好的方法是将抽象问题具体行动化。

三、实验要求

整个实验主要由学生通过角色模拟的方式完成，根据真实案例素材，将学生分为两组，一组为用人单位，另一组为劳动者。具体要求如下。

（1）在实验开始前，指导教师将案件素材派发给用人单位组，由用人单位组学生熟悉案情，并根据用人单位用工需要提供合同草案，在合同草案中可以故意设置一些不合理、不合法的条款。

（2）由劳动者组学生根据模拟角色，认真阅读用人单位的劳动合同草案，指出其违法之处和不合理之处，提出修改意见。

（3）由用人单位组与劳动组进行协商，完成劳动合同修改。

四、实验素材及环节

（一）实验素材

编号：_____

劳动合同书

甲方名称：_____
住所地：_____
法定代表人：_____ 联系电话：_____

乙方_____ 性别_____ 联系电话：_____
户籍类型（城镇、农村）_____
身份证号码_____
联系地址_____ 邮政编码_____
户口所在地_____

甲、乙双方就建立劳动关系及其权利义务等事宜，根据《中华人民共和国劳动法》与《中华人民共和国劳动合同法》等有关法律、法规和规章，在甲方已向乙方如实告知涉及劳动合同的有关情况的基础上，双方遵循合法、公平、平等自愿、协商一致、诚实信用的原则，订立本劳动合同（以下简称合同），共同遵守。

第1条 合同的前提条件

1.1 甲、乙为本劳动合同的当事人。

1.2 甲方系在中华人民共和国注册的合法用工主体，具有用工资格。

1.3 乙方向甲方保证，在本劳动合同签订之时，与任何第三方不存在劳动关系或雇佣关系，亦非在有关竞业限制期限内，且乙方保证与原用人单位之间没有任何足以影响本合同生效和履行的事宜。

1.4 乙方保证受聘于甲方后，从事甲方交付的任何工作均不会侵犯此前曾受聘单位的商业秘密及其他合法权益。如有违反，乙方将自行承担相应的法律责任。

第2条 合同期限

2.1 甲乙双方就合同期限选择以下___A___类劳动合同。

A. 有固定期限合同：本合同期限自_2013_年_7_月_1_日起，至_2015_年6月_30_日止。其中，试用期为_6_个月，自_2013_年_7_月_1_日起，至_2013_年12月_31_日止。

B. 无固定期限合同：本合同期限自____年___月___日起履行，其中试用期为___个月，自____年___月___日起，至____年___月___日止。如终止条件出现，劳动合同即行终止。

C. 以完成一定工作任务为期限的合同：本合同自____年___月___日起履行，至____工作完成止，并以_____为该工作任务完成并终止合同的标准。

2.2 本合同试用期结束前，乙方未以书面形式通知甲方解除劳动合同的，甲方有义务以口头或书面形式通知乙方有关转正事宜；甲方可以随时通知乙方解除劳动合同。

2.3 本合同期满，且不具有法定续签情形的，则本合同即行终止。

2.4 如本合同签订的起始日期与实际用工之日不一致，则甲、乙双方的劳动关系自实际用工之日起建立，劳动合同期与试用期期限亦自实际用工之日起计算。

第3条 工作内容及工作地点

3.1 乙方同意根据甲方工作需要，担任_游戏开发_岗位(工种)工作，具体工作内容和要求参照甲方有关的规章制度。甲方有权根据本单位情况或乙方的工作能力、表现，对乙方岗位或职务进行相应的调整，薪酬随岗位或职务变化进行变动。乙方应履行本岗位的工作职责，按时、按质、按量完成其本职工作。

3.2 乙方的工作区域或工作地点为_成都市_，且甲方可根据需要合理安排或调整乙方的工作地点。

第4条 工作时间和休息休假

4.1 甲方实行标准工时制，具体工作时间由甲方制定或变更，每天的劳动时间不包括午餐及休息时间。

4.2 甲方可根据部分岗位特征、业务状况，经劳动行政部门批准，实行不定时工作制或综合计算工时工作制。

在本合同期内，乙方所在岗位经劳动行政部门批准实行不定时工作制或综合计算工时工作制，则本合同约定的工作时间自行变更为不定时工作制或综合计算工时工作制。

4.3 甲方可以根据工作需要安排乙方加班,甲方将依法支付超时工作的劳动报酬,或给予调休。加班须根据相关规定办理加班申请手续。

4.4 乙方所在工作岗位申请不定时工作制或综合计算工时工作制后,加班报酬按照相关法律执行。

4.5 乙方享有国家规定的法定节假日和婚假、丧假等假期。

第5条 劳动报酬

5.1 甲乙双方约定实行先工作后付薪制度,甲方每月日前以法定货币足额支付乙方工资。甲乙双方约定,乙方工资为基础工资 5000 元,按月支付。乙方同意该基础工资是甲方计付乙方加班加点工资和婚假、丧假、探亲假、年休假等期间的工资(不足××市最低工资标准时,以××市最低工资标准为本条约定的工资支付标准)。乙方在试用期的月工资为 3000 元。甲方依法支付给乙方的补贴、加班工资、奖金津贴,由甲方根据财务制度和对乙方的考核情况另行结算,适时支付。

甲乙双方知悉并同意甲方支付给乙方的工资中包括甲方对乙方按照本合同承担相关保密、竞业禁止、诚信和廉洁义务而应支付的报酬及补偿。甲方应向乙方提供当月发放的工资和补贴、津贴的清单。关于乙方薪酬等所涉及的税费,由甲方实行代扣代缴。

5.2 甲方有权根据自身经营状况、经济效益及乙方的业务能力、绩效情况、岗位、地点变化等对乙方的劳动报酬进行合理调整,包括提高或降低,乙方愿意服从甲方的决定。

5.3 奖金、津贴根据甲方内部规章制度执行,甲方有权根据需要制定、修改、完善或废止奖金、津贴制度。

5.4 乙方在婚假、丧假、带薪年假、事假、病假等期间的工资支付标准按本单位的考勤休假管理制度执行。

5.5 因甲方的原因停产或使乙方待工的,在一个工资支付周期内的,甲方应按上一个工资支付周期的基础工资支付乙方工资,超过一个工资支付周期的,甲方支付乙方的月生活费为_____元。

第6条 社会保险及福利待遇

6.1 甲乙双方按国家和 四川 省(自治区/直辖市)的有关规定参加社会保险。其中,乙方负担的部分由甲方负责代扣代缴。乙方应及时向甲方提供甲方为乙方办理社会保险所必需的手续、真实完整的资料和证件。否则,甲方对不能或者延误办理手续不承担任何责任。乙方因任何原因不能在甲方住所地办理社会保险手续的,由乙方自行解决社会保险问题。

6.2 乙方患病或非因工负伤的医疗待遇按国家和成都市有关规定执行。

6.3 乙方患职业病或因工负伤的待遇按国家和 四川 省(自治区/直辖市)的有关规定执行。

6.4 女职工孕期、产假和哺乳期等待遇按法律、法规以及相关规定执行。

6.5 甲方将根据公司相关规定,结合乙方的工作岗位、工作地点向乙方支付或调整其他补贴及福利费用。具体标准由甲方制定。

6.6 甲方可根据自身经营状况、经营效益等相应调整乙方的各项福利待遇。

第7条 劳动保护、劳动条件和职业病防护

7.1 甲方为乙方提供符合国家规定的劳动安全卫生标准的工作环境,确保乙方在人身安全及人体不受危害的环境条件下从事工作。

7.2 甲方根据乙方岗位的实际情况,按照国家有关规定向乙方提供必要的劳动防护用品。

7.3 甲方将按照国家及当地政府的相关规定,积极采取职业病防护措施,确保乙方的人身安全及人体不受危害。

第8条 劳动纪律

8.1 甲方有权在不与法律法规相抵触的情况下,遵循民主原则,制定员工手册及其他各项规章制度。甲方依据前述制度对乙方进行劳动纪律的日常管理。乙方应严格遵守甲方制定的前述制度,否则甲方可根据单位规章制度,给予相应的处分。

8.2 甲方制定的各项规章制度将及时予以公示。甲方要求乙方认真阅读相关内容,以保证及时了解掌握甲方的各项信息。如乙方因不在公司而无法阅览,甲方要求乙方在返回公司出勤后的一周之内及时进行阅览。如出现因乙方未能及时阅览上述信息而造成的后果,由乙方承担一切责任。

8.3 乙方应妥善保管甲方财物,乙方因任何原因离职时,均须归还甲方财物,包括但不限于电脑、软件、光盘、技术文档等,如乙方疏忽丢失或蓄意破坏,应予以赔偿。

8.4 乙方保证其向甲方提供的所有信息、资料、证明等均属真实、有效,并承担相应责任。

8.5 乙方因尚未与原用人单位解除或终止劳动合同关系而致甲方损失的,应予以赔偿。

第9条 保密及知识产权归属

9.1 甲、乙双方确认,乙方在履行工作职责时必然会接触到甲方的商业秘密及与知识产权相关的保密事项,前述事项均属于甲方的财产和权利,乙方负有当然的保密义务。

9.2 从本合同生效之日起,乙方必须遵守甲方的任何保密规章、制度,履行与其工作岗位相应的保密职责。未经甲方书面同意或非为履行本合同项下的职责和义务,乙方不得向任何第三方(包括不得知悉该项秘密的甲方其他员工)泄露甲方的任何商业秘密。

9.3 乙方在甲方任职期间，因履行甲方交付的工作任务或主要利用甲方的物质和技术条件、业务信息等完成的发明创造、计算机软件、技术秘密、著作权等，其相关的知识产权归属于甲方。（应属于乙方的身份性权利除外）

9.4 甲、乙双方劳动关系解除或终止后，乙方必须将所有机密信息和资料及其复印件返还给甲方，并向甲方保证本人不再有任何使用该资料或者信息的权利，并什么已将该资料和信息的所有原件及复印件退还给甲方。如果甲方发现乙方未及时归还前述资料，造成甲方损失的，乙方必须承担相应的赔偿责任。

9.5 凡未经甲方书面同意或非为履行本合同项下的职责和义务而以直接或间接，口头或书面等形式提供给第三方涉及保密内容的行为均属泄密，造成甲方损失的，乙方必须承担相应的赔偿责任。

第10条 合同的变更、解除及终止

10.1 劳动合同的变更

10.1.1 本合同订立时所依据的法律、法规、规章或者政策规定发生变化，本合同应变更相关内容。甲方可根据工作需要调整乙方工作岗位。

10.1.2 由于不可抗力致使本合同无法履行，经双方协商同意，可以变更合同相关内容。

10.2 劳动合同的解除

10.2.1 甲、乙双方经协商一致，可以解除本合同。

10.2.2 乙方解除本合同，需征得甲方同意，否则应承担违约金。乙方在试用期内辞职的，须提前三十日书面通知甲方。

10.2.3 甲方有法律、法规规定的情形的，乙方可以解除劳动合同。

10.2.4 有下列情形之一的，甲方可以解除劳动合同，但是应当提前三十日以书面形式通知乙方或额外支付乙方一个月工资：

1）乙方患病或非因工负伤，医疗期满后，不能从事原工资也不能从事由甲方另行安排的工作的；

2）劳动合同订立时所依据的客观情况发生重大变化，致使原劳动合同无法履行，经双方协商不能就变更劳动合同达成协议的。

10.2.5 有下列情形之一的，甲方可以随时解除劳动合同且不支付经济补偿金，双方依法办理退工手续：

1）乙方在试用期内被证明不符合录用条件的（包括业绩考核不达标，培训考核不达标等情况）；

2）乙方考核名列末位的；

3）乙方严重违反劳动纪律或者甲方依法建立的规章制度的；

4）乙方严重失职、营私舞弊，对甲方利益造成重大损害的；

5）乙方被开除、除名、治安拘留、劳动教养、被强制戒毒和依法追究刑事责任的；

6）乙方不服从工作安排或不愿调整工作岗位而消极怠工的；

7）乙方被查实在应聘时间向甲方提供虚假资料的；

8）乙方同时与其他用人单位建立劳动关系、兼职的或在劳动合同履行期间自行经营或以他人名义经营与甲方相同、类似或与甲方相竞争的行业；

9）乙方以欺诈、胁迫的手段或乘人之危，使甲方在违背真实意思的情况下订立劳动合同而致本合同无效的（包括向甲方提供的应聘资料及叙述不真实；患有传染性疾病、危及生命的严重疾病、有精神病史或因正处于精神病治疗期，未向甲方主动如实告知的或者隐瞒受伤（事故）经历的；虚构工作技能的，虚构曾获得过奖励、表彰、荣誉称号的）；

10）乙方在业务洽谈的过程中，超越甲方授权范围作出承诺，致使甲方财产、名誉等遭受损失的；

11）乙方通过任何方式泄漏甲方商业秘密的；

12）法律、法规规定的其他情形。

乙方如违反本款约定而给甲方造成经济损失或其他损失的，甲方可以要求乙方赔偿，如损失大于赔偿部分，甲方保留进一步追究乙方责任的权利；如违反本款第（4）项，劳动合同则自行解除。

10.2.6 甲方应当在解除或者终止本合同时，为乙方出具解除或者终止劳动合同的证明，并在十五日内为乙方办理档案和社会保险关系转移手续。但因乙方原因导致该手续未能办理的，其责任和法律后果应由乙方自行承担。

10.2.7 乙方解除合同时，应当按照甲方有关规定，办理工作交接，因乙方原因未与甲方办理财务和工作交接的，其后果由乙方自负。甲方依法应当向乙方支付经济补偿的，在办结工作交接时支付。乙方拒不办理工作交接而离职，给甲方造成损失的，应赔偿其相应的损失。若损失额无法计算，乙方则按其一个月工资的标准给予赔偿。

10.3 劳动合同的终止

10.3.1 有下列情形之一的，劳动合同终止：

1）劳动合同期满的；

2）甲方被依法宣告破产的；

3）甲方决定解散、被吊销营业执照、责令关闭或者被撤销的；

4）依法开始依法享受基本养老保险待遇的；

5）乙方死亡，或被人民法院宣告死亡或宣告失踪的；

6）法律、法规规定的其他情形的。

10.3.2 本劳动合同期满或者甲、乙双方约定的劳动合同终止条件出现，劳动合同即行终止，双方可在期满前三日内办理终止手续。

第11条 违约及赔偿责任

11.1 在本合同期限内,如乙方接受甲方提供的出资培训,或者约定竞业限制,依照双方约定办理。乙方违约,应承担违约责任,乙方给甲方造成损失超过违约金数额的,乙方还应赔偿超过违约金部分的损失。

11.2 甲乙双方任何一方违反本合同规定,给对方造成损失的,应予以赔偿。

11.3 乙方侵占甲方财产给甲方造成损失的,乙方应返还相应财物,并赔偿甲方损失。没有法律规定或者合同约定获得甲方利益的,乙方应将所获不当得利返还甲方。

第12条 乙方确认

12.1 乙方承诺本人在合同中书写的家庭地址(住所地)系真实有效的,甲方的任何书面通知均能够送达该地址。如乙方因故搬迁或要求变更送达住所地,应于变更之日30日内书面通知甲方。否则,甲方邮寄送达该住所地的所有文书均视为有效送达。

12.2 乙方在签订本合同时,已详细阅读,对合同内容予以全面理解,并已知晓甲方的各种规章制度。规章制度包括但不限于《员工守则》、《岗位说明书》等,作为劳动合同的附件,与劳动合同其他附件一样,与劳动合同同等有效。

第13条 合同的附件

13.1 乙方身份证复印件

13.2 乙方相关资质证复印件

13.3 甲方管理、财务、人事等制度

13.4 其他需要作为合同附件资料的复印件

第14条 其他事项

14.1 本合同如与现行相关法律、法规、规章不一致,应以相关法律、法规、规章为准。如果相关法律、法规、规章进行变更,应以新的有效的法律、法规、规章为准。

14.2 本合同未尽事宜,双方另有约定的从约定;双方没有约定的,遵照相关法律、法规、规章执行;法律、法规、规章没有规定的,双方应遵循平等自愿、协商一致的原则,另行签订协议作为本合同的补充协议。

14.3 因履行本合同产生的争议,甲乙双方应友好协商,协商不成的,任何一方可向有管辖权的劳动争议仲裁委员会提起劳动仲裁。不服仲裁裁决的,可依法向人民法院提起诉讼。

14.4 本合同中所称"法律"、"法规"、"规章",若未作特殊说明,系指中华人民共和国及甲方所在地的法律、法规、规章。

本合同中所称第三方,若未作特殊说明,系指除甲方、乙方之外的第三方。

14.5 本合同一式二份,经双方签字、盖章后生效,双方各执一份。两份合同具有同等法律效力。

甲方(签字或盖章)_____ 乙方(签字或盖章)_____

有权签字人(签字或盖章)＿＿＿＿＿＿＿＿

签订日期： 年 月 日　　　　签订日期： 年 月 日

(二)实验环节

(1)根据实验素材,指出劳动合同不符合法律规定及不合理之处。
(2)根据以上合同提出修改意见。
(3)代表用人单位草拟一份培训服务期协议。

实验项目三　劳动合同变更实验

一、实验目的

劳动合同的变更,是指劳动合同双方当事人就已经订立的合同条款进行修改或补充协议的法律行为。一般而言,劳动合同签订以后,当事人均应信守合同,不得轻易更改,但由于一定的主客观情况的变化,使原合同继续履行有一定困难时,则允许依法变更劳动合同。通过劳动合同变更实验,使学生能够判断劳动合同变更的类型,熟悉劳动合同变更的程序。掌握单方变更合同的特殊情形。

二、实验原理

(1)劳动合同的变更以双方当事人协商一致为前提条件。用人单位与劳动者协商一致,可以变更劳动合同约定的内容。
(2)劳动合同的变更和劳动合同的订立一样,是双方当事人的法律行为,提出变更要求的一方,应当提前通知对方,并须取得对方当事人的同意。"调职、调岗、调薪"是劳动合同变更的常见类型,同样应遵守劳动合同变更的法律规定。
(3)变更劳动合同应当采取书面形式,变更后的劳动合同文本由用人单位和劳动者各执一份。

三、实验要求

整个实验主要由学生通过角色模拟的方式完成,根据案例素材,将学生分为两组,一组为用人单位,另一组为劳动者。在实验过程中,主要以学生模拟用人单位与劳动者之间协商劳动合同变更的活动展开,最终签订劳动合同变更书。具体要求如下。
(1)根据劳动合同变更的类型,按组别选择两类实验素材,根据不同的实验素材设计不同扮演角色,每一组别中有用人单位小组和劳动者小组的划分。

（2）用人单位组与劳动者组就变更事项进行协商。

（3）如果双方能协商一致，可以就协商一致的内容纳入《劳动合同变更书》，双方签字盖章后生效；如果不能协商一致，但用人单位可以依法单方面变更劳动合同的，发出《劳动合同变更通知书》，交由劳动者签收后发生效力。（用人单位单方变更合同的法定情形：①劳动者不能胜任工作的；②劳动者医疗期满不能从事原工作的；③客观情况发生重大变化的；④转产、技术革新等裁员的）

（4）由教师组织同学对变更合同模拟过程进行讨论、评价、总结。

（5）按小组撰写实验报告。

四、实验素材及环节

（一）实验素材

实验素材 1

湖南籍的小刘于2008年8月进入成都市某制造企业工作，企业帮其办理了成都户口，并与其签订了为期5年的劳动合同和服务期协议，协议约定，小刘违反了服务协议需向企业支付5万元违约金。2010年10月，小刘所在的企业与另一家企业合并成立了一家新的公司，新公司成立后，即开始与所有员工重新签订劳动合同，新合同除用人单位名称改变为新公司名称外，合同的岗位、期限等其他内容与原合同保持不变。小刘表示不愿意与新公司签订劳动合同，除非要求公司对劳动合同的岗位、期限、违约金等内容进行变更。公司表示同意，双方遂准备就合同相关内容进行变更协商。

实验素材 2

1999年10月24日，上海某证券经纪有限责任公司某证券营业部（以下简称公司）成立，徐先生自公司成立之日起就在该公司工作，先后担任过司机、客户经理等职。从2005年起，徐先生担任办公室主任职务。2010年4月，公司开展营业部全员竞聘上岗工作，并在《关于营业部岗位竞聘工作相关事项的通知》中载明："营业部全体员工必须参加本次竞聘，如无故不参加竞聘，公司将以自动离职处理。"其间，徐先生未参加任何岗位的竞聘。2010年4月底，竞聘结束后，公司将办公室主任的职务更名为综合管理员兼出纳，同时未安排徐先生任何工作岗位。2011年8月21日，公司向徐先生邮寄《劳动关系处理通知书》。载明："在我司于2010年4月组织的全员竞聘过程中，已向全体员工下达通知，但你却未参加竞聘，且你此后一直未到公司上班，公司已决定对你按自动离职处理。现我司正式对你进行通知，望接到通知后七日内到公司办理相关的离职手续及档案、社会保险等转移手续。"同时，公司向徐先生载明双方劳动合同于2010年8月15日解除。徐先生对公司处理意见不服,向劳动争议仲裁委员会申请仲裁,仲裁委员审理后认定公司解除劳动关系决定违法,并裁决公司向徐先生支付2011年4月至8月工资,解除劳动合同关系的经济补偿金近6万元。公司和徐先生均对裁决结果不服,先后起诉到法院。

实验素材 3

2010年4月,某市某科技公司设立研发部,招聘了一位研发部经理。由于公司以前没有这个岗位,公司薪资制度没有关于研发部经理薪资的规定。人事经理在代表公司与该研发部经理订立劳动合同时,并没有特别约定薪资一项,只是口头上说明根据工作绩效具体确定,但双方最后还是签署了这份为期3年的劳动合同。此后,其薪资按照研发部每月业务对公司的具体效益给付。6个月后,公司对该研发部经理的表现不满意,意欲解除该研发部经理的劳动合同,在征求研发部经理本人意见时,研发部经理表示不愿意与公司协商解除合同,希望继续工作至劳动合同期满。公司总经理向人事经理征询意见,人事经理突然想起双方劳动合同没有约定薪资,而薪资属于劳动合同法定必备条款,没有法定条款的劳动合同无效,所以双方存在的是事实劳动关系,公司终止事实劳动关系只需要提前30天通知即可,无需找出其他的理由。

(二)实验环节

(1)根据不同案例素材,将学生分成不同小组,主要由用人单位组和劳动者组构成,由角色模拟学生事先熟悉材料,通过沟通对案例材料的细节进行复原。

(2)根据不同素材,处理用人单位与劳动者之间变更、解除劳动合同的纠纷,解决途径可能是协商、仲裁或诉讼,根据小组沟通情况,具体选定纠结的最终解决途径。

(3)模拟解决劳动合同变更过程中可能出现的纠纷。

(4)组织全体学生对合同的变更情形和方式进行讨论,针对实际中可能因合同变更引起的薪资、违约、经济补偿金等纠纷进行归纳,探讨其具体可行的解决方式。

(5)最后要求各实验小组根据自己的角色扮演,撰写实验报告。

实验项目四 劳动合同解除实验

一、实验目的

劳动合同的解除,是指劳动合同签订以后,尚未履行完毕之前,由于一定事由的出现,提前终止劳动合同的法律行为。劳动合同的解除可以分为两大类型:双方解除和单方解除。双方解除,即协议解除,是指劳动合同双方当事人通过协商达成协议解除劳动合同。《我国劳动合同法》第三十六条规定："用人单位与劳动者协商一致，可以解除劳动合同。"劳动合同时双方当事人在自愿的基础上订立的，当然也允许自愿协商解除。只要一方提出解除的要求，另一方表示同意即可。单方解除是指由用人单位或者劳动者单方提出解除劳动合同的行为。我国劳动合同法规定，劳动合同的单方解除可分为：用人单位解除劳动合同和劳动者解除劳动合同。用人单位单方解除劳动合同，必须符合法定条件和按照法定程序进行，其解除行为可以分为过失性解除、非过失性解除和经济性裁员三类。劳动者单方解除劳动合同有自愿辞职和被迫辞职两种情况。

劳动合同解除实验是通过学生模拟用人单位与劳动者之间解除劳动合同的过程，让学生明确劳动合同的解除种类，熟悉现实生活中劳动合同解除过程，了解用人单位和劳动者在劳动合同解除过程中分别享有的权利和承担的义务，学习用人单位对劳动者经济补偿金的计算方法和支付方式。

二、实验原理

（1）确认劳动合同解除的类型：劳动合同的解除，分为协商解除和单方解除两种，其中单方解除又可具体分为用人单位单方解除（过失性解除、非过失性解除、经济性裁员）和劳动者单方解除（提前30天解除、过失性解除）。

（2）能够区分各种劳动合同解除情形下，用人单位和劳动者各自的权利和义务。

如果是协商解除劳动合同，分为劳动者主动协商和用人单位主动协商，其中前者无需支付经济补偿金，后者需要支付经济补偿金。

如果是用人单位单方解除劳动合同，过失性解除需要举出能够证明劳动者存在过失的相关证据；非过失性解除需要举出能够证明劳动者属于非过失情形的相关证据；经济性裁员则需要举出证明裁员符合法定情形的相关证据。同时，用人单位需要将解除合同的理由通知工会，并征求工会的意见；对工会意见用人单位应当研究，并将处理结果书面通知工会。

如果是劳动者单方解除劳动合同，劳动者需要提前30天提交解除劳动合同书；若是因用人单位过失解除劳动合同，则需要劳动者举出相关证据，否则企业可以以缺勤、旷工等违反规章制度之理由对其进行处分或解除劳动合同。

（3）根据不同的劳动合同解除类型，分别向劳动者发出《解除劳动合同书》或《解除劳动合同确认书》。

如果是协商解除劳动合同的，根据不同的情形制作《解除劳动合同书》（劳动者主动协商）和《解除劳动合同书》（用人单位主动协商）。

如果是用人单位单方解除劳动合同的，制作《解除劳动合同书》（用人单位单方解除）。

如果是劳动者单方解除劳动合同的，制作《解除劳动合同确认书》（劳动者单方解除）。

三、实验要求

整个实验主要由学生通过角色模拟的方式完成，根据案例素材，将学生分为两组，一组为用人单位组（包括工会成员），另一组为劳动者组。在实验过程中，主要以用人单位与劳动者解除劳动合同的模拟活动展开，根据不同劳动合同解除类型制作不同的《解除劳动合同书》，具体要求如下。

（1）根据实验素材分组，按照素材需要设计不同扮演角色，主要以用人单位组和劳动者组的不同要求安排任务。

（2）实验开始前，先由指导老师将案件素材分派给各个小组，由各小组进行相关材料准备，包括劳动合同等。

（3）由用人单位与劳动者之间进行解除劳动合同的模拟协商、谈判活动。

（4）根据解除劳动合同的不同情形分组制作《解除劳动合同书》。

（5）将各组《解除劳动合同书》进行汇总讨论，对各组模拟活动进行评价，按小组撰写实验报告。

四、实验素材及环节

（一）实验素材

实验素材1

1970年，李向来开始在某省五羊机械化工程公司工作，系机械化公司的汽车驾驶员，社保编号为1718877。1992年3月1日，李向来与机械化工程公司达成为期三年的《停薪留职协议书》，协议约定：从本协议书签订的下一个月起，即1993年3月起，李向来每月向某省五羊机械化工程公司缴纳本人原标准工资50%的保险金（即标准工资96元×80%=76.80元），如逾期三个月不如数缴纳保险基金，本停薪留职协议书即行作废，按自动离职处理；停薪留职协议书的有效期限为三年，从1992年3月1日至1995年2月28日止有效，停薪留职期满本人愿意回原单位工作的，需在期满前一个月向单位提出申请，如本人既未要求回原单位工作，又未办理辞职手续的，原单位有权按自动离职处理；在停薪留职期间计算工龄，但不升级，不享受各种津贴、补贴和劳保福利待遇。1995年4月29日，停薪留职期届满，李向来回到机械化工程公司继续在机修队上班，约两年后因车辆陆续报废，李向来回到机械化工程公司车队上班，在此期间，李向来承包机械化工程公司下属单位的汽车，经营两年后回到机械化工程公司时，车队已经解体。后李向来多次找到机械化工程公司安排工作，被告知"到了退休年龄再说"。2012年11月28日，李向来要求机械化工程公司办理退休手续时被告知已于2000年将其按自动离职处理。但李向来一直未接到机械化工程公司任何形式的通知。李向来向某省劳动人事争议仲裁委员会申请仲裁，仲裁委员会作出"主体不适格且已超过仲裁申请时效"不予受理决定，李向来不服向法院起诉，要求机械化工程公司协助其办理退休手续及赔偿因未给其购买社保的经济损失12万元。

实验素材 2

邱治平是某省某科技有限公司的业务经理，由于他负责的业务部门市场收缩，部门逐渐出现亏损，在经过多次努力后，邱治平仍然不能扭转亏损局面。于是，他决定寻找其他的工作机会。一次偶然的机会，邱治平遇到了多年未见的同学孙理。孙理现在自己创办了一个公司，正缺人手，于是邀请邱治平到自己的公司工作。邱治平满口答应下来，回到公司后，他找到人力资源部经理，表明了自己因为感觉工作业绩不理想，准备解除合同的态度。人力资源经理听了以后，向邱治平告知公司正准备撤销他所在的部门，同时还表示这段时间邱某工作非常辛苦，大家都知道，并指出为其找一个更能施展才华的平台。于是，邱治平向公司提交了辞职申请书，人力资源部经理代表公司对其辞职行为予以批准后，双方解除了劳动合同。后邱某经人提醒，说凡是离职时公司予以批准的可以要求经济补偿金，于是他向原公司提出了要求经济补偿金的要求，但遭到了原人力资源部经理的拒绝。人力资源部经理认为：邱某行为是主动辞职行为，理所当然没有经济补偿金。

实验素材 3

江天是某市军区部队医院的聘用医生，年轻而且医术精湛，经常有其他医院请江天去会诊，2009年12月的某一天，江天的好友告诉江天，某妇幼保健院想请他过来帮忙完成一个课题，让其利用休息时间过来进行研究就可以，不会对其现在的工作产生影响，报酬非常丰厚。江天认为这个提议不错，既可以进行研究，又可以增加自己的收入。于是江天与该妇幼保健医院签订了以完成某一项医疗课题研究为期限的劳动合同。随着妇幼保健医院课题研究的不断深入，江天投入的时间和精力越来越多，在部队医院正常上班期间，特别是2010年1~3月，江天经常迟到、早退，医院分配给他的工作也不能按时完成，部队医院在了解情况后，院长找其谈话，告知其行为已经违反了医院的规章制度，对自身的工作造成严重影响，希望江天能尽快解除与妇幼保健医院的劳动合同。但是，江天认为课题研究很快就结束了，自己再坚持坚持就行了，等研究一结束，他就会像以前一样正常工作了。为了尽快结束课题研究，江天投入的时间和精力更多。两周以后，部队医院向江天下达了解除劳动合同的通知书。

（二）实验环节

（1）根据不同素材，涉及不同的角色。实验小组一般被分为两个大组，用人单位组和劳动者组。由双方扮演学生事先熟悉案件素材，对其中细节进行沟通复原，同时准备与实验相关的材料，如劳动合同、用工协议等。

（2）根据不同的素材，设计场景，由用人单位与劳动者双方进行谈判、协商。

（3）根据不同素材，复原劳动合同解除的不同情形。

（4）由中立的第三方，或者是仲裁委员会，或者是人民法院，对用人单位和劳动者之间的劳动合同解除争议作出评判。

（5）组织全体学生根据劳动合同解除的具体情况进行讨论，指导学生对协商解除、单方解除合同的不同情形进行辨别、对经济补偿金的支付条件和支付形式进行深入学习。

（6）最后要求各实验小组根据自己的角色扮演，撰写实验报告。

附件 3-1　员工招聘类表单示例

（1）编写招聘计划，应聘者填写《入职申请表》。

（2）向拟聘用者发出《录用通知书》。

（3）与拟聘用者发出《签订劳动合同通知书》。

入职申请表示例

××公司入职申请表

入职部门：　　　岗位：　　　　填表日期：　　年　　月　　日

姓名		性别		年龄		血型		
籍贯		民族		职称		最高文化程度		照片
健康情况		身高		体重		婚姻情况		
身份证号码					联系电话			
户籍所在地					特长技能			
现居住地址					期望薪资			
紧急联系人及电话					邮政编码			
工作经验	起止年月		工作单位			职位		离职原因

教育培训经历	起止年月	教育培训机构	专业	外语程度	证书

家族成员	姓名	工作单位	职务	电话

受过何种奖励或专业训练	

能否出差		能否加班		能否接受工作调动	

是否曾在我公司应聘	是□ 否□	是否有亲属或朋友在我司工作	是□ 否□ 姓名____

填表人申明	1. 本人保证所填写资料属实 2. 保证遵守公司各项规章制度 3. 若有不实之处，本人愿意无条件接受公司处罚甚至辞退，并不要求任何补助。 申明人：
入职培训	本人已接受公司岗前及员工规章制度的培训。 员工签字：　　　　　　　年　　月　　日

以下为公司填写

入职时间		所属部门		职务	
试用时间		试用期工资		转正后工资	
行政部经理意见：		部门经理意见：		总经理意见：	

特别说明：

（1）本人承诺上表所填事项均真实可靠，愿接受公司对表内资料的核实，如有虚假、隐瞒或故意遗漏而导致公司与本人订立劳动合同的，公司有权解除劳动合同。

（2）本人承诺本人联系地址与紧急联络人联络方式如有变更，应在3日内及时通知公司，而在此期间或之后因未变更相关联络方式导致相关文书不能送达的，相关责任和法律后果由本人承担。

录用通知书示例

录用通知书

_____ 先生/女士：

鉴于您提供的入职申请资料和您所获得的面试成绩，经人力资源部核定，并报总经理确认，公司决定录用您来公司工作。您所任职位为_____，薪资待遇为_____，

工作地点为_____，报到日期为_____，订立劳动合同的期限为_____年。

如果您接受本公司的录用，请在收到本通知书以后5日内将签署后的本通知书原件寄送或影印件传真回本公司，如您在3日内未回寄或传回本通知书原件或影印件，公司将视作您放弃该职位。

如您签署了本通知并反馈给公司，而又未在本通知确定的日期前报到，将承担本职位_____个月薪资的违约金。如您签署了本通知并反馈给公司，而公司不能在本通知确定的日期接受您的报到，将承担本职位_____个月薪资的违约金。

本通知的生效前提是：（1）您提供的入职申请资料真实、客观、完整；（2）您具备胜任本职位的身体健康状况。

本次录用联络人：人力资源部招聘专员××

联系方式：

××有限公司（人力资源部）

年　　月　　日

回传签名处_____

年　　月　　日

签订劳动合同通知书示例

签订劳动合同通知书

_____ （劳动者）：

本单位决定与你订立劳动合同。请你在收到本通知后，于　　年　　月　　日前到　　　　部门，按照《劳动合同法》的有关规定，协商订立劳动合同。逾期不签订，其法律责任将由你承担。

（此通知一式两份，双方各执一份）

单位（盖章）：

年　　月　　日

劳动者：
年　月　日

附件 3-2　劳动合同续订书范本

劳动合同续订书

本次续订劳动合同期限类型为_____期限合同，续订生效日期为____年_____月_____日，续订合同_____终止。

甲方(签字或盖章)_____　　　乙方(签字或盖章)_____

有权签字人（签字或盖章）_____

签订日期：　年　月　日　　　　　签订日期：　年　月　日

附件 3-3　保密协议示例

保 密 协 议

甲方：_____
地址：_____
法定代表人：_____联系电话：_____

乙方：_____联系电话：_____
身份证号码：_____
联系地址：_____邮政编码：_____
户口所在地：_____

鉴于乙方在甲方任职，因乙方工作岗位的特殊性，已经(或将要)知悉甲方的商业秘密。为了明确乙方的保密义务，有效保护甲方的商业秘密，防止该商业秘密被公开披露或以任何形式泄漏，同时也为保护乙方合理流动的权利，双方就乙方在任职期间及离职以后保守商业秘密事项，根据《中华人民共和国合同法》、《中华人民共和国劳动法》、《中华人民共和国反不正当竞争法》及相关法规规定，本着平等、自愿、公平和诚实信用的原则签订本保密协议。

第1条　关于商业秘密

1.1　本协议所称商业秘密包括：技术信息、专有技术、经营信息和甲方公司

《文件管理办法》中列为绝密、机密级的各项文件。乙方对此商业秘密承担保密义务。

本协议之签订可认为甲方已对公司的商业秘密采取了合理的保密措施。

1.2 技术信息指甲方拥有或获得的有关生产和产品销售的技术方案、制造方法、工艺流程、计算机软件、数据库、实验结果、技术数据、图纸、样品、样机、模型、模具、说明书、操作手册、技术文档、涉及商业秘密的业务函电等一切有关的信息。

1.3 有技术指甲方拥有的有关生产和产品销售的技术知识、信息、技术资料、制作工艺、制作方法、经验、方法或其组合，并且未在任何地方公开过其完整形式的、未作为工业产权来保护的其他技术。

1.4 经营信息指有关商业活动的市场行销策略、货源情报、定价政策、不公开的财务资料、合同、交易相对人资料、客户名单等销售和经营信息。

1.5 甲方依照法律规定(如在缔约过程中知悉其他相对人的商业秘密)和在有关协议的约定(如技术合同)中对外承担保密义务的事项，也属本保密协议所称的商业秘密。

第2条 保密义务人

2.1 乙方为本协议所称的保密义务人。保密义务人是指为甲方提供相关服务而知悉甲方商业秘密，并且在甲方领取报酬或工资的人员。

2.2 甲方向保密义务人支付的报酬或工资中已包含保密费，此处不再重复支付。

2.3 保密义务人同意为甲方公司利益尽最大努力，在履行职务期间不组织、参加或计划组织、参加任何竞争企业，或从事任何不正当使用公司商业秘密的行为。

第3条 保密义务

3.1 保密义务人对其因身份、职务、职业或技术关系而知悉的公司商业秘密应严格保守，保证不被披露或使用，包括意外或过失。即使这些信息甚至可能是全部地由保密义务人本人因工作而构思或取得的。

3.2 在服务关系存续期间，保密义务人未经授权，不得以竞争为目的、或出于私利、或为第三人谋利、或为故意加害于公司，擅自披露、使用商业秘密、制造再现商业秘密的器材、取走与商业秘密有关的物件；不得刺探与本职工作或本身业务无关的商业秘密；不得直接或间接地向公司内部、外部的无关人员泄露；不得向不承担保密义务的任何第三人披露甲方的商业秘密；不得允许(出借、赠与、出租、转让等处分甲方商业秘密的行为皆属于"允许")或协助不承担保密义务的任何第三人使用甲方的商业秘密；不得复制或公开包含公司商业秘密的文件或文件副本；对因工作所保管、接触的有关本公司或公司客户的文件应妥善对待，未经许可不得超出工作范围使用。

3.3 如果发现商业秘密被泄露或者自己过失泄露商业秘密，应当采取有效措施防止泄密进一步扩大，并及时向甲方报告。

3.4 服务关系结束后，公司保密义务人应将与工作有关的技术资料、试验设备、试验材料、客户名单等交还公司。

3.5 鉴于保密义务人在职期间，获得或制作的商业秘密（包括技术秘密和经营秘密）对公司在竞争中的巨大价值，在劳动合同关系存续期间和终止之后，保密义务人均承认公司因投资、支付劳动报酬而对这些商业秘密的所有权，因此保密义务人同意甲方按下列第（＿＿＿）种方式执行：

（1）保密义务人因各种原因离开公司，自离开公司之日起一年内不得自营或为公司的竞争者提供服务，不得从事与其在公司生产、研究、开发、经营、销售有关的相关工作(包括受雇他人或自行从事)，并对其所获取的商业秘密严加保守，不得以任何理由或借口予以泄露。甲方按《江苏省劳动合同条例》的规定向乙方支付补偿金。

（2）或，乙方应提前六个月向甲方提出解除劳动合同的申请。在此期间，甲方有权调动乙方的劳动岗位。

乙方如违反本项规定的，应承担本协议第5条规定的违约责任。

第4条 保密义务的终止

4.1 公司授权同意披露或使用商业秘密。

4.2 有关的信息、技术等已进入公共领域。

4.3 乙方是否在职、劳动合同是否履行完毕，均不影响其保密义务的承担。

第5条 违约责任

5.1 保密义务人违反协议中的保密义务，应承担违约责任，并支付至少相当于其工作报酬或一年工资的违约金。

5.2 乙方如将商业秘密泄露给第三人或使用商业秘密使公司遭受损失的，乙方应对公司进行赔偿，其赔偿数额不少于由于其违反义务所给甲方带来的损失。

5.3 前款所述损失赔偿按照如下方式计算：

（1）损失赔偿为甲方因乙方的违约或侵权行为所受到的实际经济损失，计算方法是：因乙方的违约及侵权行为导致甲方的产品销售数量下降，其销售数量减少的总数乘以每件产品利润所得之积；

（2）如果甲方的损失按照方法（1）所述的计算方法难以计算的，损失赔偿额为乙方因违约或侵权行为所获得的全部利润。计算方法是乙方从每件与违约或侵权行为直接相关的产品获得的利润乘以在市场上销售的总数所得之积；或者以不低于甲方商业秘密许可使用费的合理数额作为损失赔偿额。

（3）甲方因调查乙方的违约或侵权行为而支付的合理费用，如律师费、公证费、取证费等，应当包含在损失赔偿额之内。

（4）因乙方的违约或侵权行为侵犯了甲方的商业秘密权利的，甲方可以选择根据本协议要求乙方承担违约责任,或者根据国家有关法律、法规要求乙方承担侵权责任。

5.4 因乙方恶意泄露商业秘密给公司造成严重后果的,公司将通过法律手段追究其侵权责任,直至追究其刑事责任。

第6条 争议的解决方法

因执行本协议而发生纠纷的,可以由双方协商解决或共同委托双方信任的第三方调解。协商、调解不成,或者一方不愿意协商、调解的,争议将提交_____仲裁委员会,按该委员会的规则进行仲裁。仲裁结果是终局性的,对双方均有约束力。

第7条 双方确认

在签署本协议前,双方已经详细审阅了协议的内容,并完全了解协议各条款的法律含义。

第8条 协议的效力和变更

8.1 本协议自双方签字或盖章后生效。

8.2 本协议的任何修改必须经过双方的书面同意。

第9条 本协议为劳动合同的附件,一式两份,甲乙双方各执一份。

甲方(签字或盖章)_____   乙方(签字或盖章)_____

____年___月___日   ____年___月___日

附件3-4 竞业限制协议示例

竞业限制协议

甲方:_____

地址:_____

法定代表人:_____联系电话:_____

乙方:_____联系电话:_____

身份证号码_____

联系地址_____邮政编码_____

户口所在地_____

鉴于乙方在甲方任职,且乙方工作岗位特殊,在公司工作期间能够接触、掌握公司及其关联公司的商业秘密,为保护甲方的合法权益以及乙方合理流动的权利,双方就乙方在任职期间以及离职以后有关竞业限制事项,根据相关法律法规规定，在自愿平等、协商一致的基础上订立本协议，共同遵照执行。

第1条　关于竞业限制

1.1　乙方在甲方任职期间，非经甲方事先同意，不得在生产、经营与甲方同类产品或提供同类服务或有竞争、供销及其他利益关系的企业、事业单位、社会团体等单位内担任任何职务，包括股东、合伙人、董事、经理、职员、代理人、顾问等；不得在前述单位或机构拥有利益；不得自营或为他人经营与甲方有竞争、供销或其他利益关系的业务。

1.2　竞业限制期限：甲乙双方劳动关系终止或解除之日起＿＿＿＿＿＿＿个月的期间内，乙方不得有下列行为：

（1）到与甲方生产或经营同类产品、从事同类业务的有竞争关系的任何第三方工作或拥有利益。

（2）自行开业生产或者经营同类产品、从事同类业务。

（3）为与甲方在产品、市场或服务方面直接或间接竞争的企业或者机构工作或者在这种企业、机构担任任何职务，包括股东、合伙人、董事、经理、职员、代理人、顾问等或虽然不担任职务，但为前述单位或机构提供指导、咨询、协助或拥有利益。

（4）与甲方的客户发生商业接触，该种商业接触包括为其提供服务、收取订单和发生可能直接或间接转移甲方的业务或对甲方的业务产生或将产生不利影响；甲方的客户为甲乙双方劳动关系终止或解除前一年已经属于甲方的客户，同时也包括在乙方离职时甲方正在评估、谈判、接触或准备发展的客户。

（5）到甲方的供应商单位任职。

（6）通过引诱、利诱、游说等方式干扰甲方与其他员工的劳动关系。

（7）聘用或者促使他人聘用甲方员工。

（8）其他有损甲方利益的行为。

第2条　义务的履行和解除

2.1　乙方在离开甲方时即承担竞业限制义务，但甲方可在乙方离职前或离职后通过书面通知的形式解除乙方的竞业限制义务；本协议所约定的竞业限制义务自上述通知指定之日起解除，同时公司将不再支付竞业限制补偿金。

2.2　在乙方完全履行竞业限制义务的情况下，公司未按本协议约定支付竞业限制补偿金，超过三个月的，乙方可以依法解除竞业限制协议。双方如因竞业限制补偿金发生争议的，在争议解决期间，乙方继续履行竞业限制义务。

第3条　竞业限制经济补偿

3.1　负有竞业限制义务的乙方，不论在任何情况下与甲方终止或者解除劳动关系，在竞业限制期间内，乙方应严格遵守本协议有关竞业限制的规定，甲方则向员工支付竞业限制补偿金。

3.2　竞业限制补偿金为乙方离职前月平均工资的＿＿＿＿＿＿（法定要求不低于劳动

合同解除或者终止前12个月平均工资的30%），甲方按月支付，并代扣代缴个人所得税。

  3.3 乙方应当在每季第一个月以亲自送达或挂号邮寄的方式向甲方提供履行竞业限制义务的证明，该证明包括但不限于其所就职单位的证明以及员工作出的保证履行竞业限制义务的书面承诺。

  3.4 乙方应在离职前向甲方书面提供其本人的银行账户用于甲方支付竞业限制补偿金，如果乙方未提供账户、提供账户错误、账户注销等各种原因导致公司无法支付该等竞业限制补偿金的，因此造成的损失由乙方自行承担，且在此期间不免除乙方的竞业限制义务。

  3.5 乙方拒绝接受、自行放弃、不领取竞业限制补偿金，或因乙方原因导致公司无法正常发放竞业限制补偿金的，因此造成的损失由乙方自行承担，且不免除乙方的竞业限制义务。

  3.6 若本协议约定的竞业限制补偿金标准低于甲方所在地政府强制性规定的最低标准的，则甲方在竞业限制期限届满前予以补足到最低标准，在此之前，乙方仍应履行竞业限制的义务。

第4条　违约责任

  4.1 如乙方违反本协议约定，公司将停止支付竞业限制补偿金，并有权利要求乙方立即停止违约行为。

  4.2 负有竞业限制义务的乙方如违反本协议，应当一次性向甲方支付违约金，违约金为_____元。如违约金不足弥补甲方实际损失的，甲方还有权要求乙方按照实际损失承担赔偿责任。

  4.3 乙方依照本协议约定承担赔偿损失和其他民事责任后，甲方仍保留提请司法途径追究乙方刑事及行政责任的权利。

  4.4 甲方拒绝支付乙方的竞业限制补偿金（甲方无正当理由，延迟支付该到期补偿金超过一个月，或者甲支付该到期补偿金的数额不足本协议规定数额的4/5的，即可视为拒绝支付)的，甲方应当一次性支付乙方违约金人民币_____元。

第5条　争议处理

  甲、乙双方在本协议履行过程中发生争议的，如果协商解决不成，任何一方可以提请甲方注册登记地的劳动争议仲裁委员会裁决。

第6条　损失

  6.1 甲方由于乙方违反竞业限制的行为所遭受的直接和间接的损失。

  6.2 甲方为了调查、处理、纠正乙方违反竞业限制的行为所付出的经济损失，包括但不限于律师费、诉讼费、评估费、调查取证费等。

第7条　其他

  7.1 本协议订立、生效、解释、执行及争议解决适用中华人民共和国法律。

7.2　如订立本协议所依据的法律、法规、规章发生变化，本协议的相关内容以变更后的法律、法规、规章规定的内容为准。

7.3　本协议是甲乙双方签署的劳动合同（合同编号：　　　　）的重要组成部分，劳动合同终止或解除后，本协议继续有效。

7.4　双方确认，在签署本协议前已仔细审阅过本协议的内容，并完全了解本协议各条款的法律含义，并同意遵守执行。

7.5　本协议一式二份，双方各持一份，经双方签字盖章后生效，每份协议具有同等的法律效力。

甲方(签字或盖章)＿＿＿＿＿＿　　　　乙方(签字或盖章)＿＿＿＿＿＿

＿＿年＿＿月＿＿日　　　　　　　　　＿＿年＿＿月＿＿日

附件 3-5　劳动合同变更类表单示例

劳动合同变更书范本

劳动合同变更书

经甲乙双方协商一致，对本合同作以下内容变更：

1. ＿＿＿＿＿＿＿＿＿＿＿＿＿＿＿＿＿＿＿＿＿＿＿＿＿＿＿＿＿＿＿＿
2. ＿＿＿＿＿＿＿＿＿＿＿＿＿＿＿＿＿＿＿＿＿＿＿＿＿＿＿＿＿＿＿＿
3. ＿＿＿＿＿＿＿＿＿＿＿＿＿＿＿＿＿＿＿＿＿＿＿＿＿＿＿＿＿＿＿＿

甲方(签字或盖章)＿＿＿＿＿＿　　　　乙方(签字或盖章)＿＿＿＿＿＿

有权签字人（签字或盖章）＿＿＿＿＿＿＿＿

签订日期：　年　　月　　日　　　　　签订日期：　年　　月　　日

劳动合同变更通知书范本

劳动合同变更通知书

＿＿＿＿＿＿＿先生/女士：

依据《劳动合同法》＿＿＿＿＿＿＿之规定，公司决定对您于＿＿年＿＿月＿＿日与公司签订的劳动合同（合同编号：＿＿＿＿＿＿）作如下变更。

劳动合同变更的内容为：

1. ＿＿＿＿＿＿＿＿＿＿＿＿＿＿＿＿＿＿＿＿＿＿＿＿＿＿＿＿＿＿＿＿
2. ＿＿＿＿＿＿＿＿＿＿＿＿＿＿＿＿＿＿＿＿＿＿＿＿＿＿＿＿＿＿＿＿

3. _____

××××公司
年　月　日

附件 3-6　劳动合同解除类表单示例

解除劳动合同书范本 1（适用于员工主动协商解除的情形）

解除劳动合同书

_____先生/女士：

　　依据《劳动合同法》第36条的相关规定，您于_____年_____月_____日与××公司提出协商解除此前××公司与您订立的劳动合同（合同编号：_____），合同期限：_____年_____月_____日至_____年_____月_____日，公司予以同意。

　　经协商一致后，您的劳动合同于_____年_____月_____日解除。
　　您需要结算以下薪资和补偿事项：
　　1.您薪资结算至_____年_____月_____日；合计_____元。
　　2.此种情形下公司不需要支付经济补偿金。
　　您需要办理以下交接手续：
　　（1）_____
　　（2）_____
　　（3）_____

以上事宜完成后，按照公司离职规定办理离职手续。

××××公司
年　月　日

注：本劳动合同解除书一式两份，甲乙各执一份，同等有效。

解除劳动合同书范本 2（适用于企业主动协商解除的情形）

解除劳动合同书

_____先生/女士：

　　依据《劳动合同法》第36条的相关规定，××公司于_____年_____月

_____日与您提出协商解除此前您与××公司订立的劳动合同（合同编号：_____），合同期限：_____年_____月_____日至_____年_____月_____日，您予以同意。

经协商一致后，您的劳动合同于_____年_____月_____日解除。

您需要结算以下薪资和补偿金事项：

1. 您薪资结算至_____年_____月_____日；合计_____元。

2. 此种情形下公司需要支付给您相当于_____月工资的经济补偿金，合计_____元。

您需要办理以下交接手续：

（1）_____

（2）_____

（3）_____

以上事宜完成后，按照公司离职规定办理离职手续。

××××公司

年　月　日

注：本劳动合同解除书一式两份，甲乙各执一份，同等有效。

解除劳动合同书范本3（适用于企业单方解除的情形）

解除劳动合同书

_____先生/女士：

依据《劳动合同法》相关规定，××公司依法解除此前您与××公司订立的劳动合同（合同编号：_____），合同期限：_____年_____月_____日至_____年_____月_____日。

解除您的理由是：

1. 过失性解除

○ 在试用期间被证明不符合录用条件的；

○ 严重违反公司的规章制度的；

○ 严重失职，营私舞弊，给用人单位造成重大损害的；

○ 劳动者同时与其他用人单位建立劳动关系，对完成本单位的工作任务造成严重影响，或者经用人单位提出，拒不改正的；

○ 因劳动者通过欺诈、胁迫或乘人之危方式订立或变更劳动合同而致使劳动合同无效的；

○ 被依法追究刑事责任的。

2. 非过失性解除

○ 劳动者患病或非因工负伤，在规定的医疗期满后不能从事原工作，也不能从事由用人单位另行安排的工作的；

○ 劳动者不能胜任工作，经过培训或者调整工作岗位，仍不能胜任工作的；

○ 劳动合同订立时所依据的客观情况发生重大变化，致使劳动合同无法履行，经用人单位与劳动者协商，未能就变更劳动合同内容达成协议的。

3. 经济性裁员

○ 依照企业破产法规定进行重整的；

○ 生产经营发生严重困难的；

○ 企业转产、重大技术革新或者经营方式调整，经变更劳动合同后，仍需裁减人员的；

○ 其他因劳动合同订立时所依据的客观经济情况发生重大变化，致使劳动合同无法履行的：＿＿＿＿＿＿＿＿＿＿＿＿

您的劳动合同于＿＿＿＿年＿＿＿＿月＿＿＿＿日解除。

您需要结算以下薪资和补偿金事项：

1. 您薪资结算至＿＿＿＿年＿＿＿＿月＿＿＿＿日；合计＿＿＿＿＿＿元。

2. 此种情形下公司需要支付给您相当于＿＿＿＿＿＿月工资的经济补偿金，合计＿＿＿＿＿＿元。

您需要办理以下交接手续：

（1）＿＿＿＿＿＿＿＿＿＿＿＿＿＿＿＿＿＿＿＿＿＿＿＿＿＿＿＿＿

（2）＿＿＿＿＿＿＿＿＿＿＿＿＿＿＿＿＿＿＿＿＿＿＿＿＿＿＿＿＿

（3）＿＿＿＿＿＿＿＿＿＿＿＿＿＿＿＿＿＿＿＿＿＿＿＿＿＿＿＿＿

以上事宜完成后，按照公司离职规定办理离职手续。

××××公司
年 月 日

注：本劳动合同解除书一式两份，甲乙各执一份，同等有效。

解除劳动合同书范本 4（适用于劳动者单方解除的情形）

解除劳动合同确认书

＿＿＿＿＿＿＿＿先生/女士：

依据《劳动合同法》相关规定，您于＿＿＿＿年＿＿＿＿月＿＿＿＿日提出解除此前××公司与您订立的劳动合同（合同编号：＿＿＿＿＿＿），合同期限：＿＿＿＿＿年＿＿＿＿月＿＿＿＿日至＿＿＿＿年＿＿＿＿月＿＿＿＿日。

您说明的解除理由是：

1. 过失性解除

○ 公司未按照劳动合同的约定提供劳动保护或者劳动条件的；

○ 公司未及时足额支付劳动报酬的；

○ 公司未依法为劳动者缴纳社会保险费的；

○ 公司的规章制度违反法律、法规的规定，损害劳动者权益的；

○ 因《劳动合同法》第26条第1款规定的情形致使劳动合同无效的；

○ 法律、行政法规规定劳动者可以解除劳动合同的其他情形：＿＿＿＿＿＿＿＿＿＿＿＿＿＿＿＿＿＿＿＿＿＿＿＿＿＿＿＿＿＿＿＿＿＿＿＿＿

○ 用人单位以暴力、威胁或者非法限制人身自由的手段强迫劳动者劳动的，或者用人单位违章指挥，强令冒险作业危及劳动者人身安全的，劳动者可以立即解除劳动合同，不需事先告知用人单位。

2. 通知解除

○ 劳动者提前三十日以书面形式通知用人单位，可以解除劳动合同。

○ 劳动者在试用期内提前三日通知用人单位，可以解除劳动合同。

您的劳动合同于＿＿＿＿年＿＿＿＿月＿＿＿＿日解除。

您需要结算以下薪资和补偿金事项：

1. 您薪资结算至＿＿＿＿年＿＿＿＿月＿＿＿＿日；合计＿＿＿＿＿＿＿＿元。

2. 此种情形下

○ 公司需要支付给您相当于＿＿＿＿＿＿月工资的经济补偿金，合计＿＿＿＿元。

○ 公司不需要支付经济补偿金。

您需要办理以下交接手续：

（1）＿＿＿＿＿＿＿＿＿＿＿＿＿＿＿＿＿＿＿＿＿＿＿＿＿＿＿＿＿＿＿＿

（2）＿＿＿＿＿＿＿＿＿＿＿＿＿＿＿＿＿＿＿＿＿＿＿＿＿＿＿＿＿＿＿＿

（3）＿＿＿＿＿＿＿＿＿＿＿＿＿＿＿＿＿＿＿＿＿＿＿＿＿＿＿＿＿＿＿＿

以上事宜完成后，按照公司离职规定办理离职手续。

××××公司

年 月 日

第四章　企业规章制度制定实验

➡ 本章概要

企业规章制度　规章制度制定　规章制度效力　规章制度适用

➡ 学习目标

熟悉企业规章制度的概念和效力，掌握企业规章制度有效的条件，调查企业对规章制度的需求，制作合法有效的规章制度，正确运用规章制度解决劳动争议。规章制度制定法律要求、技术要求及应注意的问题，规章制度的执行与违纪员工的处罚

➡ 理论思考

1. 企业规章制度有什么作用？
2. 企业规章制度有效的条件是什么？
3. 处理调查企业对规章制度的需求？
4. 怎样制定企业规章制度？

➡ 法规点睛

1.《中华人民共和国劳动合同法》（2013年）

2.《最高人民法院关于审理劳动争议案件适用法律若干问题的解释（一）》（2001年）

3.《最高人民法院关于审理劳动争议案件适用法律若干问题的解释（二）》（2006年）

4.《最高人民法院关于审理劳动争议案件适用法律若干问题的解释（三）》（2010年）

5.《最高人民法院关于审理劳动争议案件适用法律若干问题的解释（四）》（2013年）

6.《中华人民共和国公司法》（2016年）

➡ 实务应用

实验项目一　企业规章制度调研实验

一、实验目的

明确企业规章制度的基本概念、性质，熟悉企业规章制度的要求，学会调研企业对规章制度的需求。

二、实验原理

（一）企业规章制度

企业规章制度，是指由企业制定的以书面形式表达，充分调动员工的积极性和创造性，切实维护公司利益和保障员工的合法权益，规范公司全体员工的行为和职业道德的规范总称。企业规章制度是由企业自己制定的，但又能够像法律一样约束企业内的所有员工，因此，劳动法律法规既赋予企业制定规章制度的权利，又不得不对企业规章制度的有效性作出一定限制。

《劳动法》第四条规定：用人单位应当依法建立和完善规章制度，保障劳动者享有劳动权利和履行劳动义务。可见制定规章制度既是用人单位的法定权利也是用人单位的法定义务。

（二）企业规章制度的作用

依法制定的规章制度可以保障企业有序化、规范化运作，减少劳动纠纷，降低企业经营成本。合理的规章制度有助于职工明确自己的权利职责，使职工能预测到自己的行为和努力可能对自己和单位产生的结果，激励职工的工作热情。然而不合理的违法的规章制度会大面积的侵犯职工权益，当然最终受损失的还是企业。

（三）企业规章制度的要求

1. 合法合理

规章制度的内容须具合法性。内容合法就是指用人单位的规章制度其内容符合《劳动法》、《劳动合同法》及相关的法律法规，不能与法律法规相抵触，相抵触的部分是无效的。《劳动合同法》第四条规定企业的规章制度要依法制定，《劳动部关于〈劳动法〉若干条文的说明》指出《劳动法》第四条规定的"依法"

是指依据所有的法律、法规、规章，包括宪法、法律、行政法规、地方法规、行政规章。依法制定规章制度，是保证其内容合法的基础。法律有明文规定的，用人单位可以依据法律的规定，制定出符合本企业实际情况的细化、具体的规章制度，对于没有相关法律规定以及法律没有禁止性规定的，用人单位可以依据劳动法律立法的基本精神以及公平合理原则出台相应的规章制度。

企业规章制度具有双面性，严格依照相关法律制定规章制度可以使用人单位的日常管理规范化，但是，如果运用不当，不与具体实际相结合，可能损害用人单位和职工的双重利益。用人单位一定要遵循合法合理性，科学制定规章制度。

2. 具有可操作性

不具有可操作性的条款对企业来说没有比有更好，如很多企业规定："员工不遵守执行领导合理指示的视为一般违纪"，何谓"合理"？各有各的说法，实际可操作性极弱。企业一旦按照此条款操作，往往引发劳动争议。因此，规章制度的条款需要可操作性强的表述。

3. 完备性

尽可能多地考虑生产经营、员工管理中可能发生的情况，避免发生情况后"无法可依"。

4. 逻辑性

特别是在奖惩制度中，对于大错不犯小错不断的员工，采用逻辑递进的惩罚模式，能够较好地达到治病救人的效果。

（四）企业规章制度的内容

企业规章种类繁多，不同的企业对规章的需求也不同，因此有许多种分类标准。这里，我们仅从规章的管理对象上，可以将其分为四大类：行政事务规章、人事管理规章、生产经营规章、财务管理规章。行政事务包括公司的办公制度、行文制度、后勤制度等，这是一个公司运行的基础；人事管理规章涉及员工的利益，包括录用员工、员工晋级、员工奖惩、员工培训等方面，管理的目的是最大限度地调动员工的积极性、创造性；生产经营规章属于技术性规章，是为了保证产品质量、市场营销活动顺利进行，是企业实现经济效益的保证；财务管理规章是企业必备的规章，目的是要加强对财务工作的制度化管理，降低成本，提高效率。

三、实验要求

（1）掌握企业的行业特点和具体情况。如某企业规定，吸烟就可以解除劳动合同。大多数人可能会觉得吸烟就是普通的小错误，不至于解除劳动合同。倘若是一家生产烟花爆竹企业的职工，在单位车间的吸烟行为就是极其危险的，在规章制度中或合同中将吸烟的行为作为解除的条件是很有必要的，也是很合理的；然而，如果是一家公司行政类的员工，那么吸烟行为就是一般的违纪行为，若企业将该行为作为解除条件，是存在很大不合理性的。

还有一企业规定，拿单位一张纸就解除劳动合同。普通情况下，员工拿公司一张纸或许无足轻重，大家也不会在意，企业若是将拿纸行为规定为解除合同条件之一，也势必会招来很大反对。但这个厂家是印钞厂，而劳动者是印钞单位的一名员工，那么这张纸就不再是一张普通的纸，当然单位在规章制度中将其作为解除条件之一也是合理的，是可以被接受的。

通过上述两个实践案例的分析，不难看出在审视企业规章制度合法性的同时，还必须注意企业规章制度的合理性问题，满足具体企业需求。

（2）考虑职工的承受能力。用人单位要深入基层，对企业职工的用工环境、福利待遇进行详细调查，听取职工建议，结合实际情况进行归纳总结，制定出合理规章制度。

四、实验素材和环节

（一）实验素材

成都天兴山田车用部品有限公司是成都天兴仪表股份有限公司与日本国株式会社山田制作所合作，共同投资创建的中日合资企业，公司注册资本1710.9331万美元。于1995年12月成立，地处成都（龙泉）国家经济技术开发区，现在占地115亩[①]。主要从事汽车、摩托车零部件的开发和制造、销售。产品涉及机油泵、水泵、转向管柱、变速箱部品、自动离合器等。

公司自成立以来，从日本引进了世界一流的汽车、摩托车零部件的生产设备，先进的技术及质量管理体系，从烧结、压铸、机械加工、组装直至检测均注入了日本的高新技术和先进经验。并且培养了一支技术卓越的设计、生产队伍，现已达到年产油泵总成230万套，水泵总成160万套，转向器总成70万套，变速器40万套的专业汽车零部件生产厂家，并取得 ISO/TS16949 和 ISO14001 认证。

成都天兴山田车用部品有限公司的主要客户有东风本田汽车有限公司、广汽本田汽车有限公司、本田汽车（中国）有限公司、东风本田发动机有限公司、重庆长安铃木汽车有限公司、江西昌河铃木汽车有限公司、南京长安福特马自达发动机有限公司、东风轻型发动机有限公司、五羊本田（广州）摩托有限公司等。另外，产品还出口到日本、美国、意大利等国家。

---

① 1亩≈666.7平方米。

"天兴山田"对每一位员工来说，是一种充满和谐、创造、激情、质量的信念，以感召员工坦诚自我、不断进取，提出新的创意、解决问题。

客户的要求就是责任，产品质量就是生命，以质量占领、稳固市场是我公司的经营之本。公司将继续坚持以人为本，向客户提供满意的产品，在占领中国市场的同时确保能提供世界先进水平产品的经营方针，用制造产品的技术获得具有优越性的品质和成本竞争力。

（二）实验环节

（1）以4～5人为小组，对公司考勤要求进行调查，并撰写调研报告。

（2）起草一份公司考勤制度。熟悉考勤制度的主要内容、制定原则、撰写技巧和注意事项。

实验项目二　企业规章制度起草实验

一、实验目的

明确企业规章制度制定的程序要求，按照要求制定和公示企业规章制度。

二、实验原理

（一）企业规章制度对员工具有约束效力成立的条件

《劳动合同法》第四条规定："用人单位在制定、修改或者决定有关劳动报酬、工作时间、休息休假、劳动安全卫生、保险福利、职工培训、劳动纪律以及劳动定额管理等直接涉及劳动者切身利益的规章制度或者重大事项时，应当经职工代表大会或者全体职工讨论，提出方案和意见，与工会或者职工代表平等协商确定。""在规章制度和重大事项决定实施过程中，工会或者职工认为不适当的，有权向用人单位提出，通过协商予以修改完善。""用人单位应当将直接涉及劳动者切身利益的规章制度和重大事项决定公示，或者告知劳动者。"

只有符合《劳动合同法》第四条所规定的事项并按照规定的程序制定的规章制度才是具有法律效力的规章制度，才能对员工具有约束力。

一个用人单位的规章制度能不能具有法律效力有效约束员工，这要从以下三个方面来加以衡量。

（1）要看规章制度的内容是否合法。即规章制度的内容不能与现行的法律法规、社会公德等相违背。

（2）要看规章制度是否经过民主程序制定。对经过了民主程序制定的劳动规章制度，还要注意保留相关履行民主程序的证据。

（3）要看规章制度是否已经向员工公示告知。在向员工公示和告知时，还要注意保留已公示和告知的证据。

（二）用人单位在制定和公示劳动规章制度时常见的问题

企业规章制度是用人单位的内部规定，无疑是由用人单位所掌握管理的。然而，许多用人单位在规章制度的制定、公示和管理中却存在以下常见的问题。

1. 未经平等协商程序确定

根据《劳动合同法》的规定，企业规章制度制定应该经过平等协商程序，即要经过职工代表大会或全体职工讨论，提出方案和意见，然后由用人单位与工会或职工代表经过平等协商确定。由此可见，企业规章制度的制定不应该是用人单位单方面的行为。在实践中，很多单位在制定、修改或者决定直接涉及劳动者切身利益的规章制度或者重大事项时，未经职工代表大会或者全体职工讨论，提出方案和意见，未与工会或者职工代表平等协商确定。这样的规章制度实际上没有法律效力。一些单位制定的规章制度虽然已经通过平等协商程序，但由于未保留书面记录作证据，结果在发生争议纠纷时也很容易遭到仲裁和司法机构的质疑。

2. 内容不符合法律法规的规定

企业规章的内容违反法律法规，主要是指企业规章制度的内容、标准与法律法规的规定相抵触。例如劳动合同中约定试用期的问题，《劳动合同法》规定试用期最长不超过6个月，这只是一个最高限定，并不是劳动合同无论期限多长，只要试用期不超过6个月就是合法的。单位制定规章制度时，涉及试用期问题时，就不能笼统的规定6个月的试用期，更不能让员工先试用后再签劳动合同。在仲裁和诉讼过程中，由于用人单位对试用期的约定无法找到法律法规和政策作依据，也就是不能提供出可以被仲裁、司法机构采信的证据，就必然会得到败诉的结果。

3. 未履行公示和告知程序

用人单位应当将直接涉及劳动者切身利益的规章制度和重大事项决定公示，或者告知劳动者。但是，不少用人单位的规章制度都是处于秘密状态，锁在人力资源部管理工作者的抽屉里，只有到员工违反了规章制度的规定时，才拿出来告知员工违反了单位的规章制度。对于这种现象，只要劳动者提出异议，用人单位的规章制度就无法产生法律效力。一些单位即使有公示或告知劳动者，但由于公示或告知方法使用不当，导致证据材料没有保留，无法向仲裁庭或法庭举证，同样要承担不利的法律后果。

(三) 企业规章制度违反法律法规给用人单位带来的法律风险

企业规章制度违反法律、法规，包括内容违法、制定程序违法、公示程序违法等，将给用人单位带来相应法律风险。

1. 在仲裁或诉讼中不能作为审理劳动争议案件的依据

根据《最高人民法院关于审理劳动争议案件适用法律若干问题的解释（一）》第十九条的规定，规章制度必须符合"民主程序制定"、"合法"、"公示"三个条件，才可作为人民法院审理劳动争议案件的依据。不合法的企业规章制度，在仲裁或诉讼中不能作为审理劳动争议案件的依据。

2. 要承担给劳动者造成损害的赔偿责任

按照《劳动合同法》第八十条规定，规章制度违反法律、法规规定的，由劳动行政部门责令改正，给予警告；给劳动者造成损害的，应当承担赔偿责任。

3. 劳动者可以随时解除劳动合同

根据《劳动合同法》第三十八条规定，用人单位的规章制度违反法律、法规的规定，损害劳动者权益的，劳动者可以解除劳动合同，用人单位还需要支付经济补偿金。

三、实验要求

（一）查询相关法律依据

查询国家、地方关于企业规章制度方面的法律法规和文件。从法律规定看，规章制度的制定、修改流程为：职工代表大会或者全体职工讨论→提出方案和意见→与工会或者职工代表平等协商确定→公示告知。

（二）按照程序制定企业规章制度

保留规章制度制定和修改严格履行"民主程序"的相关书面证据。

在规章制度公示或告知时选择易于举证的公示或告知方式，并保留已公示或告知的书面证据。

四、实验素材和环节

（一）实验素材

××商贸公司考勤和休假制度

1. 考勤

员工上下班时均要按照公司的规定进行打卡、签到或向人力资源部报到，员工的出勤情况,是核发工资的基本依据。打卡、签到必须本人亲自完成,无论任何原因任何人不得代替他人打卡、签到。

2. 工作时间

2.1 工作时间分为两种:正常班:每周一至周五8:30～12:00、13:00～17:30为工作时间。

2.2 轮班时间:门店根据卖场的开店时间,由各部门负责人根据本部门工作需要及人员情况,合理安排员工班次,制定上下班时间。

2.3 就餐时间:工作餐休息时间为中午12:00～13:00。

3. 加班

公司倡导员工合理安排工作时间,提高工作效率,不提倡加班;确实因工作需要安排加班,须经公司人力资源部门审核经公司领导审批后,予以认可;未履行规定加班审批程序的加班申请均无效;对于履行了规定审批及备案程序的加班,员工可按请假报批程序申请调休,(一般在3个月内休完);员工不可用加班倒休冲抵迟到和早退;打(签)卡记录,可作为认定加班的辅助凭证。

4. 请假审批程序

4.1 员工请假应先到人力资源部领取《请假单》;员工在试用期期间,请假时间累计超过一周的,试用期将自动顺延。

4.2 请假审批权限

4.2.1 请假天数在2天(含2天)以内,由部门负责人审批;

4.2.2 请假天数在2天至5天(含),由人力资源部及主管领导审批;

4.2.3 请假天数在5天以上,由总经理审批;

4.2.4 门店店长、部门主管、经理级人员请假均由总经理审批;

4.2.5 员工的请假单经签批后必须在休假前一天交人力资源部备案,否则将不予认可,视为旷工;

4.2.6 带薪假(如产假等)须先到人力资源部审核后,再按以上签批程序审批;

4.2.7 请假时限最小单位为半天。

5. 考勤扣薪

5.1 员工迟到或早退10分钟以内,给予10元经济处理;超过10分钟(含)至30分钟(含)的,给予20元经济处理;超过30分钟(不含),不超过3小时到岗,计为旷工半天。

5.2 员工出现旷工,每旷工1天给予日基本工资、岗位津贴、技能工资、绩效工资及补助的3倍经济处理(旷工半天为1.5倍)。同时将根据《员工日常管理奖惩办法》给予相应记过。

5.3 员工有下列情况之一者,视为旷工:

5.3.1 在规定上班时间未请假且超过上班时间30分钟(不含),不超过3小时到岗,视为旷工半天;

5.3.2 未到下班时间(超过30分钟)擅自离岗者;视为旷工半天;

5.3.3 无可证明的特殊情况,未按要求填交《公出单》或提出了但未获批准而擅自离岗者;

5.3.4 未经请假或请假未获批准擅离职守、未按时续假者;

5.3.5 请假期满,未续假或续假未获批准而逾期不归者;

5.3.6 请假理由或证明与事实不符者;

5.3.7 不服从工作岗位调动,未按指定时间到指定岗位者;未经批准,擅离岗位从事与本职工作无关活动者;

5.3.8 漏打卡本人须出具有相关证明人的书面情况说明,当月达到3次记为旷工半天;

5.3.9 代他人报考勤或签到(代签者与被代签者)1次视为旷工1天。

5.4 不能以加班或事后调休冲抵迟到、早退及旷工记录。当月迟到累计3次(含)视为旷工一天,当月累计旷工1天以上3天以内(含3天)需提供情况说明,当月累计旷工3天以上公司可按严重违反公司规章制度给予处理,特殊原因需提供证明并由总经理亲自审批。

6. 休假

6.1 公休假

国家法定节假日视为公假,具体规定如下:

元旦　　　放假1天(1月1日)
春节　　　放假3天(农历除夕、正月初一、初二)
清明节　　放假1天(农历清明当日)
劳动节　　放假1天(5月1日)
端午节　　放假1天(农历端午当日)
中秋节　　放假1天(农历中秋当日)
国庆节　　放假3天(10月1、2、3日)

其他国家法定假日按国家相关规定执行,具体另行通知。

6.2 事假

6.2.1 员工因处理私事无法正常出勤,经本人申请,填写《请(调)假单》按请假审批程序审批完后,交人力资源部办理完毕请假手续,方可以休事假。

6.2.2 事假扣薪:按[应发工资(不含加班费)+应发补助]/21.75×事假天数。

6.3 病假

6.3.1 员工因病不能正常出勤，经本人申请按请假审批程序审批后，方可以休病假。

6.3.2 请病假者，须持区级以上医院病情诊断病休证明书，否则按事假处理；如果公司对员工请病假有疑义，公司有权要求请病假员工提供指定医院证明，请病假员工应当配合；伪造及涂改病假证明者，一经发现公司有权与其解除劳动合同。

6.3.3 如因病情紧急未能事先履行病假手续的，应于当日通过电话方式通知所在部门负责人和人力资源部，并于3日内补办相应的请假手续。

6.3.4 如员工不幸患重病或传染病，经公司指定医院证明，休假时间在一个月及以上，须及时通知人力资源部门并提供医院开具的医疗病休证明，签订医疗期协议，办理相关休假手续。

6.4 工伤假

员工工伤的判定以劳动部门工伤保险相关条款为依据，个人因打架、斗殴或违反法律法规造成伤残的，不在此范围；员工因公负伤应于当日通知人力资源部门，人力资源部门负责在15日内到劳动部门为受伤员工申报工伤保险、办理工伤鉴定，工伤医疗期时间及待遇的确定按国家有关规定执行。

6.5 婚假

6.5.1 所有正式员工，进入公司后领取结婚证书，从登记之日起1年内有效，需提供结婚证明原件。

6.5.2 员工结婚可享受婚假三天，符合晚婚条件的（男满25周岁，女满23周岁且属初婚）可享受婚假23天。婚假如含公假和公休不顺延，须一次性休完，未休完不予补假。

6.6 丧假

6.6.1 依据国家有关规定，员工的直系亲属（父母、配偶、子女）或配偶的父母，主要赡养人、抚养人去世，可以申请3天丧假。

6.6.2 员工（外）祖父母或配偶之（外）祖父母逝世，可申请1天丧假，必要时另外给予路程假。

6.6.3 公司的正式员工，需提供死亡证明复印件及去外地的交通工具票据（含路程假者）；丧假如含公假和公休不顺延，须一次性休完，未休完不予补假。

6.7 产假

6.7.1 符合国家计划生育政策的公司正式员工（转正），可持医院有效证明申请产假。怀孕的女职工，在工作时间内进行产前检查，共可休孕检假10次（每次按4小时计算），并须提前履行孕检假请假手续，否则按事假处理。如遇特殊状况，公司有权要求提供符合要求的相应医院证明，怀孕的女职工应当配合。

6.7.2 根据《劳动法》及国务院发布的《女职工劳动保护规定》，女职工正常分娩享受产假为90天，其中产前休假15天。

6.7.3 女职工计划生育政策内怀孕流产的，所在单位应当根据医务部门的证明，给予一定时间的产假。女职工怀孕不满12周（含）流产的产假为15天；12周以上16周（含）以内流产的产假为30天；16周以上28周（含）以内流产的产假为42天。

6.7.4 正式员工享受产假，需提供相关《出生证明》复印件；产假如含公假和公休不顺延，须一次性休完，未休完不予补假。

6.7.5 根据《女职工劳动保护规定》规定，对有不满1周岁婴儿的女职工，工作时间内给予其两次哺乳（含人工喂养）时间，每次30分钟（可以合并使用）。多胞胎生育的，每多哺乳一个婴儿，每次哺乳时间增加30分钟。工作时间内的哺乳假经部门负责人批准后可以合并使用，但休假时间需固定，不可冲抵迟到和早退。

6.8 年休假

6.8.1 签订劳动合同的在岗员工在公司连续工作满一年，次年起可享受年休假。

6.8.2 员工累计工作已满1年不满10年的，年休假5天；已满10年不满20年的，年休假10天；已满20年的，年休假15天；以入司日期为分割点开始享受新一年年假；逾期作废。

6.8.3 国家法定休假日、休息日不计入年休假的假期。

6.8.4 员工有下列情形之一的，不享受当年的年休假：

（1）员工请事假累计20天以上且公司没有扣工资的；

（2）累计工作满1年不满10年的职工，请病假累计2个月以上的；

（3）累计工作满10年不满20年的职工，请病假累计3个月以上的；

（4）累计工作满20年以上的职工，请病假累计4个月以上的。

6.8.5 根据工作需要及员工意愿，年休假可以分段安排，也可以集中安排；请年休假的最小单位为0.5天（即4小时）。不足4小时的按4小时计算，超过4小时的不足8小时的，按8小时计算。

6.9 护理假

男员工转正后符合计划生育政策，凭出生证明按法律规定享受15天的护理假（含节假日）。

（二）实验环节

（1）根据公司要求起草一份考勤管理办法。

（2）制作用人单位在制定和修改规章制度会议纪要和讨论情况记录。

(3) 掌握规章制度公示与告知的方法与技巧。

实验项目三　企业规章制度审查实验

一、实验目的

明确企业规章制度适用的程序要求,审查企业规章制度合法性,出具法律意见。

二、实验原理

企业规章是企业管理的重要内容,企业规章的合法性、权威性、操作性是法律规范性的具体体现和要求。因此,企业法律顾问在规章管理方面,应着重做好规章的合法性审查。

审查方式：主要有书面审查和会议审查两种。

企业规章制度中的常见缺陷如下。

(一)目标上的缺陷

目标上的缺陷是指设定了不该设定的规章制度,或是设定规章制度偏离了应有的目标。规章制度的建设,是针对那些经常性发生、可以用标准方法解决的问题。如果建立制度的对象是不经常发生的事务,或者是无法通过标准方法解决的问题,则完全没有必要以制度的方式加以规定,只需简单地规定具体负责部门或具体的管理职位负责处理即可。

(二)体系上的缺陷

体系上的缺陷是指规章制度在体系上存在遗漏、冲突,以及层级上的错乱等情况,影响了整体效能的发挥。出现这种缺陷的结果,是某些问题没有具体的规定或规定不明而引起部门之间相互推诿,部分问题的处理在各个部门之间存在不同意见,以及将次要工作作为重点工作内容而分散了精力和资源等。

(三)内容上的缺陷

内容上的缺陷是指除了体系上的缺陷外,在具体规章制度的具体内容上所存在的不全面、不严谨、不明确等情况。每个专项的规章制度至少要覆盖最为常见及虽未发生但很有可能发生的问题,使员工或部门的行为符合企业利益、达到设计目的。而任何的规定不明确、内容遗漏、内容冲突都会导致员工行为或部门行为的不明确性，也就影响了执行的效果和企业目标的实现。

（四）程序上的缺陷

这里所说的程序上的缺陷，主要是指规章制度的形成过程未经合法性审查而造成制度中存在违法条款，或是其形成程序并不符合国家法律及最高人民法院的相关司法解释，因而一旦因劳动争议而提起诉讼，相关的规章制度可能因被认为是违法而无效。

企业制定规章制度，必须按规定程序制定实施才具有合法性。

1. 制定主体合法

规章制度必须出自企业有权部门，或经其审查批准。应注意的是，这里的有权部门并非指企业的厂长、总经理，也不是指董事会或者监事会。有权以用人单位名义制定劳动规章的，应当是有权对用人单位的各个组成部分和全体职工实行全面和统一管理的机构，企业的车间、班组、党组织虽然可参与用人单位劳动规章的制定，但无权以用人单位的名义发布，不具有用人单位劳动规章的制定主体资格。

2. 企业规章的制定应经过民主程序

按照《最高人民法院关于审理劳动争议案件适用法律若干问题的解释（一）》的规定，企业规章必须经过职代会或职工大会及法律规定的其他民主形式通过。如果没有经过民主程序，企业规章不具备法律效力。

企业规章制定的民主是相对的，如果要求所有规章制度都需全体职工的同意，那么没有一项规章制度能建立。因此，司法实践对规章制度的民主程序认定并不采取"一票否决制"。用人单位已经民主程序制定的规章制度，对后进员工一般具有约束力。如果员工认为完全不能接受，就只能选择离开。

有的企业员工总是在不断流动之中，新进员工比较零散，统一组织起来对已有规章制度进民主评议的做法显然并不现实。这种情况下，如何保证确认原有规章制度对新员工的法律约束力呢？

企业可采取以下措施：

（1）保证规章制度的制定与颁发过程的合法性。

（2）签订劳动合同的同时向职工出示企业规章制度，将企业已有规章制度名称列入劳动合同，要求员工阅读并确认表示同意接受规章制度的约束。劳动合同中，应将企业规章制度的名称、页数详细列出，对与职工利益相关的惩罚措施应单独列出，最好以单页形式要求员工单独签字认可。

（3）在入职培训中可以定期集中培训或自学等方式进行规章制度培训，培训过程中可结合考勤签字让职工书面作出接受企业制度的承诺。这种情况下，除非规章制度内容本身与法律相抵触或显失公平,一般能确保企业规章制度对新进员工的法律拘束力。

3. 必须向职工明示

规章制度是企业所用职工的行为规范,作为企业内部的规章制度对其适用的人必须公示,未经公示的企业内部规章制度,职工无所适从,对职工不具有约束力。

有的企业都曾采取通告、发放员工手册等形式向职工明示规章制度,但这一过程未以书面形式固定,一旦发生争议,企业仍然被动,为防范此类风险,企业公示规章制度时应收取职工的回执。

三、实验要求

（一）企业规章制度审查内容

审查内容主要包括合法性、操作性、规范性和协调性。

（1）合法性审查,主要是管理权限、管理方式、管理内容要符合国家法律的规定。

（2）操作性审查,主要是审查该规章是否可以顺利实施,是否具有可操作性。

（3）规范性审查,主要是规章的形式审查。

（4）协调性审查,是指规章之间要求协调一致,避免矛盾和冲突。

（二）企业规章制度审查要求

企业法律顾问在审查完规章草案后,应当提出审查意见。审查意见可以用审查意见书的形式告知送审人。

审查意见书的内容包括：①规章名称；②规章存在的问题及需要修改的内容；③审查人或者审查负责人签名；④审查意见制作日期。

四、实验素材和环节

（一）实验素材

××公司劳动合同管理办法

第一章 总 则

第一条 目的

为规范公司的劳动合同管理工作,依法履行劳动合同,保护公司与员工的合法权益,根据《中华人民共和国劳动合同法》和有关法律、法规,结合本公司实际情况,制定本制度。

第二条 适用范围

集团公司及其子公司。

第三条 释义

本制度中所称的劳动合同是用人单位和劳动者依法确立劳动关系,明确双方权利和义务的协议。劳动合同书是处理劳动关系当事人之间发生的劳动争议的重要法律依据。依法订立的劳动合同受国家法律的保护。

本制度中所称的劳动合同书包括主件及附件两部分。主件为双方签订的《劳动合同书》;附件包括但不限于公司颁布的依法制定的各项规章制度、因培训学习而签订的服务期协议及竞业协议及其他基于岗位不同而签订的各类协议或承诺书、责任书等。

第四条 劳动合同管理主管部门及职责

一、集团公司人力资源部

1. 拟订集团公司《劳动合同管理制度》和《劳动合同书》标准文本;
2. 制定与劳动合同相配套的各项规章制度;
3. 办理集团公司本部员工和子公司负责人的劳动合同订立(含续签)、变更、解除和终止手续;
4. 按规定到劳动行政部门办理劳动合同鉴证手续;
5. 检查指导子公司劳动合同管理,协助子公司处理劳动合同争议;
6. 遇重大劳动争议,向上级领导提出解决问题的建议;
7. 保管集团公司本部员工及子公司负责人的劳动合同文本及与签订(含续签)、履行、变更、解除和终止合同有关的文件。

二、子公司办公室

1. 办理本公司员工劳动合同订立(含续签)、变更、解除和终止手续;
2. 按规定到劳动行政部门办理劳动合同鉴证手续;
3. 负责本公司劳动合同管理,处理劳动合同争议;
4. 遇重大劳动争议,及时上报集团公司人力资源部并提出解决问题的建议;
5. 保管本公司员工(公司负责人除外)劳动合同文本及与签订(含续签)、履行、变更、解除和终止合同有关的文件。

第二章 劳动合同管理基本规范

第五条 《劳动合同书》文本管理

1. 集团公司及其子公司与员工签订劳动合同必须统一使用集团公司正式颁布的《劳动合同书》标准文本。特殊情况需使用别的劳动合同文本须报请集团公司批准后方可签订。不得擅自拟订或使用已废止的劳动合同文本。

2. 集团公司及其子公司使用的《劳动合同书》标准文本，由集团公司人力资源部依法拟订或修订，经集团公司法律顾问审核，报请集团公司总裁办公会审批并报劳动行政部门备案后正式颁布执行。

第六条　劳动合同期限及试用期的确定

1. 第一次、第二次（第一次续签）劳动合同的期限，原则上经营、管理岗位，中高级销售、服务顾问和技师，中高级专业技术人员为三年，其他岗位人员为两年，第三次（第二次续签）劳动合同的期限需报集团公司人力资源部审批。

2. 新入职员工试用期原则上根据合同期限长短确定：劳动合同期限不满一年的试用期为一个月；劳动合同期限一年以上不满三年的试用期为两个月；劳动合同期限三年及以上试用期为六至九个月。

3. 子公司依据上述原则根据本公司岗位设置、岗位重要性、人才市场供需等实际情况决定各岗位第一、二次劳动合同期限。

第七条　集团所有员工必须签订劳动合同。对不签订劳动合同者，不予以聘用。

第八条　劳动合同须经员工本人、公司法定代表人签字，并加盖公司公章后方能生效。公司法定代表人不亲自签字的，可委托公司负责人代签。未经书面授权，私自以公司名义与员工签订的劳动合同一律无效；因代签无效劳动合同给公司造成的经济损失由代签人负责赔偿。

第九条　劳动合同以书面形式订立。合同一式两份，公司及员工各持一份。不得扣压或代为保管应由员工自行保管的劳动合同。

第十条　劳动合同管理的主管部门应做好劳动合同管理的基础工作，按集团公司《档案管理制度》要求，管理好《劳动合同书》及其相关文件：

1. 建立本单位的劳动合同汇总表（电子档）（附件二）。

2. 《劳动合同书》的相关文件包括以下资料：

（1）培训协议；

（2）保守商业秘密协议；

（3）岗位职任书；

（4）个人月度绩效考核表和工作能力评估表；

（5）违约或违纪记录；

（6）其他专项协议。

第十一条　集团各用人单位应自用工之日起一个月内与员工签订劳动合同。员工在集团内法人单位之间调动（不含短期支援性借用），需与原单位解除劳动合同，办理异动审批手续，无经济赔偿金，并与新单位重新签订劳动合同。

第十二条 订立劳动合同作业规范

一、订立劳动合同前需进行的准备工作

1. 合同订立前，双方应就劳动合同期限、工作内容和工作地点、工作条件、工作时间和休息休假、劳动报酬、社会保险、劳动保护、劳动条件和职业危害防护、法律、法规规定应当纳入劳动合同的其他事项进行充分协商，新签约人员应按本制度第六条规定协商试用期限。公司应向拟签约员工告知公司的规章制度等和与其工作有关的情况。

2. 合同订立前人力资源主管部门应负责对被录用员工的身份、有效身份证件（身份证、户口、房产证等）、年龄、住址、健康状况、学历证书、专业知识和工作技能相关资格证书、与原单位解约证明等与应聘工作有关的情况及相关资料进行审查，重要岗位应要求员工提供户籍所在地公安机关的相关证明材料等。对提供资料不真实者不予签订劳动合同。

3. 根据本公司的实际，协商约定服务期和保守商业秘密和竞业限制等其他条款，并约定，违约所应当承担的违约责任。

（1）服务期是指公司对享受本公司提供特殊待遇的员工，如出资招聘、出资培训或提供出国考察、住房补贴等特殊待遇的，约定三至五年的服务期。员工应遵循诚实信用的原则，严格遵守服务期限约定，否则将承担违约责任。

（2）保守秘密或竞业限制是指公司对必须保密的技术信息和经营信息，约定保密责任。

二、合同填写规范

1. 签约双方应当仔细阅读合同条款，协商确定其权利和义务。

2. 合同中空白之处内容的填写应符合双方协商一致的原则，达成一致后再填入相关内容。所填内容不得涂改。不得隐瞒或欺骗。

3. 《劳动合同书》相关内容的填写必须字迹清晰，用词准确，对不用之处或空格应写无或用粗实线划去。

第三章 劳动合同的履行与变更

第十三条 劳动合同自合同期限起始日起生效。双方均应按劳动合同的约定，全面履行各自义务。

第十四条 公司和员工如认为有必要，可以单方对原订劳动合同的部分条款进行变更。

第十五条 合同履行及变更规范

1. 人力资源主管部门应定期对合同履行情况进行检查，建立健全管理台账，记录公司劳动用工状况及员工履约的基本情况，反映劳动关系变化，保证实行动态管理。对违规情况及时纠正并以书面方式记录，列入相关档案。

2. 合同内容发生变更时，应以书面形式载明变更的内容、日期，由双方签字、盖章后，双方各执一份。公司持有的应随原合同一起存档。

第四章　劳动合同续签规范

第十六条　劳动合同期满，公司同意与员工续签劳动合同的，人力资源主管部门应在劳动合同期满前三十天内将《劳动合同期满处置意见征询单》（附件三）送达员工，经协商同意办理续签手续。

第十七条　续签劳动合同时应在劳动合同到期前三十日按照以下程序进行：

1. 书面了解员工本人及所在部门意向。
2. 员工本人同意续签的，人力资源主管部门将结合员工工作部门意见及日常考核情况报呈分管领导和公司负责人审核批准。
3. 经公司负责人审批同意续签的，办理续签劳动合同，双方盖章签字。
4. 公司负责人审批不再续签的，给予书面通知。
5. 续签的劳动合同，自前份劳动合同期满次日起生效。

第五章　劳动合同解除与终止

第十八条　协商解除。公司与员工协商一致，可以解除劳动合同。

第十九条　《劳动合同书》约定可以解除劳动合同或依《劳动合同法》相关规定可以解除劳动合同的情形出现时，签约双方中的其中一方可以提出解除劳动合同。

第二十条　出现劳动合同约定或劳动合同法规定的劳动合同期满、劳动合同主体资格丧失或在客观上已无法履行合同的几种情形，劳动合同可以终止。

第二十一条　劳动合同解除与终止作业规范

1. 公司因员工的非过失原因（停工医疗期满、无法胜任工作）和客观情况发生重大变化而提出解除劳动合同或员工提出解除劳动合同或劳动合同期满，因员工与公司任何一方决定不续签劳动合同的，公司与员工解除或终止劳动合同，并按集团公司《离职管理制度》规定办理离职手续。
2. 被解除或终止劳动合同的员工，在按照公司规定办理离职手续后，由劳动合同管理部门出具解除或终止劳动合同证明书《员工离职证明》（见集团公司《离职管理制度》附件四）。

第六章　经济补偿与违约责任

第二十二条　员工要求提前解除劳动合同的，或合同期满员工方不愿续签劳动合同的，按双方合同约定及集团公司《离职管理制度》执行。对涉及服务期及竞业限制的人员，按劳动合同、服务期协议、竞业限制协议及劳动合同法相关规定追究其违约责任及经济赔偿。擅自解除劳动合同给公司造成损害的,应当承担赔偿责任。

第二十三条 公司方提出解除劳动合同的,按劳动合同的相关约定及劳动合同法相关规定对员工予以经济补偿。

(二)实验环节

对公司劳动合同管理办法提出审查意见。

第五章　工伤赔偿实验

➡ 本章概要

　　缔结委托代理合同　工伤认定的范围、条件　工伤认定程序及材料　劳动能力鉴定　工伤保险待遇

➡ 学习目标

　　熟悉缔结委托代理合同程序，明确工伤发生后需要哪些证据，熟悉工伤认定程序，提交工伤认定材料；明确劳动能力鉴定的流程，训练学生掌握工伤事故发生后申请劳动能力鉴定的顺序、步骤和方法；熟悉劳动能力鉴定的程序，掌握职工工伤与职业病致残程度鉴定标准；熟练掌握工伤保险待遇的规定及标准，训练工伤保险待遇谈判、诉讼技巧，学习工伤赔偿协议的签订。

➡ 理论思考

1. 工伤构成的基础要件、一般要件、特殊要件是什么？
2. 工伤构成的归责原则是什么？
3. 侵权损害赔偿与工伤补偿的差别是什么？
4. 交通事故赔偿与工伤补偿能否双赔偿？

➡ 法规点睛

1.《工伤保险条例》（2010年）
2.《职工工伤与职业病致残程度鉴定标准》（2006年）
3.《中华人民共和国劳动争议调解仲裁法》（2007年）

➡ 实务应用

实验项目一　工伤委托代理合同签订实验

一、实验目的

　　了解基本案情，与当事人缔结委托代理合同，确立委托关系。与当事人签订

工伤委托代理合同,是工伤赔偿的第一步。通过签订委托代理合同各个环节的实验,了解如果与本所律师承办案件存在利害冲突,就不能接受委托,训练学生与当事人交流的技巧,明确听取当事人陈述的重点。学生通过模拟律师接受当事人委托的全过程,全面理解和熟悉接受委托的基本步骤、方法和技巧,训练学生针对具体案件的分析判断,并能规范地签订委托代理合同。

二、实验原理

(1)委托代理合同签订前,先明确与本所律师承办案件是否存在利害冲突。
(2)详细听取受伤职工事发经过陈述,并作相应谈话记录。
(3)签订委托代理合同。

三、实验要求

(1)听取受伤职工事发经过陈述,主要记录以下内容:①受伤职工身份情况;②用工单位的大致情况(一般能说出单位名称);③何时建立劳动关系,有无签订劳动合同,有无办理工伤保险;④工作岗位及相关职责;⑤工资报酬及培训情况;⑥劳动保护及相关防护措施;⑦发生工伤事故的时间、地点、原因、受伤部位;⑧治疗过程,住院时间、医疗费支付情况,受伤后用人单位态度及意见;⑨受伤职工家庭成员及大致情况;⑩受伤职工本人的要求及期望。

(2)核对相关病历、医院证明是否医疗终结,是否存在超过医疗期限的情形。

(3)到事故现场作调查与核对,并查明以下内容(路程较远的,应在办理委托手续后进行):①用工单位的名称、单位或工程项目负责人的姓名及联系电话;②工程的开工时间、竣工时间(应与受伤职工的第一次上班及受伤时间相吻合);③工程发包单位诉讼,便于以后财产保全时暂扣工程款;④与目击证人(工友)取得联系,并留下联系方式,以便作调查笔录;⑤发生以下情形做相应的证据保全工作,第一,用工单位或工程施工项目负责人明确表态不承认受伤职工是其职工或不在用人单位或工程施工地点受伤的,第二,用人单位或工程施工负责人有殴打、恐吓、驱逐受伤职工情形的。

(4)仔细核对,确定是否向劳动监察部门或其他部门进行控诉或要求其主持调解。

(5)其他,如核对受伤事故发生之日起是否超过一年,如超出一年,则超过工伤认定时效,劳动部门不会受理工伤认定。

(6)办理委托代理合同时,注意:①应详细向其告知调查、仲裁诉讼程序中律师能够做出的具体事项;②应明确委托人在办理委托代理合同后应配合律师做的具体事项;③应告知委托人在仲裁或诉讼中有哪些风险及相关防范措施;④应送达相关委托文书、质量监督卡等;⑤对文化程度不高的委托人,还应详述委托合同的内容及律师收费办法等相关情况以免代理后发生争议；⑥对于风险代理，应在委托合同着重予以书面确认，避免发生分歧或争执；⑦对于特别授权或办理委托手续后，委托人就回外地工作生活情形的，应在委托代理合同中明确律师的代理权限及特别授权事项。

四、实验素材及环节

（一）实验素材

刘均与天地建筑公司签订劳动合同，在其承建的建设工程项目部从事孔桩基础作业，2014年6月9日15时，因下雨致工地电路跳闸提前下班。下班后刘均骑二轮摩托车回家途中与马文剑驾驶的川 EBZ235号小车相撞，刘均左腿骨折，叙永县公安局交通警察大队认定马文剑承担全部责任，刘均不承担责任。刘均认为自己在下班途中受到非本人主要责任的交通事故伤害，应该属于工伤。

刘均准备申请工伤认定及赔偿，怎样委托律师代理？

（二）主要实验环节

（1）冲突查询。
（2）听取刘均关于事发经过的陈述。
（3）签订委托代理合同。

实验项目二　工伤认定实验

一、实验目的

通过对工伤认定的模拟，明确工伤发生后需要哪些证据，训练学生掌握工伤事故发生后的取证的顺序、步骤和方法；熟悉工伤认定程序，填写《工伤认定申请表》，提交工伤认定材料；学会制作《工伤认定决定书》，并告知当事人对工伤认定部门作出的结论不服的救济途径。

二、实验原理

（一）工伤认定的程序

1. 提起工伤认定

用人单位应当自事故伤害发生之日或者被诊断、鉴定为职业病之日起30日内，向统筹地区劳动保障行政部门提出工伤认定申请。用人单位不及时申报者，工伤职工或者其直系亲属、工会组织在事故伤害发生之日或者被诊断、鉴定为职业病之日起1年内，可以直接向用人单位所在地统筹地区劳动保障行政部门提出工伤认定申请。

2. 工伤认定流程

进行工伤认定需提交的材料：①工伤认定申请表；②伤亡人员本人身份证明；③伤亡人员与用人单位存在劳动关系的证明材料；④医疗诊断证明或者职业病诊断证明；⑤单位营业执照；⑥委托书；⑦其他特殊情况需提交的证明材料。

工伤认定部门对材料不完整的应当当场或在15个工作日内一次性书面告知申请人补正全部材料。没有特殊情况，工伤认定部门应在受理后60日内作出工伤认定决定。并于作出决定后20个工作日内送达申请人以及受伤害职工（或其直系亲属）和用人单位。

如工伤认定部门不予受理，应签发不予受理通知书，申请人可以提起行政复议或行政诉讼。当事人对工伤认定部门作出的结论不服的，亦可以提起行政诉讼或行政复议。（具体流程详见图5-1）。

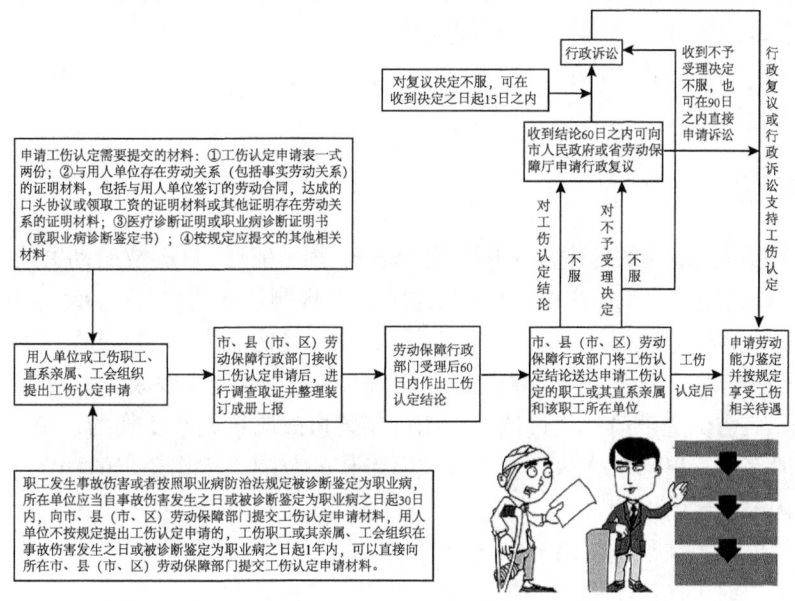

图 5-1 工伤认定流程示意图

（二）什么情况能认定为工伤

职工有下列情形之一的，应当认定为工伤：
（1）在工作时间和工作场所内，因工作原因受到事故伤害的；
（2）工作时间前后在工作场所内，从事与工作有关的预备性或者收尾性工作受到事故伤害的；

（3）在工作时间和工作场所内，因履行工作职责受到暴力等意外伤害的；

（4）患职业病的；

（5）因工外出期间，由于工作原因受到伤害或者发生事故下落不明的；

（6）在上下班途中，受到机动车事故伤害的；

（7）法律、行政法规规定应当认定为工伤的其他情形。

职工有下列情形之一的，视同为工伤：

（1）在工作时间和工作岗位，突发疾病死亡或者在48小时之内抢救无效死亡的；

（2）在抢险救灾等维护国家利益、公共利益活动中受到伤害的；

（3）职工原在军队服役，因战、因公负伤致残，已取得革命伤残军人证，到用人单位后旧伤复发的。

注：职工有前款第1、2项情形的，按照本条例的有关规定享受工伤保险待遇；职工有前款第3项情形的，按照本条例的有关规定享受除一次性伤残补助金以外的工伤保险待遇，职工有下列情形之一的，不得认定为工伤或者视同工伤：

（1）因犯罪或者违反治安管理伤亡的；

（2）醉酒导致伤亡的；

（3）自残或者自杀的。

三、实验要求

（1）根据当事人的陈述，对工伤事故调查，固定证据。①建立劳动关系的证据。②用工单位情况。③工作岗位及相关职责；工资报酬及培训情况；劳动保护及相关防护措施。④发生工伤事故的时间、地点、原因、受伤部位；治疗过程，住院时间、医疗费支付情况，受伤后用人单位态度及意见；受伤职工家庭成员及大致情况。

（2）工伤认定申请。经过调查，明确伤害事故应该属于工伤的，填写《工伤认定申请表》，提起工伤认定。要求熟悉工伤的范围，工伤认定的程序，特别注意工伤认定申请的时间。

（3）提供工伤认定材料。

（4）领取工伤认定书。

四、实验素材及环节

（一）实验素材

张海自2008年2月开始到东阳市吸塑制品厂（私营企业）做工，负责机台维修和调试工作。2008年4月6日下午，张海在检修机器时发现一零件损坏，即向厂长建议更换，让工人上街购买。张海考虑工人不懂行，担心买错零件，主动与工人骑自行车上街购买，途中被一辆无牌照的人力三轮车撞倒受伤，肇事者趁乱溜走。

经医院检查，张海髌骨骨折，后发展为合并创伤性关节炎。张海先后在医院治疗6个月，共花去医疗费及车旅费21 618.44元。

代理张海提起工伤认定。

（二）实验环节

调查事故发生经过，固定证据→填写《工伤认定申请表》→提供材料→领取工伤认定书或不予受理通知书。

（1）调查事故发生经过，作相关的证据固定工作，对于一些容易丢失或被损毁的证据应及时保全，对一些流动性强或无固定职业的证人要及时作调查笔录。

（2）制作《工伤认定申请书》，并填写《工伤认定申请表》。

（3）向工伤事故发生地过去部门提交申请书及申请者，并提供以下材料：①受伤职工的身份证复印件及用人单位工商登记材料；②劳动合同复印件或可证明存在劳动关系或事实劳动关系的材料；③事故发生时病历、诊断证明书，法院记录等医疗材料；④如系机动车事故伤亡的，应扣交警部门的事故认定书或其他有效证明。

（4）及时与劳动部门联系，看是否需补充材料。

（5）领取工伤认定书或不予受理通知书。

如对工伤认定申请、劳动部门的不支持的情形，应考虑如下：①是否属其他案由，走其他程序；②是否需提出重新认定申请或向劳动主管部门作出书面报告；③是否需行政复议或行政诉讼。

实验项目三　劳动能力鉴定实验

一、实验目的

通过劳动能力鉴定的模拟，明确劳动能力鉴定的流程，训练学生掌握工伤事故发生后申请劳动能力鉴定的顺序、步骤和方法；熟悉劳动能力鉴定的程序，明确应当提交的材料，填写《劳动能力鉴定申请表》；熟悉《职工工伤与职业病致残程度鉴定标准》学会制作《工伤职工劳动能力鉴定（确认）结论通知书》，并掌握劳动能力鉴定委员会作出的鉴定结论不服的救济途径。

二、实验原理

（一）劳动能力鉴定的规定

（1）职工发生工伤，经治疗伤情相对稳定后存在残疾、影响劳动能力的，应当进行劳动能力鉴定。

（2）劳动能力鉴定是指劳动功能障碍程度和生活自理障碍程度的等级鉴定。劳动功能障碍分为10个伤残等级，最重的为一级，最轻的为十级。生活自理障碍分为3个等级：生活完全不能自理、生活大部分不能自理和生活部分不能自理。

（3）劳动能力鉴定由用人单位、工伤职工或者其直系亲属向设区的市级劳动能力鉴定委员会提出申请，并提供工伤认定决定和职工工伤医疗的有关资料。

（4）设区的市级劳动能力鉴定委员会应当自收到劳动能力鉴定申请之日起60日内作出劳动能力鉴定结论，必要时，作出劳动能力鉴定结论的期限可以延长30日。劳动能力鉴定结论应当及时送达申请鉴定的单位和个人。

（5）申请鉴定的单位或者个人对设区的市级劳动能力鉴定委员会作出的鉴定结论不服的，可以在收到该鉴定结论之日起15日内向省（自治区、直辖市）劳动能力鉴定委员会提出再次鉴定申请。

（6）自劳动能力鉴定结论作出之日起1年后，工伤职工或者其直系亲属、所在单位或者经办机构认为伤残情况发生变化的，可以申请劳动能力复查鉴定。

（二）劳动能力鉴定流程

劳动能力鉴定流程具体如图5-2所示。

职工发生工伤经治疗出院伤情相对稳定后存在残疾、或停工留薪期满影响劳动能力的，由用人单位、个人或亲属提出劳动能力鉴定
↓
统筹地区劳动能力鉴定委员会办公室
↓
提出劳动能力鉴定应当提交以下材料： ①《工伤认定通知书》；②填写申请表格（《工伤档案》、《职工工伤致残登记表》、《职工工伤致残等级鉴定表》）；③工伤医疗机构出具的病历、诊断证明等辅助检查资料；④属于复查或申请重新鉴定的，须提交书面的申请报告
↓
60日内下达鉴定结论，并办理《工伤证》
↓
统一组织工伤职工进行临床检查，组织专家鉴定
↓
申请鉴定的单位或者个人对统筹地区劳动能力鉴定委员会作出的鉴定结论不服的，可以在收到鉴定结论之日起15日之内向省（自治区、直辖市）劳动能力鉴定委员会提出再次鉴定申请。省劳动能力鉴定委员会作出的结论为最终鉴定结论

图5-2 劳动能力鉴定流程图

三、实验要求

（1）对照《职工工伤与职工病致残程度鉴定》看是否构成伤残及等级程度及护理依赖等级。

（2）制作《劳动能力鉴定申请书》，并填写《职工丧失劳动能力鉴定表》。

（3）制作《生活自理障碍鉴定申请书》。

（4）向劳动部门递交相关申请书及医疗材料（包括病历、CT报告单等）。

（5）领取劳动能力或生活自理障碍等级报告。

（6）征求委托人意见，是否申请再次鉴定。

四、实验素材及环节

（一）实验素材

连胜强是陕西省咸阳公路管理局彬县公路管理段清洁工，2009年3月1日10时许，在312国道 KM1624+850m 处上班过程中，由于陕 D28228和陕 D39911两车追尾，将正在清扫卫生的原告碰倒致伤，经彬县公安局交通警察大队认定，陕 D28228号车驾驶员刘杰负事故的全部责任。受伤后在彬县县医院抢救治疗后，当日被送往咸阳市第二人民医院住院治疗，诊断为：①失血性休克；②左小腿毁损伤。连胜强受伤前月工资1210元，从2009年3月1日受伤至同年4月28日定残，误工时间59天。2009年度当地职工月平均工资2524.42元。

代理连胜强申请劳动功能障碍等级鉴定。

（二）实验环节

（1）填写《劳动能力鉴定申请表》。

（2）提交相关材料。

①《工伤认定通知书》；②填写申请表格（《工伤档案》、《职工工伤致残登记表》、《职工工伤致残等级鉴定表》）；③工伤医疗机构出具的病历、诊断证明等辅助检查资料；④属于复查或申请重新鉴定的，须提交书面的申请报告。

（3）制作《工伤职工劳动能力鉴定（确认）结论通知书》。

附件 5-1

职工因工劳动能力鉴定申请表

姓名		性别		出生年月日		照片
身份证号码						
家庭住址						
邮政编码		联系电话				
用人单位						
单位地址						
邮政编码		单位联系人		联系电话		
工种（职业）		工伤发生时间		工伤认定结论编号		

申请鉴定内容：
1. 劳动功能障碍程度初次鉴定
2. 劳动功能障碍程度复查鉴定
3. 生活自理障碍程度初次鉴定
4. 生活自理障碍程度复查鉴定

附件 5-2

工伤职工劳动能力鉴定（确认）结论通知书
邯　　劳鉴　　字〔20　　〕　　号

申请人：_____
被鉴定人姓名_____性别____年龄_____住址_____
_____
用人单位名称_____通信地址_____联系人
_____于____年__月__日申请_____
_____，我委于____年____月____日组织专家组进行_____，诊断为：_____
_____。
经劳动能力鉴定机构评议，依照中华人民共和国国家标准《职工工伤与职业病致残程度鉴定》（GB/T16180-1996），符合：_____
_____鉴定（确认）结论为：_____
_____。

有关单位或个人如对本鉴定结论不服，可以在收到本通知书之日起15日内向河北省劳动能力鉴定委员会申请再次鉴定。

年　　月　　日

送：

实验项目四　工伤保险待遇支付实验

一、实验目的

通过工伤保险待遇支付的模拟，明确工伤保险待遇支付的流程，训练学生掌握工伤保险待遇支付的顺序、步骤和方法；熟练掌握工伤保险待遇的规定及标准，明确申请工伤保险待遇支付应当提交的材料；掌握未参加工伤保险但属于工伤的劳动者，也应该享受工伤待遇，训练工伤保险待遇谈判技巧，学习工伤赔偿协议的签订。

二、实验原理

（一）职工因工伤医疗期间的待遇

（1）职工因工作遭受事故伤害或者患职业病需要暂停工作接受工伤医疗的，在停工留薪期内，原工资福利待遇不变，由所在单位按月支付。停工留薪期一般不超过12个月，伤情严重或者情况特殊，经设区的市级劳动能力鉴定委员会确认，可以适当延长，但延长不得超过12个月。工伤职工评定伤残等级后，停发原待遇，按照有关规定享受伤残待遇。工伤职工在停工留薪期满后仍需治疗的，继续享受工伤医疗待遇。生活不能自理的工伤职工在停工留薪期需要护理的，由所在单位负责。

（2）职工住院治疗工伤的，由所在单位按照本单位因公出差伙食补助标准的70%发给住院伙食补助费；经医疗机构出具证明，报经办机构同意，工伤职工到统筹地区以外就医的，所需交通、食宿费用由所在单位按照本单位职工因公出差标准报销。

（3）职工因工作遭受事故伤害或者患职业病进行治疗，享受工伤医疗待遇。职工治疗工伤应当在签订服务协议的医疗机构就医，情况紧急时可以先到就近的医疗机构急救。治疗工伤所需费用符合工伤保险诊疗项目目录、工伤保险药品目录、工伤保险住院服务标准的，从工伤保险基金支付。未参加工伤保险的用人单位职工发生工伤的，由该用人单位按照《工伤保险条例》规定的工伤保险待遇项目和标准支付费用。

（二）职工因伤致残经劳动能力鉴定所享受的工伤保险待遇

1．生活护理费

工伤职工已经评定伤残等级并经劳动能力鉴定委员会确认需要生活护理的，从工伤保险基金按月支付生活护理费。生活护理费按照生活完全不能自理、生活大部分不能自理或者生活部分不能自理3个不同等级支付，其标准分别为统筹地区上年度职工月平均工资的50%、40%或者30%。

2．一级至四级伤残待遇

①保留劳动关系，退出工作岗位；②一次性伤残补助金；③按月支付伤残津贴，伤残津贴实际金额低于当地最低工资标准的，由工伤保险基金补足差额；④工伤职工达到退休年龄并办理退休手续后，停发伤残津贴，享受基本养老保险待遇。基本养老保险待遇低于伤残津贴的，由工伤保险基金补足差额；⑤职工因工致残被鉴定为一级至四级伤残的，由用人单位和职工个人以伤残津贴为基数，缴纳基本医疗保险费。

3．五级、六级伤残待遇

①保留与用人单位的劳动关系，由用人单位安排适当工作。难以安排工作的，由用人单位按月发给伤残津贴，伤残津贴实际金额低于当地最低工资标准的，由用人单位补足差额。②一次性伤残补助金。③用人单位按照规定为其缴纳应缴纳的各项社会保险费。④职工欲于用人单位解除或者终止劳动关系的，由用人单位支付一次性工伤医疗补助金和伤残就业补助金。具体标准由省、自治区、直辖市人民政府规定。

4．七级至十级伤残待遇

①一次性伤残补助金；②劳动合同期满终止，或者职工本人提出解除劳动合同的，由用人单位支付一次性工伤医疗补助金和伤残就业补助金。具体标准由省、自治区、直辖市人民政府规定。

（三）因工死亡的待遇

①丧葬补助金：6个月的统筹地区上年度职工月平均工资。②供养亲属抚恤金：按照职工本人工资的一定比例发给由因工死亡职工生前提供主要生活来源、无劳动能力的亲属，核定的各供养亲属的抚恤金之和不应高于因工死亡职工生前的工资。③一次性工亡补助金：48个月至60个月的统筹地区上年度职工月平均工资。

三、实验要求

（一）工伤赔偿谈判

认定为工伤及劳动能力鉴定出来后，关于工伤待遇赔偿，劳动者可以和用人单位协商解决。因此，掌握工伤待遇标准，计算出工伤待遇总金额后，作为协商谈判的底线，积极与用人单位谈判。

（二）工伤赔偿劳动仲裁程序

虽然最终认定为工伤，但是如果单位不主动支付工伤保险待遇，职工必须在收到工伤认定或者劳动能力鉴定结论后60日内申请劳动仲裁，要求单位依法承担工伤保险待遇。

劳动争议仲裁委员会受理后，应当在组成仲裁庭后60日内作出仲裁裁决。当事人对仲裁裁决不服的，可以在15日内起诉到法院，案件又进入到工伤赔偿的诉讼程序。

（三）工伤赔偿诉讼程序

（1）当事人不服劳动仲裁裁决，向一审法院起诉，一审法院的审判期限为6个月。

（2）当事人对一审判决不服的，可以在15日内向二审法院上诉，二审法院的审判期限为3个月。

二审法院的结果可能维持一审法院的判决或者直接改判，也可能是发回一审法院重审，而对重审后的判决不服，还可以再次提起上诉（这时在一二审法院之间又将出现一个程序上的小循环）。

二审判决的结果可能是支持或者部分支持职工的诉讼请求，也可能是驳回了职工的诉讼请求。如果二审法院的判决驳回了职工的诉讼请求，那么职工的工伤赔偿程序结束。

我们假设二审法院的最终结果是判决职工胜诉，支持了职工要求单位支付工伤保险待遇的请求，那么案件则进入执行程序。

（四）工伤赔偿执行程序

如果单位不主动履行法院的生效判决，职工必须在2年内向法院申请强制执行。而执行的期限和能否得到执行则由法院决定。一般来说，法院执行顺利的话，至少3个月，不顺利的话，半年、一年甚至更长。

综上所述，如果走完上述全部程序，可能耗时几年甚至更长。一般劳动者由于法律知识的欠缺，根本无法把程序走到完。假如聘请律师代理，按照律师收费办法，其中涉及一二十个收费程序，即使按照落后地区每个阶段1000元的律师收费标准计算，大概要耗费一两万元的律师费。有的工伤赔偿争议的标的还不到10 000元。虽然上述例子很极端，未必每一起工伤赔偿案件都会经历上述程序，但是法规上如此设计的工伤赔偿程序，所以如果劳动者伤情比较轻微，建议与单位协商或者委托律师与单位进行调解，从而减轻自身诉讼成本，也让自己从伤痛中更早地解脱。

四、实验素材及环节

（一）实验素材

林某系某公司货运驾驶员。2015年3月5日，他在出车途中，因违章驾驶发生交通事故被撞成重伤。经公安交警部门认定，林某应负事故全部责任。

事发后，林某所在公司及时将他送医院抢救，花去医疗费20余万元。当地劳动保障行政部门认定为工伤。后经鉴定，林某属2级伤残。

代理林某申请工伤待遇。

（二）实验环节

（1）提供工伤人员待遇资格审核的资料具体如下。

工伤人员，提供工伤职工身份证及复印件、《工伤认定决定书》、《职工伤残程度鉴定结论通知单》原件、单位编号、个人编号。

工亡人员的，提供《工亡认定决定书》原件、有供养人的提供供养关系证明、供养人身份证原件及复印件、户口簿、街道出具的无固定收入证明、若是学生需提供学校出具的学生在校证明。

交通事故或涉及第三者责任的，提供受伤职工身份证及复印件、《工伤认定决定书》、《职工伤残程度鉴定结论通知单》原件、单位编号、个人编号、《交通事故责任认定书》、《交通事故赔偿协议》原件或《法院判决书》，公安机关作出的处理意见。

患职业病的，提供工伤职工身份证及复印件、《工伤认定决定书》、《职工伤残程度鉴定结论通知单》原件、单位编号、个人编号、《职业病诊断证明》原件。

（2）根据工伤人员伤残情况及工资情况计算工伤保险待遇。

（3）如果用人单位未给工伤者购买工伤保险，请拟定工伤赔偿谈判方案，并进行谈判，达成协议。

第六章　劳务派遣实验

➤ 本章概要

劳务派遣　临时性/辅助性/替代性工作岗位　跨地区劳务派遣的社会保险　劳务派遣协议的内容

➤ 学习目标

熟悉劳务派遣的定义和范围；明确临时性/辅助性和替代性的含义；训练学生掌握劳务派遣公司的设立条件和程序；训练学生拟定劳务派遣协议；熟悉劳务派遣的运作。

➤ 理论思考

1. 国家为什么要对劳务派遣实行行政许可制度？
2. 被派遣劳动者享有哪些权利？
3. 如何理解劳务派遣制度下的劳动契约自由？
4. 什么是无良劳务派遣？

➤ 法规点睛

1. 《中华人民共和国劳动合同法》（2013年）
2. 《中华人民共和国劳动合同法实施条例》（2013年）
3. 《劳务派遣暂行规定》（2014年）

➤ 实务应用

实验项目一　劳务派遣公司实验

一、实验目的

明确劳务派遣的基本概念、优点，劳务派遣公司的性质和业务范围，学会拟定劳务派遣公司章程。

二、实验原理

（一）劳务派遣的基本概念

劳务派遣，又称劳动派遣、劳动力租赁，是指由派遣机构与派遣劳工订立劳动合同，由派遣劳工向要派企业给付劳务，劳动合同关系存在于派遣机构与派遣劳工之间，但劳动力给付的事实则发生于派遣劳工与要派企业之间。劳动派遣的最显著特征就是劳动力的雇用和使用分离。劳动派遣机构已经不同于职业介绍机构，它成为与劳动者签订劳动合同的一方当事人。图6-1为劳务派遣关系示意图。

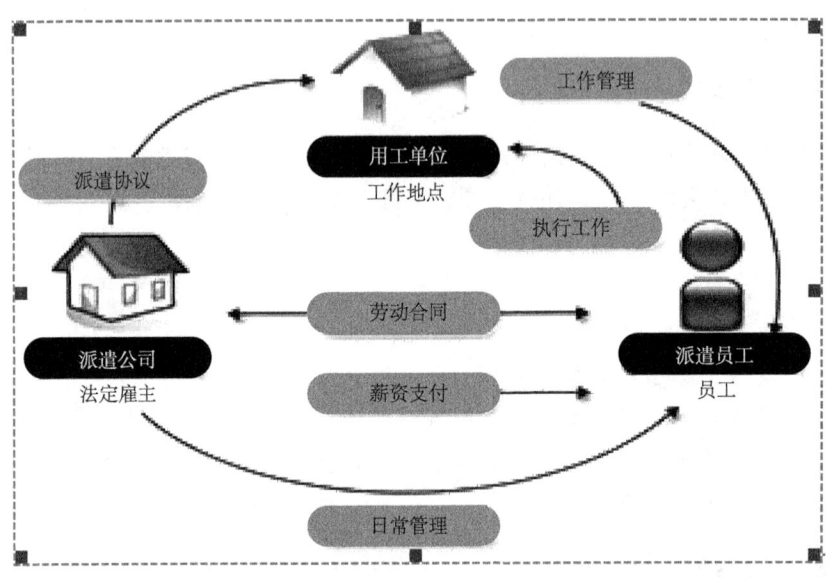

图 6-1　劳务派遣关系示意图

劳动合同用工是我国的企业基本用工形式。劳务派遣用工是补充形式，只能在临时性、辅助性或者替代性的工作岗位上实施。临时性工作岗位是指存续时间不超过6个月的岗位；辅助性工作岗位是指为主营业务岗位提供服务的非主营业务岗位；替代性工作岗位是指用工单位的劳动者因脱产学习、休假等原因无法工作的一定期间内，可以由其他劳动者替代工作的岗位。

用工单位决定使用被派遣劳动者的辅助性岗位，应当经职工代表大会或者全体职工讨论，提出方案和意见，与工会或者职工代表平等协商确定，并在用工单位内公示。用工单位应当严格控制劳务派遣用工数量，使用的被派遣劳动者数量不得超过其用工总量的10%。用工总量是指用工单位订立劳动合同人数与使用的被派遣劳动者人数之和。计算劳务派遣用工比例的用工单位是指依照劳动合同法和劳动合同法实施条例可以与劳动者订立劳动合同的用人单位。

（二）劳务派遣的优点

1. 人事管理简便，提高企业管理效率

被派遣单位不需要设立专门人员、机构对派遣人员进行具体繁琐的人力资源管理，这些人员的聘用、异地人才引进、档案接转、流动手续办理、户口落实、建立员工档案，员工工资、奖金的统计、发放，各类社会保障建立及缴纳、工伤申报、劳动纠纷处理等诸多人力资源管理事务性工作由派遣公司负责完成。

2. 用人机动灵活，提高员工管理的效能

许多被派遣单位业务变化频繁，采用人才派遣用人形式，可以在增加业务时增加人员，在业务减少时，减少人员，人员进出灵活，不受编制限制。并且人员进出手续都由派遣公司进行专业化服务，大大降低和分解了用人风险。一些企业存在季节性用工问题，使用劳务派遣的这种用工模式，就可根据实际情况，设立短期临时性、辅助性的工作。

3. 降低管理成本，提高企业经济效益

首先，被派遣单位不必增加专门的人员或机构对派遣员工进行管理，由派遣公司完全承担这一任务，为被派遣单位节约了管理成本。其次，可大幅降低常规性人力资源管理费用支出，如人事招募广告、退休资遣费、用错人成本等。再次，由于用人的机动性，被派遣单位可以根据公司的发展，依据岗位效益、市场的工资价格灵活地调整工资的标准。

4. 进行员工筛选

通过劳务派遣的方式试用劳动者，进行后备人员的筛选，可避免招进不合格人员，也可降低离职成本。

5. 规避劳动纠纷，维护企业信誉

被派遣单位与派遣员工之间没有劳动合同关系，被派遣人员的劳动关系隶属于派遣公司。这样，作为被派遣单位避免了与被派遣人员人事（劳动）纠纷的发生，从而节省被派遣单位的管理精力，专心于事业的发展。能在最大程度上规范用工形式，防止并化解劳动关系纠纷。

（三）劳务派遣公司的业务范围

1. 劳务派遣

为各单位和社会各界灵活性用工进行劳务派遣活动。公司与劳务人员是企业与员工的关系，相互关系适用《劳动法》。公司与用人单位签订《劳务派遣合同》，向用人单位派遣人员并与派遣人员签订《劳动合同》，确立劳动关系和管理人事

档案，负责办理社会保险事宜。

2. 劳务中介

劳务中介主要是通过向企业和劳动者双方提供劳务信息服务。发挥劳务中介桥梁作用，协助介绍就业者与用人单位签订劳动合同或劳务合同（中介业务不与任何一方签订劳动合同）。劳务中介其实是公司整个劳务派遣主营业务的补充，通常在无法建立劳务关系的情况下使用。

3. 信息服务

建立劳务信息网络传播渠道，常年发布劳动力供需信息，定期更新，供需高峰期每周更新。宗旨是挖掘劳动力供需信息，通过劳务信息开拓劳务派遣中介业务。同时向社会（企业和劳动者）提供劳务信息服务，宣传有关劳务政策，也使公司业务接受社会监督。

三、实验要求

（1）搜集整理所在城市劳务派遣公司的整体发展状况。利用互联网检索和实地调查访问，了解所在城市劳务派遣公司的发展情况：包括劳务派遣公司的数量、从业人数；劳务派遣公司的排名、经营特色等。

（2）了解设立劳务派遣公司的程序。核名、验资、办理工商营业执照、办理组织机构代码证、办理税务登记证。

四、实验素材及环节

（一）实验素材

以下是一劳务派遣公司的章程，对其中错误的内容进行修改，必要的内容进行增删。

四川鑫源劳务派遣有限公司章程

第一章 总 则

第一条 为适应建立现代企业制度的需要，规范公司的组织和行为，保护公司、股东和债权人的合法权益，依据《公司法》及有关法律法规规定，并结合本公司的实际，特制定本章程。

第二条 公司的组织形式为有限责任公司。公司依法成立后即成为独立承担民事责任的企业法人。

第三条 公司名称：四川鑫源劳务派遣有限责任公司。

第四条 公司住所：成都市一环路东一段24号。

第五条 公司应遵守国家法律、法规,维护国家利益和社会公共利益,接受政府和社会公众的监督。

第二章 注册资本和经营范围

第六条 公司注册资本为人民币:110万元。

第七条 公司的经营范围:劳务派遣、职业中介。

第三章 经 理

第八条 公司设经理1名,副经理若干名,经理负责公司日常管理工作,经理由董事会聘任或者解聘。

第九条 经理对股东会负责,行使下列职权:
1. 主持公司的生产经营管理工作,组织实施股东会决议;
2. 组织实施公司年度经营计划和投资方案;
3. 拟定公司内部管理机构设置方案;
4. 拟订公司的基本管理制度;
5. 制定公司的具体规章;
6. 提请聘任或者解聘公司副经理、财务负责人;
7. 聘任或者解聘除由股东会聘任或者解聘以外的负责管理人员;
8. 公司章程和股东会授予的其他职权。

第四章 监 事

第十条 公司设监事1名,由股东会选举产生,监事的任期每届为三年,任期届满,可以连选连任。

第十一条 监事行使下列职权:
1. 检查公司财务;
2. 对董事长、董事、经理、副经理执行公司职务时进行监督;
3. 当执行董事长、董事或经理、副经理的行为损害公司利益时,要求执行董事长、董事或经理、副经理予以纠正;
4. 提议召开临时股东会;
5. 列席股东会议。

第五章 公司财务、会计和劳动用工制度

第十二条 依照法律、行政法规和国务院财政主管部门的规定,建立公司的财务、会计制度。

财务会计报告应当包括下列财务会计报表及附属明细表:

1. 资产负债表；
2. 损益表；
3. 财务状况变动表；
4. 财务情况说明书；
5. 利润分配表。

第十三条 在每一会计年度终结15日内，应将财务会计报告送交各股东。

第十四条 公司分配当年税后利润时，应当提取利润的10%列入公司法定公积金，并提取利润的5%至10%列入公司法定公益金。公司法定公积金累计额达公司注册资本的50%以上可不再提取。

第十五条 法定公积金不足弥补上年度公司亏损的，在依照前条规定提取法定公积金和法定公益金之前，应当先用当年利润弥补亏损。

第十六条 从税后利润中提取法定公积金后，经股东会决议，可以提取任意公积金。

第十七条 弥补亏损和提取法定公积金、法定公益金后所余利润，按照股东的出资比例进行分配。

第十八条 公积金用于弥补公司的亏损、扩大公司生产经营或者转为增加公司资本。

第十九条 提取的法定公益金用于本公司职工的集体福利。

第二十条 公司除法定的会计账册外，不得另立会计账册，对公司的资产，不得以任何个人名义开立账户存储。

第二十一条 公司所有员工实行劳动合同制，择优录用，签订劳动合同。

第二十二条 公司辞退职工或者职工自行辞职，都必须严格按照劳动用工合同条款执行。

第六章 终止与清算

第二十三条 公司有下列情形之一的可以终止：
1. 营业期限届满；
2. 股东会决议解散；
3. 因公司合并或者分立需要解散；
4. 因违反国家法律、法规，危害社会公共利益，被依法撤销；
5. 因不可抗力发生导致公司无法继续经营；
6. 依法宣告破产。

第二十四条 公司依第二十三条1、2、3、5项而终止的应在15日内成立清算组，清算组由股东组成。

公司第二十三条4、6项被撤销、被宣告破产的，应当由主管机关或者人民法院组织有关机关和有关人员成立清算组，进行清算。

第二十五条 清算组在清算期间行使下列职权：
1. 清理公司财产，分别编制资产负债表和财产清单；
2. 处理与清算公司未了结的业务；
3. 通知或者公告债权人；
4. 清缴所欠税款；
5. 清理债权、债务；
6. 处理公司清偿债务后的剩余财产；
7. 代理公司参与民事诉讼活动。

第二十六条 清算组成员应当忠于职守；依法履行清算义务，清算组成人员因故意或者重大过失给公司或者债权人造成损失的，应当承担赔偿责任。

第二十七条 公司清算结束后，清算组应当制作清算报告，报股东会或者有关主管机关确认，并报送公司登记机关，申请注销登记，公告公司终止。

第七章 附 则

第二十八条 本章程及公司规章制度如有与国家法律、法规相悖或者与登记机关核准后的登记事项不一致时，以国家法律、法规及登记机关核准的登记事项为准。

（二）主要实验环节

（1）4~5人一组对该公司章程的内容进行讨论。
（2）以小组为单位提交修改完善后的公司章程。

实验项目二 劳务派遣的行政许可实验

一、实验目的

明确劳务派遣公司设立的条件和程序，引导学生自主查询国家和地方关于劳务派遣公司行政许可的相关规定。学生通过模拟劳务派遣公司申请行政许可的过程，全面理解和熟悉劳务派遣公司设立的核心要素。

二、实验原理

（一）劳务派遣业务的行政许可制度

根据2012年12月28日修改后的《劳动合同法》，经营劳务派遣业务，应当向所在地有许可管辖权的人力资源社会保障行政部门（以下称许可机关）依法申请行政许可。未经许可，任何单位和个人不得经营劳务派遣业务。

申请经营劳务派遣业务应当具备下列条件：
（1）注册资本不得少于人民币200万元；
（2）有与开展业务相适应的固定的经营场所和设施；
（3）有符合法律、行政法规规定的劳务派遣管理制度；
（4）法律、行政法规规定的其他条件。

对于第二项条件，四川省人力资源和社会保障厅关于贯彻落实《劳务派遣行政许可实施办法》的实施意见第二点作出了明确规定，"申请经营劳务派遣业务应当有与开展业务相适应的固定的经营场所和设施是指：劳务派遣单位具备有产权的经营场所，或者租用租期不少于1年的固定经营场所；具备电脑、电话、传真、档案柜等办公设施以及信息管理系统"。

对于第三项条件，《劳务派遣行政许可实施办法》第八条明确规定，"劳务派遣管理制度，包括劳动合同、劳动报酬、社会保险、工作时间、休息休假、劳动纪律等与劳动者切身利益相关的规章制度文本；拟与用工单位签订的劳务派遣协议样本"。

（二）准备劳务派遣公司申请行政许可的相关材料

《劳务派遣行政许可实施办法》第八条规定：申请经营劳务派遣业务的，申请人应当向许可机关提交下列材料：
（1）劳务派遣经营许可申请书；
（2）营业执照或者《企业名称预先核准通知书》；
（3）公司章程以及验资机构出具的验资报告或者财务审计报告；
（4）经营场所的使用证明以及与开展业务相适应的办公设施设备、信息管理系统等清单；
（5）法定代表人的身份证明；
（6）劳务派遣管理制度，包括劳动合同、劳动报酬、社会保险、工作时间、休息休假、劳动纪律等与劳动者切身利益相关的规章制度文本；拟与用工单位签订的劳务派遣协议样本。

三、实验要求

（1）查询相关法律依据。查询国家、地方关于劳务派遣和劳务派遣行政许可方面的法律法规和文件。

（2）准备劳务派遣公司申请行政许可的相关材料。自行检索劳务派遣经营许可申请书的表格，制作办公设施设备、信息管理系统等清单，制定劳务派遣管理制度的相关文本。

四、实验素材及环节

(一) 实验素材

假设你是成都市玉辉劳务派遣有限责任公司的负责人,公司之前一直从事劳务派遣业务。2012年12月28日,修改后的《劳动合同法》规定,2013年7月1日后实施劳务派遣必须实行行政许可。现你公司欲向有关部门申请行政许可。

(二) 主要实验环节

(1) 查询国家和四川省关于劳务派遣的有关法律法规和文件。
(2) 准备申请劳务派遣行政许可的相关材料。
(3) 陈述申请劳务派遣行政许可相关的时限。

实验项目三 劳务派遣运作实验

一、实验目的

熟悉劳务派遣前期工作流程,能够初步拟定劳务派遣相关规章制度和工作方案,学会运用相关法律法规分析解决有关劳务派遣纠纷。

二、实验原理

(一) 劳务派遣前期工作流程

劳务派遣前期工作流程包括从用人单位向劳务派遣机构提出劳务派遣需求,到完成员工劳动关系和社会保险参加统筹的全部过程。具体流程如图6-2所示。

我们知道,劳动关系通常是劳动力的使用者和劳动者之间在劳动组织内部建立的关系,而劳务派遣正是在劳动力的使用与提供之间发挥纽带作用,将二者有机地结合起来。因此依照劳动人事管理的法律法规,正确维护用人单位和劳动者双方的合法权益,就成为劳务派遣机构的一项核心工作。在前期与用人单位接触、沟通和实际操作过程中,准确把握和贯彻执行劳动人事管理政策法规,履行从"了解用人单位情况"、"拟订具体方案"、"签订劳务派遣协议"以及"规范劳动关系"等完整的劳务派遣前期的工作流程,使劳动人事管理的政策法规规章贯穿于劳务派遣的工作流程的各个环节之中,是维护用人单位和劳动者双方合法权益,避免引发劳动争议和派遣机构与用人单位之间能够在合作期间相互配合的关键。

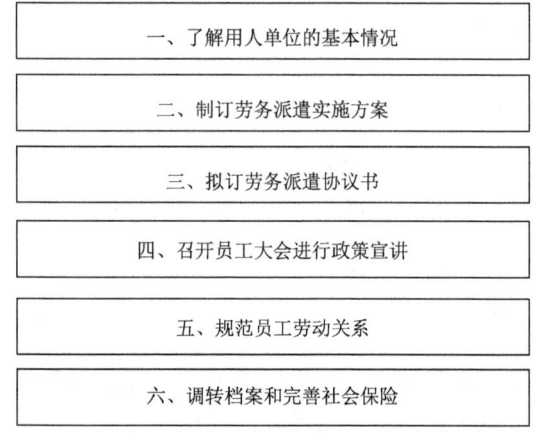

图 6-2 劳务派遣前期工作流程图

以下就劳务派遣前期工作流程进行简要分述。

1. 详细了解用人单位的基本情况

深入了解和全面掌握用人单位的实际情况,是作好劳务派遣管理服务工作的前提。

当一个用人单位向派遣机构提出劳务派遣服务需求时,详细、全面了解和准确掌握用人单位的实际情况,是劳务派遣机构的一项重要工作。

作为劳务派遣机构一般应了解和掌握用人单位以下情况:

(1) 详细了解用人单位采用劳务派遣方式的原因;

(2) 了解用人单位的企业性质、规模、经营状况、产品名称、用途以及产销量;

(3) 了解用人单位的发展历史、企业文化、经营理念;

(4) 了解用人单位使用派遣人员的期限、所从事的岗位(工种)、技能、工作数量、质量要求;

(5) 了解用人单位使用派遣人员所执行的工时制度和提供的待遇;

(6) 了解用人单位的相关管理制度;

(7) 了解派遣员工工作场所的职业安全卫生状况和食宿条件。

详细了解和掌握用人单位的实际情况,是切实保障用人单位和劳动者合法权益的关键,只有深入了解和掌握用人单位的具体情况,才能为用人单位选派符合要求的员工,才能为用人单位提供既符合劳动人事管理法规规定,又能使用人单位和劳动者满意的规范的劳务派遣管理和服务。

2. 制订具体的劳务派遣管理服务方案

劳务派遣管理服务方案,是劳务派遣机构与用人单位进行合作的基础。

劳务派遣机构在了解用人单位采用劳务派遣方式的初衷和掌握相关具体情

况的基础上，需要根据用人单位的具体情况，拟订并向用人单位提交切合用人单位实际，以劳动人事管理政策法规为依据和劳务派遣日常管理为主要内容，包括劳务派遣实施步骤、主要业务工作程序在内的具体实施方案以此作为用人单位和劳务派遣机构在实施劳务派遣期间相互合作的基础。

3. 与用人单位协商签订《劳务派遣协议书》

劳务派遣协议是维护劳动者基本权益的根本保证。劳务派遣机构与用人单位在对劳务派遣实施方案进行充分协商并达成一致意见的基础上，应当签订劳务派遣协议，将用人单位与劳务派遣机构的具体合作内容和协议履行期间双方的责任、权利、义务，以及员工在用人单位期间的工作期限、工作内容、工时制度、工资报酬等与劳动合同相关的内容以协议的方式确定下来，从而为派遣机构与员工依法签订劳动合同和切实保障员工在用人单位工作期间的合法权益奠定基础。

应当指出，在劳务派遣协议的内容方面，应具备以下主要内容：

（1）与劳务派遣机构与员工依法签订劳动合同有关的内容；
（2）派遣员工在用人单位工作期间的日常管理；
（3）劳务派遣机构与用人单位在合作期间双方的责任、权利和义务；
（4）合作期间员工工资、社会保险和住房公积金、管理服务费以及其他费用的支付与结算；
（5）劳务派遣协议的解除、续订和终止；
（6）违约责任和争议的解决；
（7）其他相关内容。

应当指出，在派遣机构与用人单位之间签订的派遣协议中，凡涉及员工切身利益的条款，必须符合国家和地方政府现行劳动人事管理法律法规的规定。这是保障劳动者合法权益，避免引发劳动争议的根本保证。

4. 尊重员工知情权，详细宣讲《劳动法》、劳动合同的相关内容和劳务派遣用工形式

向员工宣讲劳务派遣形式，讲解劳动合同具体内容，是尊重员工知情权，维护用人单位和员工合法权益的关键程序。

目前，各地正在积极发展劳务派遣机构，全面推广这一用人形式，但大部分的劳动者对劳务派遣还很陌生。因此劳务派遣机构在劳动者被聘用为派遣员工，与劳务派遣机构签订劳动合同之前，有必要会同用人单位共同召开员工大会，向劳动者进行劳务派遣模式、劳动人事管理法规和劳动合同具体条款等相关内容的宣讲。

5. 规范员工的劳动关系

在与用人单位协商签订劳务派遣协议后，劳务派遣机构应与员工建立劳动关系，依法签订劳动或劳务合同。

根据员工不同身份和劳动关系状况，分别签订不同的合同：与任何单位不存在劳动关系的人员，签订劳动合同；其他单位下岗和内部退养人员，签订劳务合同；已经办理正式退休的人员，签订退休返聘合同。

需要注意的是，由于下岗和企业内部退养人员与原单位尚存在着劳动关系，因此用人单位在使用此类人员时，劳务派遣机构有必要将其从事劳务工作的期限、工作内容、劳动报酬以及因病或因工负伤的处理等情况，详细告之其所在单位并征求所在单位的意见；经所在单位同意后，与其签订劳务协议书；当劳务关系终止或解除时，劳务派遣机构也应将其终止或解除劳务关系的原因、时间等情况书面通知其所在单位，为原单位管理和安置提供方便，从而使劳务派遣机构对这部分员工的管理更加完善和规范。

6. 办理招聘备案手续，调转人事档案和完善社会保险

此项属于劳动人事管理的日常事务性工作，在此不再赘述。

劳务派遣前期的工作流程，是保证劳务派遣机构与用人单位之间良好合作的基础，也是确保劳务派遣管理服务全过程始终规范的前提，因此作为劳务派遣机构需要予以高度重视。只有认真、细致、扎实地作好各个环节的工作，才能杜绝引发劳动争议的隐患，为今后管理服务工作的顺利开展铺平道路。

（二）劳务派遣的分类

1. 转移派遣

转移派遣指用工单位与劳务派遣公司签订《派遣协议》，将现有员工关系转移到公司，由公司代替用工单位为派遣员工办理录用退工手续、工资发放、各类社会保险、住房公积金、代扣代缴个人所得税、福利发放、档案接转、户口落实等双方约定好的工作。用工单位需按时将以上费用支付给公司，同时用工单位按派遣员工数量及管理时间支付一定的服务费用。（本形式非常适合解决用工单位转制后原有人员的分流安置问题。）

2. 全程派遣

全程派遣指用工单位提出招聘要求，劳务派遣公司负责实施招聘，将劳动者派遣到用工单位，由劳务派遣公司代替用工单位为派遣员工办理录用退工手续、工资发放、各类社会保险、住房公积金、代扣代缴个人所得税、福利发放、档案接转、户口落实等双方约定好的工作。用工单位需按时将以上费用支付给劳务派遣公司，同时用工单位按派遣员工数量及派遣时间支付一定的服务费用。（本形式能很好地及时解决用工单位季节性用工的招聘、用工管理方面的问题。）

3. 减员派遣

减员派遣指用工单位对自行招募或者已雇佣的员工，将其雇主身份转移至劳务派遣公司。

用工单位支付管理费和服务费，由劳务派遣公司向派遣员工代付包括工资、奖金、福利、各类社保基金等费用。其目的是减少企业固定员工，增强企业面对风险时的组织应变能力和人力资源的弹性。（本形式非常适合解决企业转制后原有人员的分流安置问题。）

4. 试用派遣

这是一种全新的劳务派遣方式，用工单位在试用期间将新员工转至劳务派遣公司，然后以派遣的形式试用，其目的是使用工单位在准确选才方面更具保障，免去了选拔和测试时产生的误差风险，有效降低了人事成本。（本形式能很好地解决对新进员工在试用考察后不适合企业需求时遣散安置问题。）

5. 项目派遣

用工单位为完成某一项工作而急需相关专业技术人员，项目完成后，只需要几名维护人员。富余人员即可以结束派遣，由公司办理解除劳动关系等手续，解决了人才"用一阵子，养一辈子"的难题。（本形式能很好地解决对某些只用一段时间，而不需要长期留在企业的人才的使用后的分流问题。）

（三）劳务派遣协议的拟定

劳务派遣协议书（范本）

甲　方：（用工单位）

地　址：

乙　方：（劳务派遣公司）

地　址：

甲乙双方根据《中华人民共和国劳动法》、《中华人民共和国劳动合同法》及相关法律法规的规定，依照平等互利的原则，经双方协商：乙方根据甲方需要派遣劳务人员，提供劳务服务，甲方向乙方支付相应的费用。现就具体事项达成以下协议：

一、合作事项

（一）乙方根据甲方的需要和要求，向甲方派遣劳务人员从事有关工作。甲、乙双方建立劳务派遣合同关系，乙方与派遣到甲方的劳务人员签订劳动合同履行用工备案登记手续，建立劳动关系。

（二）劳务派遣人员工种、数量、用工期限、工作内容及相关待遇要求、职责划分及费用结算办法等在补充协议中明确。

二、劳务派遣期限

从　　年　　月　　日起至　　年　　月　　日止，期满经双方协商可续签。

三、甲方的权利和义务

（一）甲方需要使用派遣人员时，应提前15个工作日以书面形式通知乙方，并向乙方书面提供所需派遣人员岗位种类和用工数量、素质、要求、各种待遇、劳务用工期限及起止日期。派遣人员在甲方工作期间，由甲方对其实施组织管理和岗位调配和考核。

（二）派遣人员在甲方工作期间，按国家法定休假待遇规定，安排员工正常休假。

（三）甲方受乙方委托，按月扣出应由派遣人员个人承担的各项社会保险，并转交给乙方。

（四）甲方在国家劳动合同法律法规规定的范围内，有权将派遣人员退回，并提前以书面形式通知乙方，每月1～10日内办理解聘手续。

（五）甲方依据自身生产经营情况，需要增加或减少派遣人员时，应提前15个工作日通知乙方。增加或减少的社会保险费、服务费及其他费用在协议附件中明确。

派遣人员个人提出解除劳动合同，应提前30日以书面形式通知甲方，甲方应在7日内作出同意或不同意的决定并以书面形式告知乙方，由乙方负责办理相关手续。

（六）甲方在使用派遣人员时，应提供相应的劳动条件和劳动保护，负责派遣员工岗前安全教育及培训。

（七）派遣人员在甲方工作期间因工伤事故造成伤、残、亡等由乙方负责并处理。甲方在第一时间通知乙方，负责事故现场应急处理，积极配合事故的调查取证并提供相关资料。

（八）派遣人员发生工伤、职业病、死亡等事故，乙方按国家有关规定执行，国家规定由用工单位支付的费用由甲方承担。

（九）派遣人员患病或非因工负伤，在符合国家规定的医疗期内，甲方按国家规定承担相应的费用。

（十）女性派遣人员在派遣期间出现孕期、产期、哺乳期，由甲方按国家规定承担应由用工单位承担的费用，乙方负责处理相关事务。乙方在向甲方派遣人员时，应向甲方准确提供"求职登记表中相关信息"情况。

（十一）甲方向乙方推荐的合格应聘者，经乙方同意后可聘用为乙方劳务派遣人员。现已在甲方工作的聘用人员，由甲方向乙方推荐，经乙方同意后，此类人员可建立劳动关系为乙方的员工。

（十二）按《中华人民共和国劳动合同》规定，乙方派遣人员有下列情况之一的，甲方有权直接遣返给乙方，不支付经济补偿金：

（1）在试用期间被证明不符合录用条件的；

（2）严重违反甲方单位规章制度的；

（3）严重失职，营私舞弊，给甲方造成重大损害的；

（4）同时与其他用人单位建立劳动关系，对完成甲方的工作任务造成严重影响，或者经用人单位提出，拒不改正的；

（5）以欺诈、胁迫的手段或者乘人之危，使对方在违背真实意思的情况下订立或者变更劳动合同，致使劳动合同无效的；

（6）被依法追究刑事责任的。

（十三）若因甲方生产经营性停待，自停待之日起甲方将停待派遣人员名单交乙方。自停待之月起，甲方继续支付停待期间的保险费和管理费，并按有关规定支付最低工资。

（十四）如甲方将派遣员工退回至乙方，乙方在《劳动合同法》约定的与派遣员工解除劳动关系时，除本合同第十二条规定情形外，应由甲方按《劳动合同法》规定支付经济补偿金，在办理解除关系时支付。

（十五）派遣人员要遵守并履行甲方依法制定的有关保守企业秘密的各项规章制度，严格保守甲方重大经营管理事项、重要业务统计指标、核心技术和客户信息等商业机密，在派遣至甲方工作期间及终止或解除合同后，不得以任何方式披露、使用或者允许他人使用甲方商业秘密。

四、乙方的权利和义务

（一）乙方应依据法律法规规定，与派遣员工签订劳动合同。

（二）乙方应认真履行与派遣人员签订的《劳动合同》的全部义务。

（三）乙方应组织乙方员工进行遵守法律、法规、政府部门相关规定和甲方企业的规章制度安全教育，保守甲方商业秘密，维护甲方的合法权益。

（四）若发生《劳动合同》项下的劳动争议，由甲方第一时间告知乙方，乙方应直接与派遣员工交涉解决，乙方应采取必要且合法的措施使甲方免受由此可能引发的争议的影响。

（五）在本合同期限内，未经甲方书面同意，乙方不可将其在本协议项下的任何义务转包给另外的人才服务中介机构或公司。否则，由此造成的损失，由乙方承担。

（六）乙方根据甲方的需要派遣人员，并配合甲方对派遣人员实施组织管理、岗位调动以及业绩考核，定期对派遣人员进行有效的跟踪和管理。

（七）乙方与派遣人员签订劳动合同起30日内，按国家有关规定为派遣人员办理社会保险手续，负责缴纳各项保险费用，按规定标准从派遣人员当月工资中扣除各类保险费,并按《补充协议》约定缴纳其他社会保险费。

(八)乙方派遣人员在工作中给甲方造成经济损失的,经甲乙双方认定或相关机构认定后,由负责人员按企业有关制度负责赔偿。

(九)乙方负责对派遣人员进行派遣前的政策、法律教育,职业道德培训,提供必要的建议和指导,并如实介绍甲方情况。

(十)乙方根据甲方需要,可对新进劳务人员进行岗前培训,取得岗前培训合格证者方可提供给甲方,培训费用由甲方负担。

(十一)乙方根据甲方要求对派遣人员进行健康体检(体检项目、体检医院由甲方指定),体检日期不得超过派遣开始之日前一个月,经甲方确认体检合格者方可派遣到甲方。

(十二)派遣人员在甲方工作期间因工伤事故造成的伤、残、亡等事故,甲方应在第一时间通知乙方,并进行积极抢救和现场保护,垫付相关医药费,待乙方启动工伤保险机制后一并处理。

(十三)乙方向甲方提供的所有有关信息应确保真实有效,由于虚假信息导致甲方的损失,由乙方负责承担。

(十四)派遣人员发生工伤、职业病、死亡等事故,乙方按国家有关规定执行。

五、甲方应支付的劳务派遣费用、结算标准及支付时间

(一)劳务费:劳务费结算标准在补充协议中明确。

(二)社会保险费用:包括基本养老保险、医疗保险、失业保险、生育保险和工伤保险等。

(三)服务费:按每人每月　　　元计算。

(四)甲方在当月10日前将派遣人员本月的社保费支付给乙方,并将派遣人员上月的工资总额及工资报表、服务费支付给乙方,如遇国家法定节假日或特殊情况,可适当顺延,但最长期限不超过5个工作日,乙方同时出具正式发票给甲方。(发票金额应包含派遣人员的工资、奖金、福利、各类保险、公积金、服务费等所有需甲方承担的费用总额)

六、违约责任

(一)甲、乙双方应按照本协议及补充协议所约定的内容,履行各自的义务。不履行或不完全履行义务视为违约,须承担违约责任,并支付对方违约金。

(二)甲方不按照本协议及补充协议所要求的时间和方式支付所有款项,逾期30天以上的,除按本协议支付费用外,还应按日支付1‰滞纳金。

(三)在协议有效期内,甲方因体制改革、生产经营发生重大变化或组织结构调整等减少劳务人员时,按国家、省、市有关规定一次性向乙方支付减少人员的经济补偿金,经济补偿金参照《中华人民共和国劳动合同法》标准支付。

七、其他

（一）甲乙双方在履行本协议中发生争议时，应协商解决，未能达成一致意见时，任何一方可依法提起诉讼。

（二）本协议条款与国家、省、市新颁发的法律、法规和政策规定发生冲突时，以新颁发的法律、法规及政策规定为准。

（三）本协议遇到不可抗拒或政策变化等原因致使协议无法继续履行或双方认为需要修改、补充时，由甲乙双方协商处理。

（四）本协议未尽事宜，经双方协商一致后，可另行签订补充协议，补充协议与本协议不一致处，以补充协议为准。

（五）本协议一式二份，甲、乙双方各执一份，具有同等法律效力，本协议书自双方签字盖章之日起生效。

甲方（盖章）： 乙方（签章）：

法定代表人或委托 法定代表人或委托
代理人（签名）： 代理人（签名）：

协议签订日期： 年 月 日

三、实验要求

（1）劳务派遣协议拟定中的协商。学生分组，4～5人为一组，分别模拟用工单位方和劳务派遣公司方，针对上文提供的劳务派遣协议范本，从己方立场出发，对协议中的内容进行修改完善，并与对方磋商谈判，形成最后达成一致的劳务派遣协议文本。

（2）制定有关劳务派遣管理制度。包括劳动合同、劳动报酬、社会保险、工作时间、休息休假、劳动纪律等与劳动者切身利益相关的规章制度文本等。

四、实验素材及环节

（一）实验素材

2004年2月17日，王某与北京某劳务派遣公司（以下简称用人单位）建立劳动关系，同日被派遣至美国某公司驻北京办事处（以下简称用工单位）。2009年2月15日，用人单位与王某再续签为期3年的劳动合同，劳动合同第二条的第三款约定:"乙方(劳动者)同意,用工单位或甲方(用人单位)根据其工作表现和能力或经营需要而对其工作内容、工作岗位、工作地点进行调整。" 2009年7月8日,用工单位以王某的工作岗位不复存在为由将王某退回至用人单位,王某认为用工单位单方退工违法,拒绝用人单位的待岗决定,争议由此发生。王某向劳动争议仲裁机构提出了仲裁申请。

王某申请称:我自2004年2月17日经用人单位劳务派遣至用工单位工作,任广告部经理职务,被退工前12个月平均月工资为22 112.15元。最后一份劳动合同的期限是2009年2月15日至2012年1月14日。2009年7月8日,用工单位将我退回至用人单位,并将退工经济补偿金支付给用人单位。我认为用工单位退工违法,于2009年11月8日向分别向用人单位和用工单位发出不认可退工通知书。2009年11月11日我收到用人单位书面通知要求我待岗,按照800元的最低工资领取待岗工资,并要求我按照公司规章制度的要求每天去单位报道学习。由于处于对用工单位的劳动争议期间,我未到用人单位待岗,单位自2009年7月9日开始停发我的工资,我于2010年2月28日以公司拖欠工资,不提供劳动条件为由向用人单位发出解除劳动合同通知书,现在我请求仲裁:①确认我2009年劳动合同第二条的第三款的自由退工条款无效;②裁决用人单位立即无条件返还用工单位因为退工支付给申请人的经济补偿金及50%额外经济补偿金;③请求确认用工单位作出的退工决定违法,支付违法退工双倍经济补偿金差额部分(以每月22 112.15元计);④请求用人单位支付被迫解除劳动合同经济补偿金及50%额外经济补偿金(以每月22 112.15元计);⑤补发2009年9月9日至2010年1月19日的待遇及25%经济补偿金(以每月22 112.15元计)。

用人单位辩称:关于王某向贵委申请我公司确认劳动合同条款无效,应支付经济补偿金、社保、公积金、报销医疗费一案,我公司认为与本案的争议焦点主要集中于如下三点。

(1)关于2009年劳动合同第二条的第三款是否有效问题。申请人在劳动合同上签字确认,应当认定该条款符合申请人的真实意愿,合法有效。

(2)关于用工单位退工是否违法问题。由于申请人是我方派遣至用工单位的职工,和用工单位不存在劳动关系,不受劳动法调整。用工单位退工是否合法,完全取决于我方和用工单位是所签订的劳务派遣协议,本案中,我方认可用人单位的退工行为。

(3)关于用人单位是否拖欠问题。我公司认为,申请人自2009年7月9日不再提供劳动,且不按照公司安排执行待岗任务,依据双方所签订的劳动合同,待岗期间,乙方不按照规定到公司报道学习的,公司有权不发放待岗期间工资。因此,申请人以我公司拖欠公司为由单方解除劳动合同,解除理由不成立,我公司无需向其支付被迫解除劳动合同经济补偿金。

用工单位辩称：我单位按照与用人单位签订的劳务派遣协议我方随时有权将王某退回用人单位，并依照合同约定向用人单位支付王某的退工安置费。我方退工合法，故请仲裁委驳回王某的全部仲裁请求。

（二）主要实验环节

（1）根据案情描述撰写王某劳动争议仲裁的申请书和用人单位、用工单位的劳动争议仲裁答辩书以及申请人和被申请人的证据目录，缺失的相关信息可以虚构。

（2）评述此案例反映的法律问题。

第七章　劳动争议调解实验

➡ **本章概要**

调解　劳动争议调解　劳动争议调解协议

➡ **学习目标**

熟悉劳动争议调解的概念和效力，掌握劳动争议调解的部分方法，掌握劳动争议调解相关法律文书的写作方法和格式要求。

➡ **理论思考**

1. 为什么说劳动争议调解是劳动争议的"第一道防线"？
2. 劳动争议调解有何效力？
3. 处理劳动争议调解有哪些常见方法？
4. 劳动争议调解的程序是怎样的？

➡ **法规点睛**

1.《中华人民共和国劳动争议调解仲裁法》（2007年）
2.《最高人民法院关于审理劳动争议案件适用法律若干问题的解释（三）》（2010年）
3.《最高人民法院关于审理劳动争议案件适用法律若干问题的解释（四）》（2013年）
4.《劳动人事争议仲裁办案规则》（2009年）

➡ **实务应用**

实验项目一　工会劳动争议调解实验

一、实验目的

熟悉工会在解决劳动争议中的作用，明确劳动争议调解的概念和效力，掌握进行劳动争议调解的方法。

二、实验原理

（一）工会在解决劳动争议中的作用

在《劳动争议调解仲裁法》实施前，企业劳动争议调解工作是在企业工会主持下进行的，上级工会承担指导职责。《劳动争议调解仲裁法》实施后，劳动争议调解组织类型多元化。这显然对原有工会主导的劳动争议调解制度造成了一定的冲击，对工会在劳动争议调解中的地位和作用产生了较大的影响。但这是否就意味着工会在劳动争议调解中的地位和作用会被削弱？从一定的意义上来说，《劳动争议调解仲裁法》的规定恰恰明确了工会在劳动争议调解中应有的地位和职责，工会在劳动争议调解中的作用会更大。

1. 《劳动争议调解仲裁法》明确了企业工会在劳动争议调解中的地位和职责

2001年修改后的《工会法》规定，维护职工合法权益是工会的基本职责。这一规定明确了工会是职工合法权益的代表者和维护者的身份。工会地位和职责的变化必然要反映到工会的各项维权机制中，劳动争议调解制度也不例外。因此，《劳动争议调解仲裁法》设计的企业劳动争议调解制度中，企业工会的地位和职责更加明确。企业工会成员在企业劳动争议调解委员会中作为职工合法权益代表的地位和职责明确后，企业工会在协调解决劳动争议中就可理直气壮地为广大职工说话，依法维权的力度会更大。

2. 地方工会在劳动争议调解中发挥作用的空间扩大

《劳动争议调解仲裁法》规定可以在乡镇、街道设立具有劳动争议调解职能的组织，并赋予了基层人民调解组织调解劳动争议职能。这就极大地拓展了工会参与劳动争议调解的舞台和发挥作用的空间。地方工会就可以突破企业劳动争议调解中企业工会所受的限制，充分运用其超脱于企业的特点，扩大发挥作用的空间，积极参与区域性行业性劳动争议调解工作，切实维护职工合法权益。

（二）劳动争议调解的概念和效力

调解是指双方或多方当事人就争议的实体权利、义务，在人民法院、人民调解委员会及有关组织主持下，自愿进行协商，通过教育疏导，促成各方达成协议、解决纠纷的办法，同时也包括争议双方或多方当事人之间的自行调解。劳动争议调解，是指调解委员会对企业与劳动者之间发生的劳动争议，在查明事实、分清是非、明确责任的基础上，依照国家劳动法律、法规，以及依法制定的企业规章和劳动合同，通过民主协商的方式，推动双方互谅互让，达成协议，消除纷争的一种活动。劳动争议的调解是在企业调解委员会的主持下,把争议解决在企业内部的一种活动。调解虽然不是劳动争议处理的必经程序,但却是劳动争议处理制度中的"第一道防线",对解决劳动争议起着很大的作用,尤其是对于希望仍在原单位工作的职工,通过调解解决劳动争议当属首选步骤。它具有及时、易于查明情况、方便争议当事人参与调解活动等优点,是我国劳动争议处理制度的重要组成部分。

根据劳动法律、法规、规章的规定,用人单位和劳动者发生劳动争议,当事人可以依法申请调解、仲裁、提起诉讼,也可以协商解决。但调解机构(企业调解委员会、工会或劳动行政部门)根据当事人的协商结果制作的《调解协议书》,没有强制执行法律效力,一方不履行调解协议,另一方不能申请人民法院强制执行。只有国家授权的劳动争议仲裁委员会和人民法院在仲裁和诉讼过程中根据当事人的协商结果制作的调解书才具有法律效力,一方不履行劳动争议仲裁委员会和人民法院制作的调解书,另一方才可申请人民法院强制执行。

(三)劳动争议调解的具体方法

劳动争议调解的具体方法,就是在调解过程中,根据不同纠纷的性质、特点、难易程度、发展状况而采取的不同的调解方法。不同的劳资纠纷,存在着影响纠纷的不同因素。因此,在进行劳动争议调解的过程中,除了按照劳动争议调解的一般方法进行调解外,还必须针对不同的纠纷根据其具体情况采取不同的调解方法,而不能一成不变。

根据劳动争议调解的实践,劳动争议调解的具体方法主要有10种方法:①面对面调解法;②背靠背调解法;③赞扬激励法;④换位思考法;⑤苗头预测法;⑥抓住主要矛盾进行调解法;⑦抓住关键人物法;⑧冷处理法;⑨依靠多种社会力量协助调解法;⑩先易后难,逐个击破法。

1. 面对面调解法

面对面调解法就是把纠纷当事人叫到一起,当面摆事实、讲道理,达成调解的方法。通过面对面地倾听当事人陈述、可以从情、理、法多方面对双方进行讲解和规劝,并最终经过数番耐心调解,促使双方达成协议。

2. 背靠背调解法

背靠背调解法就是在调解时,不让当事人进行直接地沟通,而是由劳动争议调解员分别对当事人进行说服、教育,使双方不断让步,分歧逐渐缩小,从而达成调解的方法。

3. 赞扬激励法

赞扬激励法就是通过对劳资纠纷当事人的优点和长处的表扬激励,从而调动当事人的积极性，使当事人接受调解的一种方法。赞扬激励法可以起到以下效果：①平稳当事人的情绪；②缩短劳动争议调解员和当事人之间的距离；③通过赞扬激励法，还可以堵住当事人反复的后路。

4. 换位思考法

换位思考法就是在解决纠纷时，要从不同的立场、角度、高度、层次进行深入细致的分析和研究的一种调解方法。通过该方法做到考虑周全，使问题解决彻底，不留后遗症。换位思考法一般针对刚愎自用、固执己见、爱争强好胜的纠纷当事人而使用。

1）劳动争议调解员的换位思考

劳动争议调解员在调解劳动纠纷时站在当事人双方的立场和角度进行调解是非常重要的。因为劳动争议调解员在进行调解时，只有劳资争议从双方的立场和角度来看事情，才能真正理解他们的感受及想法，才能知道怎样去进行调解，不至于在调解时引起当事人的对抗。只有站在劳资双方的立场和角度与当事人进行真诚交流，让当事人感觉到调解员是从当事人的利益出发，这样他们才会信任调解员，从而消除对劳动争议调解员的抗拒心理，调解才能取得成功。

2）当事人之间的换位思考

劳动争议调解员在调解劳动争议纠纷时，除了自己站在当事人双方的立场和角度进行调解外，还要引导、启发当事人之间进行换位思考。只有这样才能使调解顺利进行。作为劳动争议纠纷的当事人，一般都想在纠纷中获得最大利益。因此，在纠纷调解过程中都只为自己着想，互不相让，这样就容易造成矛盾激化，不利于纠纷解决。但是，如果劳动调解员引导、启发当事人在考虑自己得失的同时，也站在对方的立场上替对方利益着想、体会对方的感受，以真诚换取真诚，以信任换取信任，就会为当事人营造相互融通的心理氛围，便于纠纷的调解。这正如俗话所说的"要想公道，打个颠倒"。

5. 苗头预测法

苗头预测法就是要求劳动争议调解员要随时掌握纠纷发展、变化的客观规律，特别是纠纷双方当事人的思想和行为不断变化的特点，找出纠纷发展、变化的原因，及时确定预防、解决纠纷的对策，把纠纷化解在萌芽状态。

（1）运用苗头预测法解决劳动争议是"防调结合，以防为主"工作方针的具体要求。要做到"防调结合，以防为主"，必须及时掌握纠纷发展、变化的客观规律，发现纠纷发展和深化的苗头，洞察纠纷当事人思想和行为不断变化的蛛丝马迹，及时有针对性地采取措施，进行积极的疏导，把矛盾解决在萌芽状态，防止其扩大和激化。

（2）运用苗头预测法是目前解决劳动争议纠纷的一种非常重要、有效的方法。

由于我国用人单位利益和要求日趋多元化,使得我国目前劳资纠纷表现为易激化的特点。纠纷不断增多,新的、复杂的纠纷不断出现,有些纠纷极易出现反复,难以调解。成功地运用苗头预测法能够主动地掌握这些纠纷的发展态势,面对可能发生的复杂情况可以及时采取措施并解决,从而预防复杂、激化、严重态势的发生。

（3）苗头预测法的运用需要劳动争议调解员必须有"纠纷具有复杂性、预防工作具有艰巨性和长期性、遏制纠纷继续发展和扩大的重要性"的认识,并在思想上高度重视,有意识地观察和分析苗头性问题。要做到这一点,劳动争议调解员必须具备敏锐的信息意识,要善于发现信息、搜集信息,捕捉其中的带有倾向性、苗头性的信息。在预测苗头时,还要注意对纠纷的变化有影响的因素,并区分不同的纠纷进行具体分析。

（4）苗头预测法的运用并不只是简单地把纠纷变化的苗头预测出来,更关键的是,劳动争议调解员对预测出来的纠纷发展的苗头要给予高度重视,并及时积极行动起来,进行妥善地处理,把苗头抑制并消除在萌芽状态,防患于未然。如果预测到了纠纷变化的各种苗头后,不去积极预防,反而是"一拖二躲三搪塞",只会使纠纷越来越复杂,越来越难处理,并使劳动争议调解员的信誉受到影响,最终失去劳资双方当事人的信任。

6. 抓住主要矛盾进行调解法

抓住主要矛盾进行调解法是指劳动争议调解员在进行调解时,依照劳资纠纷的具体情况,抓住纠纷发展过程中起决定作用的矛盾进行调解的方法。抓住主要矛盾进行调解一般表现为抓住申请调解当事人最关心的核心问题。

（1）必须坚持自己所确立的调解工作的重心,排除各种干扰。

（2）在措施上,要注意采取有效措施集中力量解决好主要矛盾,包括寻求有关积极力量的支持。

（3）劳动争议调解员还要注意根据纠纷的发展变化,及时察觉主要矛盾和次要矛盾的转化,调整自己对主要矛盾的认识,修正调解方案,时刻有效地掌握调解工作的主动权。

7. 抓住关键人物法

抓住关键人物法就是针对群体劳动争议案件中抓住劳资纠纷当事人中起关键作用的人物,首先对其进行说服、劝解,让其接受某一调解结果,从而带动其他当事人接受调解结果的方法。在某些群体性的纠纷中,某些当事人往往并不对纠纷的性质、事态产生多大影响,他们往往是追随着某些当事人,听从或者参考这些当事人的意见。因此,在调解时只要集中力量,突破这些"关键"当事人的防线,那么整个纠纷也就容易解决了。

8. 冷处理法

冷处理法就是对当事人要求解决的纠纷不要急于着手调解，而是想办法使当事人先冷静下来，待其心平气和后再进行调解的方法。

劳动争议调解员并不是立即展开调解，而应先采取有效方法和策略，制止事态扩大蔓延。然后，把纠纷放一放，给当事人一个缓冲的时间，缓解一下紧张的气氛。这样，当事人的心态会逐渐平稳下来，不再那么要面子、固执己见。此时，劳动争议调解员再依照法律、法规，对当事人进行耐心细致的说服教育，促使调解协议的达成。

这一类的案件主要反映在拖欠群体职工工资和工伤职工死亡等劳动纠纷案件。

9. 依靠多种社会力量协助调解法

依靠多种社会力量协助调解法就是指在调解过程中，除了依靠调解员自身的力量进行调解外，还须取得当事人的亲友和当地有威望的人以及其他社会力量给予的支持和帮助。

对于特别复杂的纠纷，则需要动员相关部门到场，联合调解。目前实行联合调解的纠纷越来越多，一般根据纠纷的不同情况，分别由当事人所在单位、行业协会、当事人居住地的基层组织、政府有关部门与人民调解组织一同调解，或者多个部门联合调解。

运用该方法进行调解时，一要注意照顾当事人的情绪，避免盲目依靠他人调解引起当事人的不满，造成不好的后果；二是要求协助调解的人要从当事人的利益和社会安定团结的大局出发，运用法律和政策，自愿提供帮助和支持，公正、客观地劝服当事人。

10. 先易后难，逐个击破法

先易后难，逐个击破法，就是先对纠纷中比较容易接受调解的当事人进行调解，让其接受某种结果，然后再对较难接受这种调解结果的当事人进行说服、劝导，最终使调解成功。

三、实验要求

针对企业发生的劳动争议案件，4人一组，模拟企业工会的劳动争议调解工作人员调解劳动争议纠纷。1人担任劳动者，1人担任用人单位的人力资源负责人，其余2人组成调解小组讨论调解方案和调解技巧。

实验报告要求：

1. 记录双方主要观点，形成调解笔录；
2. 制作调解书。

四、实验素材及环节

（一）实验素材

应届毕业生李某，2013年4月8日到A企业实习，A企业与李某签订了实习协议，说明实习期结束后，将与员工签订劳动合同。2013年6月底，李某正式从学校毕业，并口头要求与单位签订劳动合同，但A企业一直未回应。2013年10月13日，李某在未办理请假手续的情况下离开A企业，之后一直没有回用人单位上班。11月5日，A企业作出了关于解除李某的劳动关系的决定。与此同时，李某一直未领取9月、10月的工资。12月13日，李某以劳动合同纠纷争议向当地劳动仲裁委员会申请仲裁，要求：

（1）A企业向李某支付2013年7月到2013年11月的双倍工资；

（2）因A企业未及时支付劳动报酬，所以提出解除劳动关系，要求A企业支付本人半个月的经济补偿金；

（3）A企业支付本人9月、10月的工资。

（二）主要实验环节

（1）调解小组与用人单位沟通，了解争议产生的原因，真实的情况以及事情的进展。首先，针对员工提出的仲裁要求，了解用人单位当初与员工签订的实习协议和当初没有签订劳动合同的原因。其次，了解员工离开公司有无办理请假手续，用人单位在员工离开岗位后有无采取有效方式发出任何催促上班的通知书。第三，了解用人单位决定与员工解除劳动合同的依据，用人单位有无相关旷工管理的规章制度。

依据调查结果进行分析。首先，经过调查，如果用人单位当初并没有与员工李某签订劳动合同，也没有任何书面的证据证明向员工提交过劳动合同，要求李某签订，这就是说没有在李某具备签订劳动合同条件时在一个月内签订劳动合同，双倍工资是须依法自第二个月支付给李某的。其次，员工当初没有办理任何手续就离开了用人单位，用人单位视员工行为为旷工自动离职，这里的经济补偿金就可以避免；但是，这里存在一定风险，因为当发生员工旷工超过一定天数的时候，用人单位必须要履行发出催促上班通知书的义务，写明旷工的后果，如果在指定的日期内员工仍未到岗，用人单位可以发送一份解除劳动合同的通知书，并列明员工的情况为自动离职，员工应主动到公司办理离职手续。这一切的依据必须建立在合法的企业规章制度上。最后，考虑到用人单位的规章制度是否经过公示或民主程序，如果没有，那么员工有可能在庭上否认知悉相关内容或该规章制度的法律效力，到了劳动仲裁阶段就会使得用人单位的规章制度证据力不足，因此建议通过给予员工一部分补偿的方式调解解决上述纠纷。经调解方的合法性的分析，用人单位亦同意采取调解的策略。

（2）与员工进行面谈。先以聊天的形式进行，问候员工的近况、不上班的原因，目的是了解员工进行诉讼的动机、稳定员工的情绪，以及从另一个角度了解事实情况，并表明作为第三方中立的立场，起到沟通桥梁的作用，为其与用人单位进行正当利益的沟通，同时告知其应冷静、求财或求"气"的利弊得失，客观地分析事实情况。

（3）在调解方的主持下，员工与用人单位达成调解，并签署调解协议。

实验项目二　劳动争议调解文书写作及归档实验

一、实验目的

掌握劳动争议调解文书的写作方法和格式；掌握劳动争议调解相关文书的归档。

二、实验原理

（一）劳动争议调解程序

以某公司内部规定为例。

1. 申请与受理

劳动争议发生后，当事人不愿协商或者协商不成并自愿选择调解的，应及时申请。调解委员会接到调解申请后，应对调解申请书进行审查，看其是否符合受理条件和范围。经审查决定受理的，应征询对方当事人的意见，对方当事人愿意调解的，应将调解的地点、要求等以口头或书面形式通知双方当事人；对方当事人不愿调解的，应做好记录，在3日内以书面形式通知申请人。对不予受理的，应向申请人说明理由，调解委员会应在接到《劳动争议调解申请书》4日内作出受理或不受理的决定。对调解委员会无法决定是否受理的案件，由调解委员会主任决定是否受理。

2. 调查核实

调解委员会对决定受理的案件，应及时指派调解员对争议事项进行全面调查核实，调查应作笔录，并由调查人签名或盖章。

调查工作一般包括：

（1）查清案件的基本事实：双方发生争议的原因、经过、焦点及有关的人和情况。

（2）掌握与争议问题有关的劳动法律法规的规定和劳动合同的约定，分清双方当事人应承担的责任，拟定调解方案和调解意见。

3. 调解

较复杂的案件，由调解委员会主任主持召开有争议双方当事人参加的调解会议（发生争议的职工一方在三人以上，并有共同申诉理由的，应当推举代表参加调解活动），有关部门和个人可以参加调解会议协助调解；简单的争议，可由调解委员会指定一至二名调解委员进行调解。

通常调解会议的议程如下：

（1）会议记录员向会议主持人报告到会人员情况；

（2）会议主持人宣布会议开始。接着，会议主持人宣布申请调解的争议事项，会议纪律，当事人应持的态度；

（3）听取双方当事人对争议的陈述和意见，进一步核准事实；

（4）调查人员公布核实的情况和调解意见，征求双方当事人的意见；

（5）依据事实和法律及劳动合同的约定促使双方当事人协商达成协议。不管是否达成协议都要记录在案，当事人核对后签字。

4. 制作调解协议书或调解意见书

调解达成协议的，制作调解协议书，双方当事人应自觉履行。协议书应写明争议双方当事人的姓名（单位、法定代表人）、职务、争议事项、调解结果及其他应说明的事项，由调解委员会主任（简单争议由调解委员）以及双方当事人签名或盖章，并加盖调解委员会印章。调解协议书一式三份（争议双方当事人、调解委员会各一份）。调解不成的，应做好记录，并在调解意见书上说明情况。调解意见书要写明当事人的姓名（单位、法定代表）、年龄、性别、职务、争议的事实，调解不成的原因，调解委员会的意见；调解意见书由调解委员会主任签名、盖章，并加盖调解委员会印章。调解意见书一式三份（争议双方当事人、调解委员会各一份），及时送达当事人，告知当事人在规定的期限内向当地劳动争议仲裁委员会申请仲裁。

（二）劳动争议调解协议书范本

劳动争议调解协议书

（　）字第　号

申请人：姓名、性别、身份证号码、住址、职务（岗位）

被申请人：名称、住所

法定代表人：职务

（事由）

上列双方因××××引起争议，申请人××于×年×月×日向本调解委员会提出请求，经本会主持调解，双方协商，自愿达成协议如下：
（协议内容）
1. ××××××××××。
2. ××××××××××。
3. ××××××××××。

双方当事人（签名）
调解委员会主任（签名）
劳动争议委员会（公章）
年　　月　　日

附件 7-1　××公司劳动争议调解申请书

××公司劳动争议调解申请书

NO：

姓　名	性别	民族	婚否	文化程度	职称/职务	进公司年月	工作部门

籍　　贯	身　份　证　号　码
省　市　乡　村	

现　住　址	邮　政　编　码	劳动合同编号
省　　　　市		

暂住证号：	联络电话：
紧急（亲友）联系人：（　）	联络电话：
争议标的与事实理由：	

      申请人签名： 201 年 月 日	
请求回避人员：	理由： 受　理□ 不受理□

　　　　　　　　　　　　　　　　　接收人：　　　　年 月 日

附件7-2　××公司劳动争议调解通知书

××公司劳动争议调解通知书

NO：

_____职工：

　　你于201__年____月____日送来的劳动争议调解申请书已收悉，经公司劳动争议调解委员会研究，决定受理。

　　请你务必于201__年____月____日（星期____）_____时，来公司劳动争议调解委员会（工会）办公室，参加由_____、_____主持的调解会议。

　　你请求的回避人员，已经避让。请你大胆地、实事求是地申诉、举证，合理维护你的合法劳动权益和保障公司的正常生产秩序。

　　公司承诺：一定会按照《中华人民共和国劳动合同法》等相关法律法规，处理好本次争议。

_____

_____

_____

　　　　　　　　　　　　　　　××公司劳动争议调解委员会（印章）

　　　　　　　　　　　　　　　　　　　　年　月　日

调解委员会主任：

附件 7-3 ××公司劳动争议调解协议书

××公司劳动争议调解协议书

NO:

单 位 名 称	法人代表	职工姓名	职称/职务

争议事项:

调解结果

当事人（签名）_____ 调解委员会主任:
　　　　　年　月　日　　　　　　　　年　月　日

××公司劳动争议调解委员会（印章）

三、实验要求

针对企业发生的劳动争议案件，4人一组，模拟企业工会的劳动争议调解工作人员调解劳动争议纠纷。1人担任劳动者，1人担任用人单位的人力资源负责人，其余2人组成调解委员会。

实验报告要求：①填写相关表格、撰写相关法律文书。②文书归档。

四、实验素材及环节

（一）实验素材

2011年11月4日，康师傅控股和百事中国宣布，百事将其在中国的装瓶厂持有的权益资产全部出让给康师傅饮品控股，换取康师傅饮品控股在中国的控股公司——康师傅饮品9.5%的权益，相当于百事间接持有康师傅饮品的母公司康师傅饮品控股5%的权益。

11月14日，百事可乐位于重庆、成都、南昌、福州、长沙的五家瓶装厂员工开始停工维权。当日上午，五家工厂的员工集体递交15～16日请假的假条。有员工称，百事将中国区经营权出让给康师傅，侵害了员工权益。

成都百事员工提出以下要求：第一，并购前解除所有员工的劳动合同，百事公司须一次性支付每位员工工龄经济补偿金及相应的违约经济赔付金；第二，百事公司向所有员工一次性支付不低于8000元/月（按工龄计算）的遣散费；第三，并购后对愿与新公司续签劳动合同的员工作出"两年不变"的承诺，应包括不得低于当前的薪资福利，不得低于当前的工作职务及行使的权利、工作地点不变，两年内劳动合同到期的员工须无条件续签等。

11月15日，百事大中华区集团事务总监樊志敏表示，百事公司正与员工积极沟通："百事是一家负责任的雇主。我们与康师傅的联盟倡议有待政府批准。若获批准，灌装厂系统劳动合同将继续履行。"

争议焦点：百事公司员工的要求是否合理？

（二）实验环节

（1）1人代表百事公司员工，1人代表百事公司，2人代表企业劳动争议调解委员会，劳动者与用人单位在企业劳动争议调解委员会的调解下达成相关协议。

（2）填写相关表格和制作法律文书。

第八章 劳动争议仲裁实验

▶ 本章概要

劳动争议仲裁前置程序、劳动争议仲裁时效、劳动争议仲裁调查取证、劳动争议仲裁期间意外事件处理、劳动争议仲裁裁决执行

▶ 学习目标

训练学生明晰劳动争议仲裁前置程序，熟悉申请劳动仲裁的流程，依劳动争议仲裁中不同角色分别搜集证据材料；提醒学生把握劳动争议仲裁时效，掌握公示送达方式与撤销劳动争议仲裁申请方式；训练学生掌握劳动争议仲裁中调查取证方法，明确劳动争议证据分类与采信度，反驳对方证据与利用对方证据的方法；掌握劳动争议仲裁期间主要可能发生的意外事件处理方法；训练学生劳动争议赔偿及补偿待遇谈判技巧，掌握劳动争议仲裁裁决执行程序；学习劳动争议仲裁涉及的各类法律文书写作。

▶ 理论思考

1. 各级劳动争议仲裁院的管辖范围是什么？
2. 劳动争议仲裁时效的起算点与终止点是什么？
3. 劳动争议仲裁中如何公示送达？
4. 劳动争议仲裁期间各方当事人法律人格意外消灭时如何处理？
5. 劳动争议仲裁裁决书如何送达？劳动争议仲裁裁决书如何强制执行？

▶ 法规点睛

1.《中华人民共和国劳动争议调解仲裁法》（2007年）
2.《中华人民共和国劳动法》（1994年）
3.《中华人民共和国劳动合同法》（2013年）
4.《中华人民共和国民事诉讼法》（2012年）

➡ 实务应用

实验项目一 劳动争议仲裁庭前程序实验

一、实验目的

训练学生明晰劳动争议仲裁前置程序,熟悉申请劳动仲裁的流程,依劳动争议仲裁中不同角色分别搜集证据材料。训练学生掌握劳动争议仲裁时效,掌握公示送达方式与撤销劳动争议仲裁申请方式,掌握劳动争议仲裁期间主要可能发生的意外事件处理方法。

二、实验原理

(一)明确劳动争议仲裁委员会的管辖范围

我国现行劳动争议仲裁管辖有地域管辖、级别管辖、移送管辖和指定管辖,其中地域管辖是核心基本管辖。《劳动争议调解仲裁法》第二十一条规定:"劳动争议仲裁委员会负责管辖本区域内发生的劳动争议。劳动争议由劳动合同履行地或者用人单位所在地的劳动争议仲裁委员会管辖。双方当事人分别向劳动合同履行地和用人单位所在地的劳动争议仲裁委员会申请仲裁的,由劳动合同履行地的劳动争议仲裁委员会管辖。"

(二)明确劳动争议的范围

1. 属于劳动争议的范围

《劳动争议调解仲裁法》第二条规定,企业与劳动者之间下列争议属于劳动争议:
(1)因确认劳动关系发生的争议。
(2)因订立、履行、变更、解除和终止劳动合同发生的争议。
(3)因除名、辞退和辞职、离职发生的争议。
"除名"针对的是企业对旷工员工的处分行为。"辞退"针对违纪员工的处理。员工辞职、离职属于劳动者解除劳动合同的情形。
(4)因工作时间、休息休假、社会保险、福利、培训及劳动保护发生的争议。
工作时间、休息休假纠纷主要体现在用人单位安排劳动者超时加班,侵犯劳动者休息权,同时不给予报酬;社会保险纠纷主要是指用人单位不依法为劳动者缴纳养老保险、医疗保险、失业保险、生育保险和工伤保险等;福利纠纷主要体现在用人单位不依照法律规定和本企业制度相关规定为员工提供相应的福利待遇；培训纠纷常见情形有劳动者培训期满回企业工作，未服务满规定的工作期限而提前解除劳动合同，用人单位收取诸如人事档案管理费等各种名目费用，要求劳动者支付总和超过法律规定数额的违约金；劳动保护纠纷主要体现在各项劳动安全与卫生措施纠纷，职业病防护措施纠纷，女职工孕哺经三期劳动保护纠纷，未成人用工劳动保护纠纷等。

（5）因劳动报酬、工伤医疗费、经济补偿或者赔偿金等发生的争议。

（6）法律、法规规定的其他劳动争议。

《最高人民法院关于审理劳动争议案件适用法律若干问题的解释（一）》第一条规定："劳动者与用人单位之间发生的下列纠纷，属于《劳动法》第二条规定的劳动争议，当事人不服劳动争议仲裁委员会作出的裁决，依法向人民法院起诉的，人民法院应当受理：劳动者与用人单位在履行劳动合同过程中发生的纠纷；劳动者与用人单位之间没有订立书面劳动合同，但已形成劳动关系后发生的纠纷；劳动者退休后，与尚未参加社会保险统筹的原用人单位因追索养老金、医疗费、工伤保险待遇和其他社会保险费而发生的纠纷。"该解释十三条规定："因用人单位作出的开除、除名、辞退、解除劳动合同、减少劳动报酬、计算劳动者工作年限等决定而发生的劳动争议，用人单位负举证责任。"可见计算劳动者工作年限纠纷也是劳动争议。

《最高人民法院关于审理劳动争议案件适用法律若干问题的解释（三）》第八条规定，企业停薪留职人员、未达到法定退休年龄的内退人员、下岗待岗人员以及企业经营性停产放长假人员，因与新的用人单位发生用工争议，依法向人民法院提起诉讼的，人民法院应当按劳动关系处理。

2. 不属于劳动争议的范围

《最高人民法院关于审理劳动争议案件适用法律若干问题的解释（二）》第七条明确了不属于劳动争议案件受理范围的案件包括：

（1）劳动者请求社会保险经办机构发放社会保险金的纠纷。

（2）劳动者与用人单位因住房制度改革产生的公有住房转让纠纷。

（3）劳动者对劳动能力鉴定委员会的伤残等级鉴定结论或者对职业病诊断鉴定委员会的职业病诊断鉴定结论的异议纠纷。

省、自治区、直辖市劳动能力鉴定委员会作出的劳动能力鉴定结论为最终结论。当事人对最终鉴定仍不服的，可以按照民事诉讼规制，在诉讼中申请重新鉴定。

（4）家庭或者个人与家政服务人员之间的纠纷。

（5）个体工匠与帮工、学徒之间的纠纷。

（6）农村承包经营户与受雇人之间的纠纷。

《最高人民法院关于审理劳动争议案件适用法律若干问题的解释（三）》第七

条规定,用人单位与其招用的已经依法享受养老保险待遇或领取退休金的人员发生用工争议,向人民法院提起诉讼的,人民法院应当按劳务关系处理。

(三)把控劳动争议仲裁时效与裁决期限

1. 劳动争议仲裁时效

《劳动争议调解仲裁法》第二十七条规定:"劳动争议申请仲裁的时效期间为一年。仲裁时效期间从当事人知道或者应当知道其权利被侵害之日起计算。前款规定的仲裁时效,因当事人一方向对方当事人主张权利,或者向有关部门请求权利救济,或者对方当事人同意履行义务而中断。从中断时起,仲裁时效期间重新计算。因不可抗力或者有其他正当理由,当事人不能在本条第一款规定的仲裁时效期间申请仲裁的,仲裁时效中止。从中止时效的原因消除之日起,仲裁时效期间继续计算。劳动关系存续期间因拖欠劳动报酬发生争议的,劳动者申请仲裁不受本条第一款规定的仲裁时效期间的限制;但是,劳动关系终止的,应当自劳动关系终止之日起一年内提出。"提起劳动仲裁的一方应在劳动仲裁时效内向劳动争议仲裁委员会提出书面申请,否则超过法律规定的申请仲裁时效的,除非当事人是因不可抗力或有其他正当理由,仲裁委员会不予受理。

《最高人民法院关于审理劳动争议案件适用法律若干问题的解释(二)》对特定类型劳动争议发生之日作出了明确的规定。

2. 仲裁裁决期限

《劳动争议调解仲裁法》第四十三条规定:"仲裁庭裁决劳动争议案件,应当自劳动争议仲裁委员会受理仲裁申请之日起四十五日内结束。案情复杂需要延期的,经劳动争议仲裁委员会主任批准,可以延期并书面通知当事人,但是延长期限不得超过十五日。逾期未作出仲裁裁决的,当事人可以就该劳动争议事项向人民法院提起诉讼。"《最高人民法院关于审理劳动争议案件适用法律若干问题的解释(三)》第十二条规定:"劳动人事争议仲裁委员会逾期未作出受理决定或仲裁裁决,当事人直接提起诉讼的,人民法院应予受理,但申请仲裁的案件存在下列事由的除外:(一)移送管辖的;(二)正在送达或送达延误的;(三)等待另案诉讼结果、评残结论的;(四)正在等待劳动人事争议仲裁委员会开庭的;(五)启动鉴定程序或者委托其他部门调查取证的;(六)其他正当事由。当事人以劳动人事争议仲裁委员会逾期未作出仲裁裁决为由提起诉讼的,应当提交劳动人事争议仲裁委员会出具的受理通知书或者其他已接受仲裁申请的凭证或证明。"

(四)掌握劳动争议仲裁各类文书送达方式

劳动争议仲裁各类文书送达依据《中华人民共和国民事诉讼法》以及相关司

法解释。因劳动力流动频繁、职业自由化、工作形式高度灵活、新形式用工活跃、跨国公司在华雇工日益增加等现象，使得劳动争议仲裁各类文书送达方式日益多样化。

1. 普通送达

送达仲裁文书，应当直接送交受送达人。送达仲裁文书必须有送达回证，由受送达人在送达回证上记明收到日期，签名或者盖章。受送达人在送达回证上的签收日期为送达日期。用人单位为受送达人的，应当由其法定代表人、主要负责人或者该法人、组织负责收件的人签收。受送达人有代理律师的，可以送交其代理律师签收。

2. 留置送达

仲裁文书可以采取留置送达方式。受送达人拒绝接收文书的，送达人可以邀请有关基层组织或者所在单位的代表到场，说明情况，在送达回证上记明拒收事由和日期，由送达人、见证人签名或者盖章，把仲裁文书留在受送达人的住所；也可以把仲裁文书留在受送达人的住所，并采用拍照、录像等方式记录送达过程，即视为送达。

3. 公告送达

劳动者下落不明，或者用人单位实际住址与登记住址不符等原因造成的其他方式无法送达的，仲裁文书可以采取公告送达方式。在相关有影响力的公开发行报刊上发出公告，自发出公告之日起，经过六十日，即视为送达。公告送达，应当在案卷中记明原因和经过。

4. 邮寄送达

直接送达仲裁文书有困难的，可以邮寄送达。邮寄送达的，以回执上注明的收件日期为送达日期。此外，《最高人民法院关于以法院专递方式邮寄送达民事诉讼文书的若干规定》第二条规定："以法院专递方式邮寄送达民事诉讼文书的，其送达与人民法院送达具有同等法律效力"，第十一条规定"因受送达人自己提供或者确认的送达地址不准确、拒不提供送达地址、送达地址变更未及时告知人民法院、受送达人本人或者受送达人指定的代收人拒绝签收，导致诉讼文书未能被受送达人实际接收的，文书退回之日视为送达之日"。

5. 其他送达

经受送达人同意，劳动争议仲裁院可以采用传真、电子邮件等能够确认其熟悉的方式送达文书，但裁决书、调解书除外。对于涉外送达，依据《最高人民法院关于涉外民事或商事案件司法文书送达问题若干规定》的精神，除受送达人在授权委托书中明确表明其代理人无权代为接收有关文书外，其委托的代理人有权代其接受送达,劳动争议仲裁院可以向该代理人送达。跨国公司无论采取何种组织形式,劳动争议仲裁院可以送达给其在中华人民共和国领域内设立的代表机构。受送达人在中华人民共和国领域内有分支机构或者业务代办人的,经该受送达人授权,劳动争议仲裁院可以向其分支机构或者业务代办人送达。

三、实验要求

(1)作为劳动争议劳动者的代理律师,听取劳动者陈述,记录以下信息。

第一,劳动者个人基本信息,何时与用人单位建立劳动关系,有无签订劳动合同,是否为兼职工,是否经劳务派遣公司派遣。

第二,用工单位的基本情况(单位住址、用工所在地、主要或直接管理者等等)。

第三,劳动纠纷的发生原因、发生时间、持续情况、对于劳动者的损害。

第四,劳动者工作岗位、薪酬情况、加班情况、社保购买情况等。

第五,解除劳动关系时,用人单位是否提前30天通知,通知的方式。

(2)作为劳动争议劳动者的代理律师,接受委托,收集资料后向有管辖权的劳动争议仲裁院提出申请,注意以下几点。

第一,签订委托代理合同(区分风险代理与一般代理),向劳动者说明律师费用支付内容与支付方式。

第二,签订授权委托书(区分一般授权与特别授权),向劳动者说明在不同授权下律师的代理权限的不同。

第三,提交劳动争议仲裁申请必备资料。

第四,填写申请时双方身份信息准确无误,注意用人单位是否存在合并或分立情况。

第五,填写申请时间时,注意是否超过劳动争议仲裁时效。

(3)作为劳动争议用人单位方的代理律师,明确用人单位举证责任,不能仅仅举证用劳务关系代替劳动关系,全面收集有关劳动争议仲裁的各类材料。

(4)作为劳动争议仲裁院立案工作人员,受理案件时必须认真仔细,考查各类资料的完整性、真实性、及时性,特别注意跨地证明材料考查,明确劳动争议仲裁管辖范围。注意与社会其他机构提供的证据认定衔接,如职业中介机构的收费单据认定、发生工伤或职业病后的医疗诊断证明、职业病诊断证明书、职业病诊断鉴定书、向劳动保障行政部门寄出举报材料等的邮局回执、劳动保障部门告知投诉受理结果、查处结果的通知书等。

(5)意外事件应急处理,例如劳动争议仲裁期间各方当事人法律人格意外消灭时各方如何处理收尾工作。

四、实验素材与实验环节

（一）实验素材

1. 确定劳动争议仲裁管辖的实验素材

2004年，在成都登记注册的某公司在南充、广元等城市分别设立了办事处。其中，南充办事处首先成立。当时，公司录用了几名南充籍员工，签订了两年的劳动合同，其中曾某被聘为南充办事处副主任。后来，由于曾某在工作中表现出色，受到了该公司成都总部的赏识。当两年劳动合同期满时，曾某被任命为公司广元办事处主任，他的工资由总部每月从成都寄给他。曾某表示同意，人力资源部经理便在曾某原来那份劳动合同中写上了"工作岗位：广元办事处主任"几个字。曾某在广元工作期间，与公司发生了一些劳动纠纷，与公司反复协商后，仍不能达成一致意见。曾某回到南充后，向南充市劳动争议仲裁委员会提起仲裁请求。公司得知此事，遂派律师前往南充，向南充市劳动争议仲裁委员会提出了管辖异议，声称该公司与曾某的劳动合同中有约定，一旦发生劳动争议，由成都市劳动争议仲裁委员会仲裁。律师以劳动合同向南充市劳动争议仲裁委员会证明了这一事实后，指出该劳动争议只能由成都市劳动争议仲裁委员会管辖。

2. 劳动争议范围实验素材

2002~2004年，站南路五组居民小区的车棚由王某的哥哥承包，王某帮助其大哥值守。2004年5月开始，居民代表请王某任该小区门卫，每月报酬400元。王某一直任该居民小区门卫、居住在门卫室，该门卫室仅王某一名门卫，负责门卫室每天24小时值班、收取汽车停车费、还代收居民生活垃圾处理费，未订立书面合同。2009年年初，郭清任组长时，曾要求王某签订合同，但王某未签订。站南路社区向王某颁发了"街道办事处站南路社区门卫"工作牌。

2009年起，站南路五组每月向王某支付工资400元及汽车停车费提成，汽车停车费提成从最初的5%逐步提高到15%，每年城管局支付王某代收居民生活垃圾理费提成每年600余元，王某的收入还包括清洁费每年200元，深夜小区开门费每次1元，为他人提供房屋租赁或买卖中介服务的中介费。2008年7月，王某通过职业技术学院培训，取得了物业保洁资格。2010年7月，站南路五组出资为王某办理了人身意外伤害保险。

王某向劳动人事争议仲裁委员会申请劳动争议仲裁，认为从2004年至2012年8年多的工作中，没有休息、休假。站南路社区与站南路五组也没有安排其休息、休假，没有向其支付加班工资。没有签订劳动合同，且工资水平低于当地最低工资水平。站南路社区认为其是居民自治组织，不具备劳动用工主体资格，发放站南路社区门卫工作牌的行为不能认定王某与站南路社区有劳动关系。王某是站南路五组的门卫，站南路社区只是监督单位，不是用人单位。站南路五组认为其每月收入只有2000余元，要负担4人（两名门卫、一名清洁工、一名组长）的工资，不可能支付更多的报酬给王某。

（二）实验环节

步骤一：学生分为四组，分别担当王某的代理律师、站南路社区代理律师、站南路五组居民小区代理律师、仲裁员。

步骤二：各方提出观点，讨论该案是否属于劳动争议仲裁受理范围。

步骤三：学生互评，老师点评。

实验项目二 劳动争议模拟仲裁庭审及执行实验

一、实验目的

将学生依其在劳动争议仲裁中不同法律角色分为三组，即劳动者代理律师组、用人单位代理律师组、劳动争议仲裁员组。实验过程中循环轮换，让每个学生有机会扮演不同的角色。学生通过模拟不同的法律角色，从不同的角度梳理基本案情，训练学生掌握劳动争议仲裁中调查取证方法，明确劳动争议证据分类与采信度，反驳对方证据与利用对方证据的方法。训练学生掌握劳动争议赔偿金与补偿金谈判技巧，掌握劳动争议仲裁裁决执行程序。

二、实验原理

（一）仲裁员资格与仲裁员回避情形

1. 仲裁员资格

《劳动争议调解仲裁法》第二十条规定："劳动争议仲裁委员会应当设仲裁员名册。仲裁员应当公道正派并符合下列条件之一：（一）曾任审判员的；（二）从事法律研究、教学工作并具有中级以上职称的；（三）具有法律知识、从事人力资源管理或者工会等专业工作满五年的；（四）律师执业满三年的。"

2. 仲裁员回避情形

《劳动争议调解仲裁法》第三十三条规定："仲裁员有下列情形之一，应当回避，当事人也有权以口头或者书面方式提出回避申请：（一）是本案当事人或者当事人、代理人的近亲属的；（二）与本案有利害关系的；（三）与本案当事人、代理人有其他关系，可能影响公正裁决的；（四）私自会见当事人、代理人，或者接受当事人、代理人的请客送礼的。劳动争议仲裁委员会对回避申请应当及时作出决定,并以口头或者书面方式通知当事人。"

(二)用人单位举证责任

《最高人民法院关于审理劳动争议案件适用法律若干问题的解释(三)》第九条规定:"劳动者主张加班费的,应当就加班事实的存在承担举证责任。但劳动者有证据证明用人单位掌握加班事实存在的证据,用人单位不提供的,由用人单位承担不利后果。"劳社部关于确立劳动关系有关事项的通知第二条规定:"用人单位未与劳动者签订劳动合同,认定双方存在劳动关系时可参照下列凭证:(一)工资支付凭证或记录(职工工资发放花名册)、缴纳各项社会保险费的记录;(二)用人单位向劳动者发放的'工作证'、'服务证'等能够证明身份的证件;(三)劳动者填写的用人单位招工招聘'登记表'、'报名表'等招用记录;(四)考勤记录;(五)其他劳动者的证言等。其中,(一)、(三)、(四)项的有关凭证由用人单位负举证责任。"其第四条规定:"建筑施工、矿山企业等用人单位将工程(业务)或经营权发包给不具备用工主体资格的组织或自然人,对该组织或自然人招用的劳动者,由具备用工主体资格的发包方承担用工主体责任。"

(三)劳动争议仲裁裁决书生效后强制执行的步骤与方法

1. 向人民法院申请支付令

《劳动争议调解仲裁法》第十六条规定:"因支付拖欠劳动报酬、工伤医疗费、经济补偿或者赔偿金事项达成调解协议,用人单位在协议约定期限内不履行的,劳动者可以持调解协议书依法向人民法院申请支付令。人民法院应当依法发出支付令。"《最高人民法院关于审理劳动争议案件适用法律若干问题的解释(三)》第十七条规定:"劳动者依据劳动合同法第三十条第二款和调解仲裁法第十六条规定向人民法院申请支付令,符合民事诉讼法第十七章督促程序规定的,人民法院应予受理。依据劳动合同法第三十条第二款规定申请支付令被人民法院裁定终结督促程序后,劳动者就劳动争议事项直接向人民法院起诉的,人民法院应当告知其先向劳动人事争议仲裁委员会申请仲裁。依据调解仲裁法第十六条规定申请支付令被人民法院裁定终结督促程序后,劳动者依据调解协议直接向人民法院提起诉讼的,人民法院应予受理。"

2. 先予执行的情形

《劳动争议调解仲裁法》第四十四条规定:"仲裁庭对追索劳动报酬、工伤医疗费、经济补偿或者赔偿金的案件,根据当事人的申请,可以裁决先予执行,移送人民法院执行。仲裁庭裁决先予执行的，应当符合下列条件：（一）当事人之间权利义务关系明确；（二）不先予执行将严重影响申请人的生活。劳动者申请先予执行的，可以不提供担保。"

3. 裁决书自作出之日起就具备强制执行力的情形

《劳动争议调解仲裁法》第四十七条规定："下列劳动争议，除本法另有规定的外，仲裁裁决为终局裁决，裁决书自作出之日起发生法律效力：（一）追索劳动报酬、工伤医疗费、经济补偿或者赔偿金，不超过当地月最低工资标准十二个月金额的争议；（二）因执行国家的劳动标准在工作时间、休息休假、社会保险等方面发生的争议。"《最高人民法院关于审理劳动争议案件适用法律若干问题的解释（三）》第十八条规定："劳动人事争议仲裁委员会作出终局裁决，劳动者向人民法院申请执行，用人单位向劳动人事争议仲裁委员会所在地的中级人民法院申请撤销的，人民法院应当裁定中止执行。用人单位撤回撤销终局裁决申请或者其申请被驳回的，人民法院应当裁定恢复执行。仲裁裁决被撤销的，人民法院应当裁定终结执行。用人单位向人民法院申请撤销仲裁裁决被驳回后，又在执行程序中以相同理由提出不予执行抗辩的，人民法院不予支持。"

三、实验要求

仲裁庭审过程中，学生应熟悉仲裁庭构成，通过模拟各方当事人掌握劳动争议仲裁中调查取证方法，明确劳动争议证据分类与采信度。

（一）劳动关系的证明

双方所签订的书面劳动关系的合同（注意合同的起止时间）、雇佣关系的证明、未书面劳动合同的应提供工作起止日期及相关证明或当事人其他协议。

（二）企业开除、除名、辞职、退工等等原因而引起的劳动争议的举证内容

企业开除、除名、辞退职工的决定、通知；按企业内部规章制度处罚的，应提供相应的规章制度；职工违章违纪的有关证据材料；职工的工资、奖金收入情况；涉及培训费的，用工单位必须提供支付培训费的具体依据及必须服务期限等；涉及住房补贴费的，分房单位须提供分房日期及住房补贴费的具体数额及必须服务期限等。

（三）追索劳动报酬的举证内容

提供工资卡银行流水、所欠劳动报酬的具体数额等有关证据。

（四）社会保险、劳动保护引起的劳动争议的举证内容

企业缴纳社保及公积金的有关证据；职工的工资奖金情况；职工伤情鉴定及医疗费单据。

四、实验素材与实验环节

（一）实验素材

1. 模拟庭审实验素材

安畅公司与大山公司签订一份《搅拌车承包协议》。合同期限自2011年9月26日起至2013年9月25日止。协议约定，大山公司将其所有的包括车牌号为川A79110号在内的11台"搅拌车"租赁给安畅公司使用，大山公司收取承包费，安畅公司自行承担"该车产生的人工费、修理费、油费、年审规费"等费用。2011年10月16日，大山公司委托某建材经营部向安畅公司代为支付搅拌车承包经营款项。

2011年10月起，陈某在安畅公司安排下担任川A79110号重型专项作业车驾驶员。2012年5月11日，安畅公司（合同中甲方）与陈某（合同中乙方）补签《劳务合同》一份，合同约定的部分内容有："……甲方雇佣乙方，乙方为甲方提供劳务，订立本劳务协议，并承共同遵守。一、劳务合同期限：乙方从2012年5月11日起到甲方处为甲方提供劳务，至2013年5月10日止；乙方提供劳务必须符合以下条件：应当适用甲方指定的驾驶员工岗位的具体实际需要，在甲方指定的成都市区，按照甲方要求提供劳务。甲方与乙方之间只存在劳务关系，没有劳动关系；甲方每月10日前以现金、银行转账方式或其他方式将本月劳务费用一次性支付到乙方账户或乙方指定的账户；乙方遵守甲方的规章制度，违反则按照甲方规定承担责任或受到处罚；乙方在实际工作中出现不符合甲方工作岗位要求、违反甲方规定的情况下，甲方可以解除合同。"之后，陈某按照安畅公司安排继续担任川A79110号重型专项作业车驾驶员工作，安畅公司按月向陈某支付4500元。2012年8月28日，陈某因驾驶上述作业车发生交通事故并受伤住院治疗。陈某受伤后至2013年6月安畅公司均按月向唐天建支付在家休息期间的费用共计22 000元。2013年7月30日陈某向成都市劳动人事争议仲裁委员会申请裁决其与大山公司自2011年10月16日至今存在事实劳动关系，并在仲裁中陈某申请追加了安畅公司为第三人参加诉讼。

2. 仲裁裁决书生效后强制执行实验素材

申请人龚某系被申请人拆迁服务公司聘用的职工，双方未签订劳动合同，被申请人亦未给申请人参加各项社会保险。2008年3月23日，申请人在被申请人承建的某街道改造项目工程从事拆迁工作时受伤。2008年11月3日，当地劳动保障行政部门认定其为工伤，被申请人未在规定的时间内申请行政复议。2008年12月25日，

经当地劳动鉴定委员会鉴定其劳动功能障碍程度为六级。申请人受伤后，发生的医药费用已由被申请人全额支付。申请人曾就其他工伤保险待遇支付问题与被申请人多次协商未果，为维护自身权益，向劳动争议仲裁委员会申请仲裁，请求裁决被申请人支付停工留薪期工资、住院期间伙食补助费、住院期间生活护理费、交通费、一次性伤残补助金、一次性医疗补助金、一次性就业补助金、劳动能力鉴定费共157231.25元。

仲裁庭通过庭审举证、质证、认证以及审理查明的事实，合议后认为：申请人的工伤及伤残等级已经有关部门依法确认，被申请人未在规定时间内对工伤认定结论申请行政复议，因此该工伤认定结论已发生法律效力，其工伤保险待遇应依法得到保障，由于被申请人未依法参加工伤保险，申请人发生工伤，被申请人应当按照有关规定支付相关待遇。申请人在工伤保险统筹地区内就医，按有关规定，其发生的交通费不应由被申请人承担。按照有关规定，职工在住院期间需要护理，需凭医疗机构证明，由所在单位支付护理费，但本案中申请人并未提供医疗机构的相关证明，因此其要求被申请人支付住院期间护理费的请求无法律依据。申请人自行垫付了本应由被申请人承担的劳动能力鉴定费，被申请人应支付给申请人。由于申请人已向被申请人提出终止劳动关系，被申请人应按规定向其支付一次性工伤医疗补助金和伤残就业补助金。

仲裁庭作出以下裁决：一、被申请人自收到裁决书之日起十日内支付申请人工伤住院伙食补助费、停工留薪期工资、劳动能力鉴定费、一次性伤残补助金、一次性工伤医疗补助金、一次性伤残就业补助金合计150827元。驳回申请人要求被申请人支付工伤住院护理费、交通费的仲裁请求。二、本裁决为终局裁决，裁决书自作出之日起即发生法律效力。申请人不服本裁决的，可以自收到本裁决书之日起十五日内向人民法院提起诉讼。

（二）实验环节

步骤一：学生分为三组，分别担当曾某的代理律师、公司代理律师、仲裁员。

步骤二：模拟书记员核实各方身份—仲裁员宣布开庭，模拟律师提出回避申请—庭审恢复后，申请人方宣读申请书，被申请人方宣读答辩书—仲裁员提问核实具体情况，询问是否调解—双方模拟调解—调解不成，恢复庭审，双方相互质证—双方辩论，辩论结束，双方发表最后意见，庭审结束—书记员将笔录交双方检查，各方在笔录上签字并按手印。

步骤三：模拟仲裁员宣读裁决书，学生互评，老师点评。

步骤四：各方模拟劳动争议仲裁裁决书生效后，如何强制执行，并提出可行性建议。

步骤五：学生互评，老师点评。

实验项目三 劳动争议仲裁涉及的各类法律文书写作实验

一、实验目的

书面表达能力实训是法科学生从事法律实践工作核心训练之一。通过向学生讲述劳动争议仲裁所涉及的各类法律文书的基本格式、写作要领、引用法律法规及其诠释方式，使得学生具备准确制作劳动争议仲裁涉及各类法律文书能力。作为仲裁双方当事人代理律师，能通过对双方争议焦点的归纳分析，根据案件事实和法律提出维护己方委托人合法权益的意见，制作格式规范的劳动争议仲裁申请书、代理词、答辩书。作为劳动争议仲裁员，能够以事实为依据，准确适用法律，制作劳动争议裁决书、调解书、决定书等法律文书。

二、实验原理

（一）法律文书写作要领

法律人从事法律活动应具备法律思维，制作一份优良的法律文书，必须在法律思维的指引下展开，把控"客观的法律"和"法律的主观"。三段论演绎推理中，大前提的构建是关键，综合运用多种法律解释方法，诠释法律原则，补充法律漏洞，对不确定概念的进行价值判断。谨慎运用类比推理，有机结合类比推理和演绎推理，立证与反驳时使用类比推理，注意其强度评估，防止过度发散。

梳理事实和证据应做到：言必有据，据依法条；以法律关系为框架，以时间为序，主次分明；将与同一事项有关的内容集中起来。

文书制作应行文简洁：一个段落最好只表达一个内容；一个句子能够表达的意思，绝不用两个句子；一个较短的句子能够表达的意思，就不用较长的句子。文书制作应减少歧义：防止断章取义；简化结构减少变化；突出重点；使用顺序词区分层次；保持标题的一致性。

（二）劳动争议仲裁申请书制作

劳动仲裁申请书基本格式：
申请人：（基本情况）＿＿＿＿＿＿＿＿＿＿
委托代理人：＿＿＿＿＿＿＿＿＿＿＿＿＿＿
被申请人（用人单位）：（基本情况）＿＿＿＿＿＿＿＿
委托代理人：＿＿＿＿＿＿＿＿＿＿＿＿＿＿
仲裁请求：（写明请求仲裁委员会仲裁的事项，有多项请求的要分项列出）

事实与理由：
……

$\qquad$ 此致
$\qquad\qquad$ _____仲裁委员会

  附：（1）本申请书副本×份（按被申请人人数确定份数）。
    （2）证据×份。

$\qquad\qquad\qquad\qquad$ 申请人：（签名或盖章）_____
$\qquad\qquad\qquad\qquad\qquad\qquad$ _____年____月____日

  写作劳动争议仲裁申请书的要领：请求明确；事实发生过程和造成的后果叙述清楚，重点突出争议性质和过错责任；从事实推导出的理由合法有据，为取得劳动仲裁委员会的受理打下基础。

（三）劳动争议仲裁答辩书制作

仲裁答辩书基本格式：

答辩人名称：（法人和其他组织） 地址：_____
法定代表人：_____   职务：_____
住址：_____   电话：_____
委托代理人：_____   性别：_____ 年龄：_____
工作单位：_____   职务：_____
住址：_____   电话：_____
被答辩人：（同上）

被答辩人_____申请仲裁_____一案，我方现提出答辩意见如下：
  ……

$\qquad\qquad\qquad\qquad\qquad\qquad\qquad$ 此致
$\qquad\qquad\qquad\qquad\qquad\qquad\qquad\qquad$ _____仲裁委员会

  附：（1）答辩书副本_____份。
    （2）其他证明材料_____份。

$\qquad\qquad\qquad\qquad$ 答辩人：_____（盖章）
$\qquad\qquad\qquad\qquad$ 法定代表人：_____（签章）
$\qquad\qquad\qquad\qquad\qquad\qquad$ _____年____月____日

  写作劳动争议仲裁答辩书的要领：认为申请人所列事实有误的应先澄清事实；认为申请理由不当的，针对各点分别驳斥；需要补充说明的，用证据证明相关情况；采取实事求是的态度，不能歪曲事实，无理强辩，进行人身攻击。

（四）劳动争议仲裁调解书制作

劳动争议仲裁调解书基本格式：

某市劳动争议仲裁委员会仲裁调解书

×劳仲委调字〔2014〕第78号

申请人：姓名，性别，出生年月，民族，住址

被申请人：××有限公司

法定代表人：……

住所：……

委托代理人：……

申请人于×年×月×日向本委申请仲裁，要求：①被申请人支付申请人解除劳动关系经济补偿金×元；②被申请人为申请人补缴×年×月至×年×月的基本社会保险费；③被申请人支付申请人因劳动争议仲裁而产生的误工及交通费×元。

经调解，双方当事人就以上争议达成以下调解意见：

一、被申请人在本调解书生效后5日内以现金形式一次性支付申请人各项费用×元。

二、申请人放弃其他仲裁请求。

本调解书与仲裁裁决书具有同等法律效力。本调解书送达双方当事人即发生法律效力。逾期一方当事人不履行调解条款的，另一方当事人可以申请人民法院强制执行。

申请人：×× 　　被申请人：××（单位签章）

仲裁员：××
×年×月×日
书记员：××

（五）劳动争议仲裁裁决书制作

劳动争议仲裁裁决书基本格式：

某市劳动争议仲裁委员会仲裁裁决书

×劳仲字〔2014〕第96号

申请人：××

委托代理人：××，××律师事务所律师，特别授权代理

被申请人：××有限公司

法定代表人：××，该公司董事长

委托代理人：××，××律师事务所律师，特别授权代理

申请人××诉被申请人××有限公司劳动争议一案，本仲裁委员会依法受理此案，组成仲裁庭依法公开审理。申请人××、委托代理人××，被申请人委托代理人××到庭参加审理，本案现已审理终结。

申请人诉称：……申请人现请求：……

被申请人答辩称：……

申请人针对其主张提交以下证据：……

被申请人针对其主张提交以下证据：……

经过庭审，本庭认定以下事实：……

本委认为：……

据此，本委根据《中华人民共和国劳动合同法》、《中华人民共和国劳动争议调解仲裁法》及相关劳动法规的规定，作出仲裁裁决如下：

一、……

二、……

三、以上款项共计人民币×万×仟元整（￥×），由被申请人自本裁决生效之日起五日内支付给申请人。

双方当事人对仲裁裁决不服的，可以自收到仲裁裁决书之日起15日内向人民法院起诉。逾期，仲裁裁决书发生法律效力。一方当事人不履行，另一方当事人可以申请人民法院强制执行。

仲裁员：××

×年×月×日

书记员：××

写作劳动争议仲裁裁决书的要领：制作仲裁裁决书的核心是写好仲裁委员会查明的事实与裁决的法律依据，紧扣案件焦点，阐述具有针对性。裁决结果必须明确、具体，便于当事人执行。

三、实验要求

（1）文书格式正确。

（2）作为律师，能根据案件具体情况，抓住争议焦点，有的放矢，准确地给出法律意见，围绕该法律意见从多角度、多侧面展开论证，进行准确、详尽而深入的剖析，支持己方当事人的仲裁申请或答辩。

（3）律师制作代理词应当随着仲裁进程不断修改、充实和完善，注意及时吸收新出现的情况，弥补代理词中的漏洞。

(4) 各种仲裁文书中，事实理由叙述详略得当，条理清楚，语言准确，通俗易懂，论点鲜明，论证客观全面、逻辑性强、重点突出。

(5) 法律文书写作语体风格应严谨客观，同时写作过程也是情感传递过程，律师应诉诸价值判断，运用说服性修辞，但不能夸张煽情。

四、实验素材与实验环节

（一）实验素材

实验素材 1

邢某，女，1949年5月出生，原某银行会计，2000年10月办理内部退养手续。邢某于2000年10月4日因涉嫌贪污罪，被某市人民检察院刑事拘留，当月17日被决定逮捕。2001年7月30日被某基层人民法院以证据不足宣告无罪释放，检察机关抗诉，市中级人民法院认为此案事实不清，发回一审法院重审，2001年11月9日某基层法院决定取保候审。2002年8月26日某基层人民法院以邢某犯贪污罪，判处有期徒刑6年，并处没收个人财产2万元。宣判后，邢某提出上诉，2002年12月10日市中级人民法院以贪污罪判处邢某有期徒刑三年，并处没收个人财产2万元（羁押一日折抵刑期一日，即2002年10月10日至2004年12月13日止）。2003年2月27日，某银行给予邢某行政开除公职处分，同时解除了双方的劳动合同，该行自2000年11月起，停发了邢某一切工资待遇。邢某刑期满后，要求再审，2008年1月2日，某基层法院再次宣判邢某犯贪污罪，被判处有期徒刑3年。宣判后邢某不服，提出上诉。市中级人民法院依法组成合议庭进行审理，于2008年10月8日，判决邢某无罪。邢某向某银行要求：①恢复劳动关系并办理退休；②补缴欠缴的社会保险费；③补发错判期间的工资。

请你据此为邢某制作一份劳动争议仲裁申请书。

实验素材 2

卢某某、苑某某系上海 A 公司职工。1993年3月至1999年3月与 A 公司前身阜阳制药厂签订停薪留职协议。协议到期后，卢某某、苑某某一直没有上岗。2001年4月，A 公司与卢某某、苑某某解除劳动关系，卢某某、苑某某不服，经某市劳动争议仲裁委员会劳仲案字〔2002〕第23号裁决撤销了 A 公司解除劳动合同的处理决定。裁决生效后，A 公司没有安排卢某某、苑某某上岗，也没有支付申请生活费。2003年12月25日，双方签订协议约定，2003年以前的养老保险金由个人承担，以后的社保费按规定的缴纳。2007年4月，A 公司安排卢某某上岗，卢某某因工资低、干不了为由退回到人力资源部待岗。自2003年7月仲裁裁决生效后起，A 公司未支付卢某某、苑某某任何待遇。

相关证据有停薪留职协议、劳仲案字〔2002〕第23号、通用缴款书、社会保险缴纳协议书等。

请你据此为卢某某、苑某某制作一份劳动争议仲裁申请书。

实验素材3

丁某与2008年9月16日应聘到A公司从事工程部监工工作。双方签订了书面合同。合同约定：合同期限2008年9月16日起至2011年9月15日止，试用期2008年9月16日起至2009年3月15日止；执行标准工时工作制；月工资12 000元，试用期月工资12 000元，每月5日前以货币形式支付。

2008年11月10日，丁某请事假1天，2008年11月26日，丁某请事假2天，2008年12月初，A公司向丁某发放了10 150元（工作期间，公司实际以10 150元每月核发工资，暂未扣发3天事假工资）。2008年12月8日，丁某请事假2天，2009年1月初，公司发放工资5985元（扣除了丁某5天事假工资4165元，丁某对其计算依据不服）。2009年1月13日，公司认为丁某试用期间请假太多，将丁某考核评定为不合格。2009年1月14日，A公司将丁某试用期间请假太多的情况书面通知了丁某，丁某予以签收。2009年12月18日，丁某请事假2天。2009年12月19日，公司对丁某进行试用期间第二次考核，认为丁某无法为公司整体利益着想，无法遵守公司相关规章制度，将丁某考核评定为不合格，决定不予任用并解除劳动合同。2009年2月23日，A公司以丁某在试用期考核不合格为由通知丁某解除劳动合同，并向丁某送达了书面解除劳动合同单。2009年2月24日，丁某办理完离职移交手续并离职，当月共工作16天。申请人离职后，A公司同意支付丁某2009年2月应得工资，但同时要求丁某在《终止（解除）劳动合同证明书》正面签字栏签字后予以发放，丁某因对解除劳动合同理由有异议而仅在《终止（解除）劳动合同证明书》背面进行了签字，A公司认为丁某未完善相关离职手续，暂未发放丁某2009年2月应得工资。

丁某不服，提出劳动争议仲裁申请，诉称：①A公司单方面违约解除劳动合同，应给予丁某赔偿金10 000元；②A公司违反双方所签订的劳动合同对丁某的事假乱扣其工资，A公司应补偿克扣的工资1888元并承担相应赔偿金75 000元，合计76 888元；③A公司无故拖欠丁某2009年2月应得工资7857元，应与立即支付并承担相应赔偿金64 285元。

A公司认为，公司不存在胡乱扣发工资问题，员工守则明确了请假规定，其中包含了请假会产生相应扣款等，丁某到职时已经充分阅读了解，其也签字认同。丁某在工作期间请假时，公司已告知会产生扣款，丁某同意后公司才准假。公司从未与丁某约定其薪资不包括任何奖金和津贴，依据公司公示的薪资结构，其薪资包括本资、职务津贴、技术津贴、生活津贴、敬业奖金、其他奖金等。

双方在劳动合同中约定是按月按时支付工资,不是约定薪资为实领金额,其约定薪金均为未扣除个人所得税、个人承担社会保险费用、请假及违反公司规定的扣款等。公司从未拖欠丁某薪金,因丁某未完善离职手续不愿意到公司领取2009年2月工资。

请你据此为 A 公司制作一份劳动争议仲裁答辩书。

实验素材 4

张伟系 A 酒店有限公司销售部职工,2005年起到被聘用到 A 酒店有限公司销售部处工作,双方签订的劳动合同终止日期为2009年3月31日,2009年3月5日,双方协商一致解除劳动合同。张伟认为,在 A 酒店有限公司销售部处工作期间,因工作需要和单位安排,其共有14天法定节假日和36个休息日正常上班,A 酒店有限公司销售部未按规定安排补休,亦未支付加班工资,其自身合法权益受到侵害,向劳动争议仲裁委员会提出仲裁申请,要求裁决 A 酒店有限公司依法支付法定节假日和休息日加班工资共计12320元。A 酒店有限公司则认为酒店销售部职工实行的是不定时工作制,不存在支付加班工资问题。

请你据此为 A 公司制作一份劳动争议仲裁答辩书。

实验素材 5

1986年3月,古某转业分配至 A 石油公司工作,先后担任人事科副科长、零售科副科长等职务。1996年9月,古某与 A 公司之间签订了一份无固定期限的《劳动合同书》,明确了双方的劳动权利与劳动义务。该《劳动合同书》特别约定"古某应遵守本岗位职责和服从公司组织调动"等事项。1996年12月,古某被提拔为正科级,由 A 石油公司任命为单位下属某大酒店党支部书记。

2003年5月,酒店因故歇业,古某作为留守人员参与酒店的善后处理工作。2004年6月,古某在 A 公司所属的油库工作。2004年7月,A 公司改制,据石化股份合人〔2004〕32号、39号、41号文件规定,古某由于不符合 A 公司有关竞聘的规定,未参加有关岗位的竞争。2004年7月后,古某实际上一直待岗在家,没有从事实际的工作。A 公司人也因此将古某工资调整至每月1630元。2006年,A 公司再次中层干部竞聘,古某没有参加竞聘。相关证据有《某石油公司中层干部竞聘上岗表》、《中层干部竞聘得票统计表》、石化股份合人〔2006〕54号文件、2006年职工双向选择报名统计表、双向选择部门选择人员确认表以及《关于胡某2004年、2006年两次竞聘上岗的情况说明》。2006年7月,由于古某一直没有实际岗位,A 公司再次将古某的工资由1630元改为1586元。古某多次与公司交涉,要求给予其正科级工资的相关待遇,后公司补发了古某至2004年年底的工资、奖金、通信费8276元。

古某认为双方签订的《劳动合同书》至今从未变更,《劳动合同书》中的约定仍然合法有效，古某正科级工资、奖金待遇应按照合同的约定予以执行，2004年7月起，A公司在没有任何明示和告知的情况下，违反劳动合同的约定，擅自扣除古某工资、奖金、通信补助合计60 902.58元。公司应补发至2007年5月的古某工资、奖金、通信费。公司对此予以拒绝，双方遂产生争议。

古某于2007年6月向仲裁委申诉，申请书主要内容为：①被诉人 A 公司继续履行与古某签订的劳动合同。②A 公司补发其扣发古某2005年1月至2007年5月的工资31 935.58元；补发古某2005年度年终奖金3703元；补发古某2006年度年终奖金12 238元；补发古某2005年1月至2006年7月通信费4750元。以上合计52 626.58元。③A 公司支付古某至今仍然被扣部分的工资、奖金、通信补助费的经济补偿金13 156.65元。④仲裁费用由 A 公司承担。A 公司同意部分内容。

请你据此制作一份劳动争议仲裁调解书。

实验素材 6

龚某系 A 拆迁服务公司聘用的职工，双方未签订劳动合同，A 拆迁服务公司亦未给龚某参加各项社会保险。2008年3月23日，龚某在 A 拆迁服务公司承建的某街道改造项目工程从事拆迁工作时受伤。2008年11月3日，当地劳动保障行政部门认定其为工伤，A 拆迁服务公司未在规定的时间内申请行政复议。2008年12月25日，经当地劳动鉴定委员会鉴定其劳动功能障碍程度为六级。龚某受伤后，发生的医药费用已由 A 拆迁服务公司全额支付。龚某就工伤保险待遇支付问题与 A 拆迁服务公司多次协商未果，为维护自身权益，向劳动争议仲裁委员会申请仲裁，仲裁委受理其仲裁申请后，龚某向 A 拆迁服务公司书面提出解除劳动关系。龚某请求裁决 A 拆迁服务公司支付停工留薪期工资、住院期间伙食补助费、住院期间生活护理费、交通费、一次性伤残补助金、一次性医疗补助金、一次性就业补助金、劳动能力鉴定费共157 231元。A 拆迁服务公司同意部分内容。

请你据此制作一份劳动争议仲裁调解书。

实验素材 7

2010年6月，黄先生进入上海某科技有限公司（以下简称"科技公司"）工作，任系统项目工程师，能够接触到该公司的核心知识产权，双方签订了为期3年的劳动合同，每月工资15 000元。合同中有关竞业禁止的约定，黄先生在受聘期间，以及本合同无论因何种原因终止生效之日起的24个月内，绝不直接或间接地以业主、雇员、独资者或其他身份，为与科技公司业务有竞争关系的任何其他个人、公司或其他经济组织提供任何形式的服务、获取利益、工资或其他报酬。科技公司在竞业限制期内按月向黄先生支付竞业限制补偿金，每月支付数额为其离职前12个月平均工资的30%。如黄先生违反了竞业限制义务，除向科技公司返还所有已经支付的竞业限制补偿外，支付违约金数额为离职前12个月平均工资的24倍。

2011年9月中旬，黄先生因科技公司拖欠其劳动报酬、社会保险金，以及解除劳动合同等纠纷向劳动人事争议仲裁委员会申请仲裁。在仲裁委员会主持下，黄先生就提出的请求事项和科技公司达成调解协议：①黄先生与科技公司劳动关系于2011年7月31日终结；②科技公司于2011年10月30日之前一次性支付黄先生45 000元；③黄先生确认放弃其他请求事项；④双方之间的所有劳动纠纷均已处理完毕，本次调解后双方之间无任何纠纷和其他争议。

2012年7月16日，黄先生向劳动人事争议仲裁委员会申请仲裁，要求科技公司支付2011年8月1日至2012年7月15日期间的竞业限制补偿金51 750元。用人单位认为在2011年9月仲裁协议中，根据协议内容中的第三款和第四款，黄先生已经确认放弃其他请求事项，双方之间的所有劳动纠纷均已处理完毕。用人单位已经和黄先生没有任何纠纷和其他争议，其中包括了解除了竞业禁止协议，所以不用承担相应的竞业禁止限制补偿金。黄先生则认为仲裁协议仲裁的仅仅是关于劳动报酬、社会保险金，以及解除劳动合同等纠纷，这其中并不涉及竞业禁止协议，劳动仲裁的是解除劳动合同前后所涉及的问题，并且用人单位也没有明确地告诉黄先生放弃竞业禁止中的权利。

请你就2012年7月黄某第二次仲裁申请制作一份劳动争议仲裁裁决书。

实验素材8

余某于1997年10月进入某科学研究院处工作从未间断，双方已形成事实劳动关系。余某于2007年10月4日收到某科学研究院《关于终止事实劳动关系的通知书》，余某认为某科学研究院应按照相关规定给予经济补偿，工作期间某科学研究院没有为余某办理社会保险，在工作期间法定节假日和双休日从未休息，平时工作每天从早上7：00上班至晚上10：30止，每天加班加点7小时，某科学研究院应支付加班工资、法定节假日和双休日加班工资。

余某于1997年10月某研究所从事门卫工作。在劳动关系存续期间双方没有签订书面劳动合同。2003年，几家研究所合并为某科学研究院。余某与某研究所因劳动关系产生的权利和义务由某科学研究院承继。因工作性质的需要，余某实行的是不定时工作制。截至2007年7月，余某在某科学研究院处月平均工资为760元。后因某科学研究院保安服务工作由某保安服务有限公司高新分公司接管，2007年7月26日，某科学研究院所属某研究所向余某发出《关于终止事实劳动关系的通知》，余某拒绝签收并书面质疑解除行为等违法。某科学研究院后用邮寄方式向余某送达《关于终止事实劳动关系的通知》，余某实际收到该通知书的时间为2007年10月。在余某工作期间，某科学研究院没有为余某办理各项社会保险。

余某于2007年11月向仲裁委申诉，请求仲裁委裁决：①某科学研究院依法为余某补缴1997年10月至2007年10月的各项社会保险费。②某科学研究院支付终止劳动关系经济补偿金7600元和50%的额外经济补偿金3800元，共计11 400元。③某科学研究院支付余某法定假日工资10 899元、双休日工资75 566.4元、加班加点工资119 670.77元和25%经济补偿金51 534.04元，共计257 670.21元。④某科学研究院支付余某2007年8月份至11月份工资3040元和25%的经济补偿金760元，合计3800元。⑤由某科学研究院承担仲裁费用。

某科学研究院认为：①余某于2005年年底才进入某科学研究院工作，某科学研究院只能按照其实际工作时间补缴社会保险；②余某实行的是不定时工作时间，某科学研究院没有要求其加班，主张加班工资没有依据；③双方劳动关系解除时，某科学研究院通知余某领取经济补偿金，但余某拒绝，某科学研究院不应支付额外经济补偿金；④余某于2007年8～11月没有为某科学研究院工作，无权要求支付工资。

庭审中，双方出具的证据有余某的银行存折，《终止事实劳动关系的通知》及特快专递一份，时间为2007年10月3日。《劳动用工辞聘协议书》，证明2005年11月前余某在某研究所工作。余某所写的两份书面材料。证明余某在2007年7月26日已经收到解除劳动关系的通知，某科学研究院要求给予经济补偿金，但余某拒绝接受。沈某、石某两证人出庭作证，证明余某的工作时间。

请你据此制作一份劳动争议仲裁裁决书。

（二）实验环节

实验中将听、视、说、读、写五种训练综合运用，全方位调动学生学习热情，取得最佳学习效果，提高学生综合运用法律，书写法律文书的技能。

1. 案例解析

学生分演不同角色，以实验案例为基础导演该劳动争议纠纷，让学生身临其境。从不同的法律角色讨论案情，分析各种事实材料中的情节与法律适用问题，让学生在随后的文书写作中能抓住法律文书的主旨，做到有话可说，并且有理有据。

2. 范文赏析

教师向学生讲解文书格式后，提供范文欣赏，增强学生对具体的文书写作的感性认识。

3. 病文剖析

在学生进行了写作练习后，选取几篇具有代表性的学生习作，引导学生进行剖析，找出问题的所在，并让学生现场进行修改。

4. 回顾评析

让学生回顾范文赏析、病文剖析过程，找出自身写作不足之处，由浅入深，从熟悉文书格式到掌握文书写作要领，让所写文书翔实生动。

附件 8-1　劳动争议仲裁委员会仲裁裁决书范文

成都市劳动争议仲裁委员会
仲裁裁决书
成劳仲委裁字〔2010〕第×号

申请人：陈某，女，汉族，×年×月×日出生，住成都市金牛区

身份证号码：×××

委托代理人：刘某，四川新华律师事务所律师，特别授权代理

被申请人：四川某建设发展有限公司

法定代表人：彭某

住所：成都市金牛区交大路

委托代理人：张某，四川某律师事务所律师，特别授权代理

申请人就工资、经济补偿金、社保等向本委申请仲裁，本委受理后依法组成独任庭，并于2010年某月某日开庭审理。申请人委托代理人、被申请人委托代理人均到庭，现已审理终结。

申请人提出以下仲裁请求：①被申请人支付申请人未签订劳动合同的两倍工资34 000元；②被申请人支付申请人经济补偿金4000元；③被申请人补发申请人2010年2月的工资4000元；④被申请人为申请人补缴工作期间的社会保险费。

被申请人答辩称：第一，被申请人为申请人提供的岗位不是普通的预算员，而是预算部主任，所以工资才会是4000元/月。第二，根据《四川省工程造价人员执业资格管理办法》的相关规定，申请人应该提供执业资格证书的变更到单位签订劳动合同，而申请人一直没有提供，同时，申请人本人也不愿意签订劳动合同，那么未签订劳动合同的责任不应在被申请人方。申请人一直没有按规定提供证书的变更和原单位的解聘证明，被申请人有理由相信申请人在其他单位有同样执业的行为。第三，申请人在2010年春节后就一直不来上班，公司数次联系本人，均不接电话并于2月底直接发辞职信到公司，要求解除劳动合同，申请人的这种行为不符合法律的相关规定。第四，申请人没有进行工作交接，这影响了公司的正常工作。综上所述，被申请人不应承担仲裁争议的法律责任。

审理查明：申请人于2009年6月15日进入被申请人处工作。被申请人在申请人工作期间一直未与其签订劳动合同和缴纳社会保险费。被申请人陈述没有签订劳动合同是因为申请人没有提供执业资格证书的变更以及申请人本人不愿意签订，但是被申请人没有提交相应的证据。2010年2月25日，申请人以单位没有签订劳动合同和缴纳社会保险费为由向被申请人提出解除劳动关系的通知，并于2010年3月1日正式离职。申请人离职后，被申请人没有支付其2010年2月份的工资。申请人工作期间的工资是4000元/月。

以上事实有当事人提交的证据和庭审笔录在案为证。

本委认为：申请人于2009年6月15日进入被申请人处工作，双方没有签订劳动合同，按照《劳动合同法》第八十二条和《劳动合同法实施条例》第六条、第七条的规定，用人单位自用工之日起应当与劳动者订立书面劳动合同，但被申请人在申请人工作期间一直未与其签订劳动合同，此行为不符合法律规定。被申请人陈述因申请人没有提供执业资格证书的变更和申请人本人不愿意签订劳动合同而未与申请人签订劳动合同，证据不足，本委不予采纳。故申请人请求二倍工资本委予以支持，被申请人应当支付申请人未签订劳动合同的二倍工资29 839.08元（4000元/月×7个月+4000元/月÷21.75天×10天）。申请人请求经济补偿金符合《劳动合同法》第三十八条第三款的情形，本委予以支持，被申请人应当按照《劳动合同法》第四十六条、第四十七条、第八十二条的规定支付申请人一个月的经济补偿金4000元。同时，按照《劳动法》第七十二条的规定，被申请人应当自双方建立劳动关系时起为申请人缴纳社会保险费，但被申请人在申请人工作期间未为其缴纳，其行为不符合法律规定，申请人要求被申请人补缴社会保险费，本委予以支持。申请人离职后，被申请人没有支付其2010年2月份的工资，按照《工资支付暂行规定》第九条："劳动关系双方依法解除或终止劳动合同时，用人单位应在解除或终止劳动合同时一次付清劳动者工资，"故申请人要求补发工资，本委也予以支持。综上所述，根据《劳动争议调解仲裁法》第六条，《劳动法》第七十二条，《劳动合同法》第三十八条、第四十六条、第四十七条、第八十二条，《劳动合同法实施条例》第六条、第七条，以及《工资支付暂行规定》（劳部发〔1994〕489号）第九条之规定，现仲裁裁决如下：

（1）被申请人在本裁决书生效后10内到社会保险经办机构为申请人缴纳2009年6月15日至2010年2月25日的社会保险费。个人应缴部分由申请人承担。具体金额以社会保险经办机构核定为准。

（2）被申请人在本裁决书生效5日内以现金形式一次性支付申请人2010年2月的工资4000元。

（3）被申请人在本裁决书生效5日内以现金形式一次性支付申请人未签订劳动合同的两倍工资29 839.08元。

（4）被申请人在本裁决书生效5日内以现金形式一次性支付申请人经济补偿金4000元。

双方当事人对仲裁裁决不服的，可以自收到仲裁裁决书之日起15日内向人民法院起诉。逾期，仲裁裁决书发生法律效力。一方当事人不履行，另一方当事人可以申请人民法院强制执行。

仲裁员：张　某

×年×月×日

书记员：刘　某

第九章 劳动争议诉讼实验

➡ 本章概要

劳动争议仲裁与诉讼管辖的衔接、劳动争议诉讼时效、劳动争议诉讼调查取证、劳动争议诉讼证明责任分担、劳动争议诉讼庭审进程

➡ 学习目标

让学生把握劳动争议仲裁与诉讼管辖的衔接,熟悉劳动争议案件的起诉流程,依劳动争议诉讼中不同角色参与模拟庭审。训练学生掌握劳动争议诉讼中调查取证方法,掌握法官询问与庭审交叉式提问技巧,明确劳动争议证据分类与采信度,提醒学生把握劳动争议诉讼时效,训练学生参与调解时劳动争议赔偿及补偿待遇谈判技巧。

➡ 理论思考

1. 人民法院对劳动争议诉讼案件的受理标准是什么?
2. 劳动争议诉讼时效的起算点与终止点是什么?
3. 劳动争议诉讼案件的举证责任如何分担?
4. 劳动争议诉讼庭审进程是什么?

➡ 法规点睛

1. 《中华人民共和国劳动争议调解仲裁法》(2007年)
2. 《中华人民共和国劳动法》(1994年)
3. 《中华人民共和国劳动合同法》(2013年)
4. 《中华人民共和国民事诉讼法》(2012年)

➡ 实务应用

实验项目一 劳动争议案件的起诉与受理实验

一、实验目的

将学生依其在劳动争议诉讼中不同法律角色分为三组,即劳动者代理律师组、

用工者代理律师组、劳动争议诉讼法官组，实验过程中循环轮换，让每个学生有机会扮演不同的角色。学生通过模拟不同的法律角色，从不同的角度梳理基本案情，掌握劳动争议诉讼起诉与受理基本程序。通过各个环节的实验，让学生把握劳动争议仲裁与诉讼管辖的衔接，熟悉劳动争议案件的起诉的流程，明确法院受理劳动争议案件的标准。

二、实验原理

（一）明确劳动争议诉讼的管辖，注意劳动人事争议仲裁委员会管辖与人民法院管辖的衔接

根据民事诉讼法相关规定，结合劳动争议案件须及时处理的特点，人民法院劳动争议案件管辖一般由劳动争议仲裁委员会所在地的人民法院受理。案情简单、影响不大的劳动争议案件，一般由劳动争议仲裁委员会所在地基层人民法院为第一审；案情复杂、影响很大的劳动争议案件，基层人民法院审理有困难的，可由中级人民法院作为第一审。

劳动争议案件由用人单位所在地或者劳动合同履行地的基层人民法院管辖。劳动合同履行地不明确的，由用人单位所在地的基层人民法院管辖。劳动者和用人单位均不服劳动争议仲裁委员会的同一裁决，向同一人民法院起诉的，人民法院应当并案审理，双方当事人互为原告和被告。在诉讼过程中，一方当事人撤诉的，人民法院应当根据另一方当事人的诉讼请求继续审理。当事人双方就同一仲裁裁决分别向有管辖权的人民法院起诉的，后受理的人民法院应当将案件移送给先受理的人民法院。

劳动人事争议仲裁委员会以无管辖权为由对劳动争议案件不予受理，当事人提起诉讼的，人民法院按照以下情形分别处理：经审查认为该劳动人事争议仲裁委员会对案件确无管辖权的，应当告知当事人向有管辖权的劳动人事争议仲裁委员会申请仲裁；经审查认为该劳动人事争议仲裁委员会有管辖权的，应当告知当事人申请仲裁，并将审查意见书面通知该劳动人事争议仲裁委员会，劳动人事争议仲裁委员会仍不受理，当事人就该劳动争议事项提起诉讼的，应予受理。

劳动争议仲裁委员会仲裁的事项不属于人民法院受理的案件范围，当事人不服，依法向人民法院起诉的，裁定不予受理或者驳回起诉。劳动争议仲裁委员会以当事人申请仲裁的事项不属于劳动争议为由，作出不予受理的书面裁决、决定或者通知，当事人不服，依法向人民法院起诉的，人民法院应当分别情况予以处理：属于劳动争议案件的，应当受理；虽不属于劳动争议案件，但属于人民法院主管的其他案件，应当依法受理。劳动争议仲裁委员会以申请仲裁的主体不适格

为由，作出不予受理的书面裁决、决定或者通知，当事人不服，依法向人民法院起诉的，经审查，确属主体不适格的，裁定不予受理或者驳回起诉。劳动争议仲裁委员会为纠正原仲裁裁决错误重新作出裁决，当事人不服，依法向人民法院起诉的，人民法院应当受理。

劳动人事争议仲裁委员会逾期未作出受理决定或仲裁裁决，当事人直接提起诉讼的，人民法院应予受理，但申请仲裁的案件存在下列事由的除外：移送管辖的；正在送达或送达延误的；等待另案诉讼结果、评残结论的；正在等待劳动人事争议仲裁委员会开庭的；启动鉴定程序或者委托其他部门调查取证的。当事人以劳动人事争议仲裁委员会逾期未作出仲裁裁决为由提起诉讼的，应当提交劳动人事争议仲裁委员会出具的受理通知书或者其他已接受仲裁申请的凭证或证明。

人民法院受理劳动争议案件后，当事人增加诉讼请求的，如该诉讼请求与讼争的劳动争议具有不可分性，应当合并审理；如属独立的劳动争议，应当告知当事人向劳动争议仲裁委员会申请仲裁。

（二）劳动争议诉讼受理范围

用人单位和劳动者因劳动关系是否已经解除或者终止，以及应否支付解除或终止劳动关系经济补偿金产生的争议，经劳动争议仲裁委员会仲裁后，当事人依法起诉的，人民法院应予受理。劳动者与用人单位解除或者终止劳动关系后，请求用人单位返还其收取的劳动合同定金、保证金、抵押金、抵押物产生的争议，或者办理劳动者的人事档案、社会保险关系等移转手续产生的争议，经劳动争议仲裁委员会仲裁后，当事人依法起诉的，人民法院应予受理。劳动者因为工伤、职业病，请求用人单位依法承担给予工伤保险待遇的争议，经劳动争议仲裁委员会仲裁后，当事人依法起诉的，人民法院应予受理。

当事人在劳动争议调解委员会主持下达成的具有劳动权利义务内容的调解协议，具有劳动合同的约束力，可以作为人民法院裁判的根据。当事人在劳动争议调解委员会主持下仅就劳动报酬争议达成调解协议，用人单位不履行调解协议确定的给付义务，劳动者直接向人民法院起诉的，人民法院可以按照普通民事纠纷受理。劳动者以用人单位的工资欠条为证据直接向人民法院起诉，诉讼请求不涉及劳动关系其他争议的，视为拖欠劳动报酬争议，按照普通民事纠纷受理。

当事人不服劳动争议仲裁委员会作出的预先支付劳动者部分工资或者医疗费用的裁决，向人民法院起诉的，人民法院不予受理。用人单位不履行上述裁决中的给付义务，劳动者依法向人民法院申请强制执行的，人民法院应予受理。

劳动人事争议仲裁委员会作出的调解书已经发生法律效力，一方当事人反悔提起诉讼的，人民法院不予受理；已经受理的，裁定驳回起诉。劳动者依据《劳动合同法》第三十条第二款和《劳动争议调解仲裁法》第十六条规定向人民法院申请支付令，符合《民事诉讼法》第十七章督促程序规定的，人民法院应予受理。依据《劳动合同法》第三十条第二款规定申请支付令被人民法院裁定终结督促程序后，劳动者就劳动争议事项直接向人民法院起诉的，人民法院应当告知其先向劳动人事争议仲裁委员会申请仲裁。依据《劳动争议调解仲裁法》第十六条规定申请支付令被人民法院裁定终结督促程序后，劳动者依据调解协议直接向人民法院提起诉讼的，人民法院应予受理。

当事人在人民调解委员会主持下仅就给付义务达成的调解协议，双方认为有必要的，可以共同向人民调解委员会所在地的基层人民法院申请司法确认。

（三）针对当事人不服劳动争议仲裁裁决的各种情况，人民法院不同的受理措施

劳动者对劳动争议仲裁终局裁决不服的，可以自收到仲裁裁决书之日起15日内向人民法院提起诉讼。

用人单位有证据证明仲裁终局裁决有下列情形之一，可以自收到仲裁裁决书之日起30日内向劳动争议仲裁委员会所在地的中级人民法院申请撤销裁决：适用法律、法规确有错误的；劳动争议仲裁委员会无管辖权的；违反法定程序的；裁决所根据的证据是伪造的；对方当事人隐瞒了足以影响公正裁决的证据的；仲裁员在仲裁该案时有索贿受贿、徇私舞弊、枉法裁决行为的。人民法院经组成合议庭审查核实裁决有前款规定情形之一的，应当裁定撤销。仲裁裁决被人民法院裁定撤销的，当事人可以自收到裁定书之日起15日内就该劳动争议事项向人民法院提起诉讼。

当事人对非终局仲裁裁决不服的，可以自收到仲裁裁决书之日起15日内向人民法院提起诉讼。劳动争议仲裁委员会作出仲裁裁决后，当事人对裁决中的部分事项不服，依法向人民法院起诉的，劳动争议仲裁裁决不发生法律效力。劳动争议仲裁委员会对多个劳动者的劳动争议作出仲裁裁决后，部分劳动者对仲裁裁决不服，依法向人民法院起诉的，仲裁裁决对提出起诉的劳动者不发生法律效力；对未提出起诉的部分劳动者，发生法律效力，如其申请执行的，人民法院应当受理。

劳动者依据《劳动争议调解仲裁法》第四十八条规定向基层人民法院提起诉讼，用人单位依据《劳动争议调解仲裁法》第四十九条规定向劳动人事争议仲裁委员会所在地的中级人民法院申请撤销仲裁裁决的，中级人民法院应不予受理；

已经受理的,应当裁定驳回申请。被人民法院驳回起诉或者劳动者撤诉的,用人单位可以自收到裁定书之日起30日内,向劳动人事争议仲裁委员会所在地的中级人民法院申请撤销仲裁裁决。

用人单位依照《劳动争议调解仲裁法》第四十九条规定向中级人民法院申请撤销仲裁裁决,中级人民法院作出的驳回申请或者撤销仲裁裁决的裁定为终审裁定。

劳动人事争议仲裁委员会作出终局裁决,劳动者向人民法院申请执行,用人单位向劳动人事争议仲裁委员会所在地的中级人民法院申请撤销的,人民法院应当裁定中止执行。用人单位撤回撤销终局裁决申请或者其申请被驳回的,人民法院应当裁定恢复执行。仲裁裁决被撤销的,人民法院应当裁定终结执行。用人单位向人民法院申请撤销仲裁裁决被驳回后,又在执行程序中以相同理由提出不予执行抗辩的,人民法院不予支持。

(四)劳动诉讼主体确定

用人单位与其他单位合并的,合并前发生的劳动争议,由合并后的单位为当事人;用人单位分立为若干单位的,其分立前发生的劳动争议,由分立后的实际用人单位为当事人。用人单位分立为若干单位后,对承受劳动权利义务的单位不明确的,分立后的单位均为当事人。

用人单位招用尚未解除劳动合同的劳动者,原用人单位与劳动者发生的劳动争议,可以列新的用人单位为第三人。原用人单位以新的用人单位侵权为由向人民法院起诉的,可以列劳动者为第三人。原用人单位以新的用人单位和劳动者共同侵权为由向人民法院起诉的,新的用人单位和劳动者列为共同被告。

劳动者在用人单位与其他平等主体之间的承包经营期间,与发包方和承包方双方或者一方发生劳动争议,依法向人民法院起诉的,应当将承包方和发包方作为当事人。对于个人承包经营的,劳动者合法权益受到侵害的,可以将发包人与个人承包者列为共同被告。

劳动者与起有字号的个体工商户产生的劳动争议诉讼,人民法院应当以营业执照上登记的字号为当事人,但应同时注明该字号业主的自然情况。

劳动者因履行劳动力派遣合同产生劳动争议而起诉,以派遣单位为被告;争议内容涉及接受单位的,以派遣单位和接受单位为共同被告。

(五)终局裁决的认定

《劳动争议调解仲裁法》第四十七条规定,两类劳动争议仲裁裁决为终局裁决,裁决书自作出之日起发生法律效力。第一类为追索劳动报酬、工伤医疗费、经济补偿或者赔偿金,不超过当地月最低工资标准12个月金额的争议。第二类为因执行国家的劳动标准在工作时间、休息休假、社会保险等方面发生的争议。

仲裁裁决的类型以仲裁裁决书确定为准。仲裁裁决书未载明该裁决为终局裁决或非终局裁决，用人单位不服该仲裁裁决向基层人民法院提起诉讼的，应当按照以下情形分别处理：经审查认为该仲裁裁决为非终局裁决的，基层人民法院应予受理；经审查认为该仲裁裁决为终局裁决的，基层人民法院不予受理，但应告知用人单位可以自收到不予受理裁定书之日起30日内向劳动人事争议仲裁委员会所在地的中级人民法院申请撤销该仲裁裁决；已经受理的，裁定驳回起诉。

劳动者依据《劳动争议调解仲裁法》第四十七条第（一）项规定，追索劳动报酬、工伤医疗费、经济补偿或者赔偿金，如果仲裁裁决涉及数项，每项确定的数额均不超过当地月最低工资标准12个月金额的，应当按照终局裁决处理。劳动人事争议仲裁委员会作出的同一仲裁裁决同时包含终局裁决事项和非终局裁决事项，当事人不服该仲裁裁决向人民法院提起诉讼的，应当按照非终局裁决处理。

（六）时效

《最高人民法院关于审理劳动争议案件适用法律若干问题的解释（二）》对特定劳动争议发生之日作出了规定：在劳动关系存续期间产生的支付工资争议，用人单位能够证明已经书面通知劳动者拒付工资的，书面通知送达之日为劳动争议发生之日。用人单位不能证明的，劳动者主张权利之日为劳动争议发生之日；因解除或者终止劳动关系产生的争议，用人单位不能证明劳动者收到解除或者终止劳动关系书面通知时间的，劳动者主张权利之日为劳动争议发生之日；劳动关系解除或者终止后产生的支付工资、经济补偿金、福利待遇等争议，劳动者能够证明用人单位承诺支付的时间为解除或者终止劳动关系后的具体日期的，用人单位承诺支付之日为劳动争议发生之日。劳动者不能证明的，解除或者终止劳动关系之日为劳动争议发生之日。

当事人能够证明在申请仲裁期间内因不可抗力或者其他客观原因无法申请仲裁的，人民法院应当认定申请仲裁期间中止，从中止的原因消灭之次日起，申请仲裁期间连续计算。当事人能够证明在申请仲裁期间内具有下列情形之一的，人民法院应当认定申请仲裁期间中断：向对方当事人主张权利；向有关部门请求权利救济；对方当事人同意履行义务。申请仲裁期间中断的，从对方当事人明确拒绝履行义务，或者有关部门作出处理决定或明确表示不予处理时起，申请仲裁期间重新计算。

三、实验要求

（1）作为劳动人事争议劳动者的代理律师，听取劳动者陈述，根据劳动争议仲裁裁决书或其他相关材料,对案件拟定初步应对措施。

第一,用人单位不履行劳动争议仲裁委员会调解协议确定的给付义务的情况下,建议当事人按照普通民事纠纷起诉。用人单位在调解协议约定期限内不履行因支付拖欠劳动报酬、工伤医疗费、经济补偿或者赔偿金事项达成调解协议的,告知劳动者可以持调解协议书依法向人民法院申请支付令。用人单位拖欠或者未足额支付劳动报酬的,告知劳动者可以依法向当地人民法院申请支付令,不一定先达成调解协议。如果劳动者的诉求不涉及劳动关系除欠薪外其他争议的,告知劳动者可以用工资欠条为证据直接向人民法院起诉。

第二,针对劳动人事争议仲裁委员会作出终局裁决,告知劳动者可以向人民法院申请执行,同时预计用人单位可能向劳动人事争议仲裁委员会所在地的中级人民法院申请撤销该终局裁决,告知当事人应准备相应的材料。

第三,针对劳动人事争议仲裁委员会作出的非终局裁决,得到当事人相应授权后,准备材料就起诉或应诉作准备。

(2)作为劳动人事争议的用人单位代理律师,告知用人单位准备充分材料,不服劳动人事争议仲裁终局裁决的,可向劳动人事争议仲裁委员会所在地的中级人民法院申请撤销该终局裁决;不服劳动人事争议非终局裁决的,得到用人单位相应授权后,准备材料就起诉或应诉作准备。

(3)作为劳动人事争议案件立案法官,受理案件时必须认真仔细,考查各类资料的完整性、真实性、及时性,特别注意跨地证明材料考查。明确劳动争议案件受理范围,分析案件情况,依据法律规定,按照普通民事纠纷受理或者劳动纠纷受理。注意把控劳动争议仲裁与诉讼管辖的衔接,针对当事人不服劳动争议仲裁裁决的各种情况,明晰人民法院不同的受理措施。

四、实验素材与实验环节

(一)实验素材

实验素材1

原告孙晓峰与被告上海浦东外国企业服务有限公司(以下简称上海浦东外企公司)于2006年12月签订《聘用合同》。上海浦东外企公司将孙晓峰派遣至易科软件(上海)有限公司工作。《聘用合同》约定:合同的签订地为上海,双方在履行本合同中发生的争议,应提交上海浦东外企公司劳动争议调解委员会调解;调解不成的向上海市浦东新区劳动争议仲裁委员会申请仲裁;对仲裁不服的向上海市浦东新区人民法院起诉;对判决不服的可向上海市第一中级人民法院上诉,上海市第一中级人民法院的判决为终审判决。《聘用合同》签订后,2007年7月,易科软件（上海）有限公司将孙晓峰派至北京分公司工作，工作地点在北京市朝阳区光华路和乔大厦。之后，孙晓峰与易科软件（上海）有限公司发生矛盾。2007年12月14日，孙晓峰以上海浦东外企公司为被申诉人向北京市朝阳区劳动争议仲裁委员会提起申诉。上海浦东外企公司提出管辖权异议。北京市朝阳区劳动争议仲裁委员会认为其管辖权异议不能成立，并作出京朝劳仲字〔2008〕第0510号裁决书，驳回孙晓峰的申诉请求。

孙晓峰不服该仲裁裁决，向北京市朝阳区人民法院起诉上海浦东外企公司。上海浦东外企公司在答辩期内对管辖权提出异议，认为上海浦东外企公司所在地及劳动合同履行地均在上海。另外，双方签订的劳动合同中约定的争议解决方式为：双方在履行合同中发生的争议，应向上海市浦东新区劳动争议仲裁委员会申请仲裁，对仲裁不服的向上海市浦东新区人民法院起诉。因此，要求将本案移送至有管辖权的法院进行审理。孙晓峰则认为双方签订《聘用合同》后，其被派往易科软件（上海）有限公司工作，易科软件（上海）有限公司将其派到北京工作，具体地址为北京市朝阳区光华路甲8号和乔大厦 B 座518A。因此，北京市朝阳区人民法院有管辖权。

实验素材 2

王中美于2004年入职江苏省徐州市淮海消防器材有限公司（以下简淮海公司）从事喷涂喷漆工作，每月平均工资为920元。2009年5月23日，王中美不再去淮海公司上班。2010年4月15日，王中美向徐州市劳动争议仲裁委员会申请劳动仲裁，请求与被告淮海公司签订无固定期限的劳动合同并支付双倍工资差额3.12万元。徐州市劳动争议仲裁委员会于当日作出徐劳仲不字〔2010〕第174-1号不予受理案件通知书。王中美遂为此诉至法院。

江苏省徐州市鼓楼区人民法院经审理认为，用人单位与劳动者虽然没有签订书面劳动合同，但是劳动者向用人单位提供劳动并接受其管理、指挥与监督，用人单位向劳动者支付劳动报酬的，应当认定双方成立事实劳动关系。双方对劳动关系起始时间存在争议，且都没有书面证据提供，该举证责任应分配给原告王中美。原告王中美提供的工商银行的活期存折未能查出其代发机构，且原告王中美和另一关联案件当事人彭传靖就入职时间前后说法不一，故原告王中美入职时间应以被告认可的日期确定。王中美的出生年月为1955年11月30日，已经达到法定退休年龄，已不具备签订无固定期限劳动合同的条件。故对于该项诉讼请求不予支持。原告王中美与被告自2004年建立劳动关系，在劳动关系存续期间一直未签订书面劳动合同，用人单位应自劳动合同法施行之日起一个月内订立劳动合同，若未订立劳动合同，则用人单位应从2008年2月至2008年12月支付劳动者双倍工资。王中美向徐州市劳动仲裁委员会申请仲裁的时间为

2010年4月15日，此项诉求已经超过一年仲裁时效。法院判决：驳回原告王中美的诉讼请求。

原告不服一审判决，提起上诉。

实验素材3

原告孙岩以"自己是被告山东电力建设第二工程公司（以下简称电建公司）职工，电建公司一直未与原告签订劳动合同，且与同岗位职工不能享受同等待遇"为由向济南市劳动争议仲裁委员会申请仲裁，济南市劳动争议仲裁委员会认定，东平县龙山职业介绍所自2005年5月与孙岩签订劳动合同，并将孙岩派遣到电建公司工作。据此，该委员会于2008年7月22日作出〔2008〕582号仲裁决定书，认为该案不属该委员会管辖，驳回了孙岩的申请请求。次日，孙岩诉至济南市历城区人民法院，该院同日受理。电建公司提出管辖权异议，认为孙岩的用人单位系东平县劳动就业办公室（以下简称就业办），劳动合同实际履行地在云南省富源县，本案应当由东平县法院或者富源县法院管辖。2008年8月27日，历城区法院作出〔2008〕历城民初字1530号民事裁定书，认为：被告提交的劳动合同书、劳务协议书均证明原告的用人单位系东平县龙山职业介绍所，因该介绍所已被注销，其相关权利义务由开办单位即就业办承担，而其住所地在东平县，故电建公司所提管辖异议成立。依照《民诉法》第三十八条规定，裁定将本案移送东平县人民法院审理。山东省东平县人民法院受理该案后，被告电建公司以"本案属于劳动争议案件且未经仲裁"为由认为法院无权直接受理，要求驳回原告起诉。

实验素材4

原告诉称：1986年调入被告处工作。1997年经被告批准，办理停薪留职手续。同时与被告口头约定，待条件具备时办理提前退休手续。2008年3月，原告因患尿毒症，做透析治疗，原告到被告处查询本人的医疗保险时，发现在原告不知情的情况下，被告单方面将原告销编。原告于2008年6月5日向哈尔滨市人事争议仲裁委员会申请人事争议仲裁。2008年6月6日，哈尔滨市人事争议仲裁委员会以申诉日期超过仲裁期限为由，作出不予受理的通知。现原告要求：①撤销哈人仲字〔2008〕第025号通知书；②撤销哈尔滨市社会科学院对原告除名的决定；③恢复工职，办理退休手续，恢复退休职工的一切待遇（工资待遇、医疗保险待遇）；④补发2005年1月至判决之日的退休工资（每月按2800元共40个月）112 000元，此数额是约算数额，具体数额按档案标准计算；⑤报销2007年至今的医药费用15 000元的95%（数额不准确，实际按结算票据）。

被告哈尔滨市社会科学院辩称：不同意原告的诉讼请求。①本案不属于人民法院受案范围。根据《公务员法》的规定，行政机关、参照公务员管理的事业单位的工作人员有人事纠纷的，应通过申诉程序（信访）解决。被告已于2005年12

月29日经哈尔滨市人事局批准参照公务员制度管理。②被告与原告已不存在劳动关系。原告早在1996年就商调调走，1999年将档案存放在黑龙江省人才中心，在黑龙江律师2008年注册报告书上写明了档案存放在哈尔滨再就业服务中心，说明原告与被告单位已不存在劳动关系。另外，原告早在1991年开始就在黑龙江东方律师事务所从事专职律师，并且每年都年检注册。作为一名专职律师，按照《黑龙江省关于〈律师执业证管理办法〉的实施细则》，申办专职律师证应是离退休、下岗或没有职业、没有从事其他专职工作的人，在年检时应提交人才中心出具的辞职证明、档案保管合同等材料。原告已做专职律师，与被告不应该有劳动关系。③本案已过诉讼时效。因当时被告为事业单位，如果1999年双方在调离问题上产生争议，其应在60天内按当时人事争议相关规定，申请人事争议仲裁，但原告本人未提出任何异议。原告作为二十多年的专业律师现在提出这个问题，显然已经超过诉讼时效。

法院查明以下事实：原告1970年参加工作，于1986年调入被告处工作。1991年12月25日原告与被告签订了《关于1992年承担课题的协议书》，期限为1年。期间原告在黑龙江东方律师事务从事律师。1997年经被告批准，原告办理停薪留职并于1997年2月18日向被告交纳了1997年1月到6月的停薪留职管理费486元。同时，1997年2月17日，原告又向被告单位提交了病退申请书，申请提前病退。1999年9月，原告将办理病退的体检手续交给被告，由被告为其办理病退手续，但至今未办理。1999年5月原告将档案委托黑龙江省人才中心保管，1999年9月15日原告委托案外人杨军将档案从黑龙江省人才中心取走。原告从1997年起未到被告处上班，被告从1997年1月起至今亦未给原告发放工资。2004年被告参加事业单位改革将原告按自动离职销编。原告于2005年1月3日年满60周岁达到退休年龄，原告亦未到单位办理退休手续。原告于2008年3月被确诊患有尿毒症需做维持性透析治疗，因原告未办理医疗保险，被告于2008年5月23日给哈尔滨市医保办公室出具了《关于解决赵宪君同志医疗保险问题函》，请求哈尔滨市医保办公室给予原告解决医疗保险事宜，但未能办理。2008年6月5日，原告向哈尔滨市人事争议仲裁委员会申请人事争议仲裁。2008年6月6日，哈尔滨市人事争议仲裁委员会以申诉日期超过仲裁期限为由，作出哈人仲字〔2008〕第025号不予受理仲裁申诉通知。2008年6月16日原告提起诉讼。

（二）实验环节

步骤一：学生分为三组，分别担当代理律师、公司代理律师、立案法官。
步骤二：各方提出观点。
步骤三：学生互评，老师点评。

实验项目二 劳动争议案件审判实验

一、实验目的

模拟庭审是当代法学教育一种实践性教学方法。运用模拟庭审教学法,既可以使学生进一步掌握劳动与社会保障法学理论知识,又训练了学生法律实践能力。在教师的指导下,由学生扮演劳动争议案件法官、律师、案件的当事人及其他诉讼参与人等不同的诉讼角色,以司法实践中的法庭审判为参照,模拟劳动案件审判,使学生熟悉庭审操作规程,同时培养学生法律思维、语言表达、资料收集整理以及应急公关等能力。

二、实验原理

(一)审理方式

人民法院审理劳动争议案件适用《中华人民共和国民事诉讼法》所规定的诉讼程序。劳动诉讼案件审理以开庭审理为原则,不开庭审理为例外。中级人民法院审理用人单位申请撤销终局裁决的案件,应当组成合议庭开庭审理。经过阅卷、调查和询问当事人,对没有新的事实、证据或者理由,合议庭认为不需要开庭审理的,可以不开庭审理。中级人民法院可以组织双方当事人调解。达成调解协议的,可以制作调解书。一方当事人逾期不履行调解协议的,另一方可以申请人民法院强制执行。

(二)庭审进程

1. 庭审准备

书记员:请当事人、诉讼代理人入庭。
书记员查明当事人、诉讼代理人到庭情况,核对证件。
书记员:请肃静,现在宣布法庭纪律(略记)。
书记员:全体起立,请审判长、审判员入庭。
书记员:报告审判长,原告×××、原告代理人×××、被告×××、×××、被告代理人×××、×××已到庭。原告(被告)提供的证人×××、×××在庭外候传。庭前准备工作就绪,请开庭。

2. 宣布开庭

审判长:现在核对当事人、诉讼参与人基本情况。

审：原告姓名、出生年月、职业、住址。

原告：……

审：原告委托代理人的身份及代理权限。

委托代理人：……

审：被告公司名称及法定代表人情况。

被告代理律师：……

审判长：原告对被告出庭人员有无异议？

原告：无异议。

审判长：被告对原告出庭人员有无异议？

被告代理律师：没有异议。

审判长：经审查，原告、被告及其委托代理人出庭符合法律规定，可以参与本案庭审活动。

审：×××人民法院依据《中华人民共和国民事诉讼法》第一百三十条第一款之规定，今天依法公开审理原告×××与被告×××等×××纠纷一案，现在宣布开庭。（敲法槌）

审：本案由审判员×××担任审判长、与审判员×××、×××组成合议庭，书记员×××担任本案记录。

审：有关当事人诉讼权利与义务的规定，庭前已以书面形式告知双方当事人。原告、被告对诉讼权利、义务是否清楚？

原告：清楚。

被告代理律师：清楚。

审判长：原告是否申请回避？

原告：不申请回避。

审判长：被告是否申请回避？

被告代理律师：不申请回避。

3. 法庭调查

审：现在进行法庭调查，法庭调查的重点是双方当事人争议的事实，当事人对自己提出的主张有责任提供证据，反驳对方的主张也应提供相应的证据加以证明。

审：现在由原告方发表起诉意见。

原告：宣读起诉书。（内容略记）

审：由被告进行答辩。

被告代理律师：宣读答辩状。（内容略记）

审：现在由原告提供证据。

原告：我现在提交以下证据。（内容略记）

审：被告对原告提交的证据有无异议。

被告代理律师一：对以上原告提交的证据，提出以下综合质证意见……

审：传证人×××到庭。

审：证人姓名。

证人：……

审：证人陈述证言。

证人：……

审：双方对证人有无发问。

进行双方发问与交叉发问……

审：证人退庭。

审：被告方有无证据提交法庭。

被告代理律师：我方提交的证据有……

4. 法庭辩论

审：法庭调查结束，现在进行法庭辩论。

审：现在由原告及其代理人发言。

原告代理人宣读代理词。

审：现在由被告方发言。

被告代理人宣读代理词。

审：双方有无新的意见？

原告：没有新的意见。

被告代理律师：没有新的意见。

审：法庭辩论结束，由当事人陈述最后意见。

双方陈述最后意见。

审：双方是否同意调解？

原告：不同意。

被告代理律师：不同意。

审：由于双方不同意调解，本庭不组织调解。

5. 合议庭评议和宣布判决

审：现在宣布休庭30分钟，合议庭对本案进行评议，20分钟后继续开庭，宣布对本案的裁判结果。

审：现在宣布休庭。

书：请审判长、审判员退庭。

书：当事人和旁听人员退庭。

（合议庭进行评议，略记）

书：请审判长、审判员入庭。

审：继续开庭。本庭在休庭期间，合议庭对本案进行了认真的评议，对本案的证据、事实进行认定，充分考虑了原被告双方的意见，已经作出结论，现在宣判。（敲法槌）

书：全体起立。

审：宣读判决书。

本判决的判决书在闭庭后5日内送达，如不服本判决，可在判决书送达之日起15日内，向本院递交上诉状，并按对方当事人的人数提出副本，上诉于×××中级人民法院。

审：现在宣布闭庭。（敲法槌）

审判完毕后，当事人及诉讼参与人核对庭审笔录并签字，合议庭组成人员及书记员签字。

三、实验要求

（1）法律文件准备充分。法律文件的准备越详细越好，不要只写一个大纲，否则可能模拟庭审时，无话可说，尴尬没趣。这些法律文件可以先由具体角色准备，然后小组讨论，群策群力，最后形成书面文件。

（2）事先排练。第一次排练中，指导老师一边讲解，学生一边排练。发现各类问题（实体上、程序上、技术上、生活经验等），指导老师可以及时帮助学生纠正并提出完善建议。

（3）认真模拟庭审。学生有了宏观、直观、完整的感受后，分组进行模拟庭审，要求表演熟练、流畅，脱稿进行法庭调查和法庭辩论。

（4）制作视频，保留记录。各小组能熟练运用数码工具，完整记录模拟庭审过程，便于事后改进。

四、实验素材

（一）实验素材

实验素材1

高于根与南京市规划设计研究院有限责任公司劳动合同纠纷上诉案

高于根于1984年参军，原在解放军理工大学指挥自动化学院任参谋职务，1998年被授予中校军衔，2000年10月转业至南京市规划设计研究院工作。2003年，南京市规划设计研究院改制成立有限责任公司。改制后，高于根持有规划设计院公司1.8%的股份，成为股东之一。2004年2月9日，高于根与规划设计院公司签订劳动合同，期限自2004年1月1日至2006年12月31日。2006年12月31日，双方续签劳动合同，期限自2007年1月1日至2009年12月31日。劳动合同约定，甲方（规划设计院公司）安排乙方（高于根）在管理岗位从事管理工作，并特别约定"2003年原单位改制时，应计发的经济补偿金（或生活补助费）40 360元，尚未计发给乙方，今后甲方与乙方解除或终止合同时，甲方应将原单位改制时应发给乙方的经济补偿金（或生活补助费）一次性全额计发给乙方（改制时，已经计发的，不再计发）等"。

高于根在规划设计院公司历任人力资源部副主任、市场开发部副主任、图文工作室主任。2007年10月23日，规划设计院公司安排高于根自行培训，此后高于根一直处于待岗状态。2009年11月20日，规划设计院公司向高于根发出《关于终止高于根同志劳动合同的通知》，述称根据院里的用工实际情况，将不再与高于根续签劳动合同。2009年11月25日，规划设计院公司出具《关于终止高于根同志劳动合同的决定》，称因劳动合同到期，故其将于2009年12月31日与高于根终止劳动合同。2009年12月1日，高于根向规划设计院公司邮寄发出《关于要求签订无固定期限劳动合同的申请》，要求与规划设计院公司签订无固定期限劳动合同，规划设计院公司拒收。

2009年12月17日，高于根向南京市劳动争议仲裁委员会申请劳动仲裁。该仲裁委在5日内未立案，高于根诉至南京市鼓楼区人民法院，主张至2009年年底，其工作年限已满26年（其中军龄17年），要求签订无固定期限劳动合同等。规划设计院公司辩称：双方的劳动合同已于2009年12月31日到期终止，现原告提出与被告签订无固定期限劳动合同，不符合"用人单位与劳动者协商一致，可以订立无固定期限劳动合同"的情形，同时原告也不符合劳动合同法规定的应当签订无固定期限劳动合同的三种情形。

实验素材2

付珣诉中煤建安第六工程处等收取安全风险抵押金违法劳动争议案

付胜军因2002年5月20日违反《中华人民共和国治安管理处罚条例》（以下简称《治安管理处罚条例》）被处罚款5000元。四川和益电力股份有限公司（以下简称和益电力公司）未征得工会同意，以付胜军严重违纪为由，于2002年7月26日作出川益电发〔2002〕160号《关于解除付胜军等三同志劳动合同的通知》（以下简称《解除劳动合同通知》），通知付胜军解除劳动合同。该通知于同月30日传达到付胜军工作所在的火电厂。同月31日，付胜军按通知要求办完移交手续，领取了安置费。同年9月28日，付胜军认为和益电力公司解除劳动合同错误，向泸县劳动争议仲裁委员会申请劳动争议仲裁，泸县劳动争议仲裁委员会以超过仲裁时效为由不予受理。付胜军不服，向泸县人民法院提起诉讼。

和益电力公司于1995年5月8日制定《关于实施全员劳动合同制的意见》（以下简称《实施意见》）第二十一条第4项规定："违反《企业职工奖惩条例》的，和益电力公司可以解除劳动合同。"但是，《解除劳动合同通知》不是依据《实施意见》作出的，并且《实施意见》是在一审庭审结束后提供的；付胜军1987退伍安置到和益电力公司，1995年付胜军与和益电力公司签订劳动合同，该合同规定，用人单位可以按《劳动法》第二十五条、第二十六条、第二十七条中规定的情形之一解除劳动合同，但是有第二十九条规定的情形之一的，不得解除劳动合同；2002年3月13日，和益电力公司出台《四川和益电力股份有限公司深化企业内部改革实施方案》（以下简称《实施方案》），规定对全部职工给予一定补偿，解除国企职工身份，实行竞争上岗，竞争上岗的人与公司重新签订劳动合同。付胜军经竞争上岗，担任公司下属单位火电厂党总支副书记、工会主席。

原告诉称：2002年5月20日晚，为同事饯行而醉酒后，违反治安管理规定，受到了相应的治安处罚，7月17日此事被揭发，被开除党籍，免去行政职务。但原告以此为由解除劳动合同，不符合劳动法的规定。因此，请求撤销被告解除劳动合同的行为。被告辩称：解除劳动合同合法，且原告的起诉超过了时效，请求法院驳回原告的诉讼请求。

实验素材3

崔文飞于2000年9月到原告山东滨州烟草有限公司处工作，双方建立了劳动关系。自2000年9月至2004年12月31日，崔文飞一直在山东滨州烟草有限公司滨城分公司工作。2004年12月滨州烟草有限公司对聘用人员进行用工改革，在未与崔办理解除或终止劳动关系手续的情况下，崔文飞与滨州市劳务派遣有限责任公司（即本案第三人滨州市劳动保障事务代理有限公司登记前的企业名称）签订了劳动合同，合同期限自2005年1月1日至2005年12月31日。同时，滨州烟草有限公司滨城分公司与滨州市劳务派遣有限责任公司签订了劳务派遣合同，合同约定：协议期限自2005年1月1日至2005年12月31日，同时依据劳务人员的实际人数由滨州市劳务派遣有限责任公司按每人每月20元收取费用。崔文飞在与滨州市劳务派遣有限责任公司签订劳动合同后，仍在滨州烟草有限公司滨城分公司工作。

2005年1月29日，崔文飞在工作中发生交通事故。2月28日，滨州烟草有限公司滨城分公司就崔文飞交通事故受伤一事向滨州市劳动和社会保障局提出工伤认定申请。3月14日，滨州市劳动和社会保障局作出了工伤认定结论：同意认定崔文飞为因工负伤，用工单位为山东滨州烟草有限公司滨城分公司。6月22日，滨州市劳务派遣有限责任公司变更工商登记为滨州市劳动保障事务代理有限公司。8月，滨州烟草有限公司滨城分公司变更为山东滨州烟草有限公司滨城区烟草经营部，该经营部不具备企业法人资格。崔文飞自发生交通事故后，一直处于住院治疗状态，现仍在滨州市中医医院治疗。崔文飞在申请劳动仲裁时，已垫付的医疗费用为33 813.89元；在向滨州市滨城区人民法院提起诉讼时又垫付的结算医疗费用为118 768.20元；已预交的医疗费用为15 000元。

2005年10月18日向滨州市劳动争议仲裁委员会提出申诉，请求：①请求责令被诉人山东滨州烟草有限公司和被诉人滨州市劳动保障事务代理有限公司支付工伤治疗费150 000元，并派员给申诉人护理或支付护理费5000元；②仲裁费用由被诉人承担。滨州市劳动争议仲裁委员会于2005年12月8日作出滨劳仲裁字〔2005〕第73号仲裁裁决书，裁决：①第一被诉人山东滨州烟草有限公司支付申诉人医疗费33 813.89元；②第一被诉人山东滨州烟草有限公司按时支付申诉人以后再发生的医疗费用。山东滨州烟草有限公司不服该裁决，诉至滨州市滨城区人民法院。

实验素材4

贡某到某食品贸易公司工作，后来担任督导一职，并在无锡百盛、无锡家乐福等地进行工作，负责该食品贸易公司与各商场的联络与商场之间费用清算结算。该食品贸易公司于上述案外两公司签署合同，设立天福茗茶天申茗茶专柜。案外两公司都向贡某出具载明供应商为某食品贸易公司的结算报表、付款通知单等。贡某曾为该天福茗茶天申茗茶专柜办理过纳税手续。后来，贡某得到短信通知被解雇，遂离开工作地点，尚未得到部分工资。在任职期间，该食品贸易公司没有为贡某缴纳综合保险费。贡某向劳动争议仲裁委员会申请仲裁，要求该食品贸易公司支付其工资、奖金及解约赔偿金，并补缴综合保险费。该劳动争议仲裁委员会裁决：对贡某请求事项不予支持。

贡某不服该劳动仲裁裁决，向人民法院提起诉讼，请求判令该食品贸易公司支付其相应工资、奖金、经济补偿金，并补缴综合保险费。

食品贸易公司辩称：贡某不是公司员工，该食品贸易公司在无锡无经营场所，仅在上海经营天福茗茶天申茗茶。贡某是个体户无锡市南长区天元经营部员工，不同意贡某的诉请。

（二）实验环节

（1）选择模拟庭审案例。没有对抗性的模拟庭审味如嚼蜡，优秀案件让学生认真投入、庭审活动精彩纷呈。模拟审判应挑选证据具有均衡性、对抗性的案件，使学生有一定的表演空间，加深模拟庭审参与者的印象，从而达到更好的学习效果。

（2）角色分工。法官3名，在一般的案件中书记员通常只有1名，复杂疑难案件也可有2名书记员。通常以2名原告代理律师和2名被告代理律师为宜，以便在准备相关材料和法律文件时，他们彼此可以商量。根据具体案情确定原被告以及其他诉讼参与人等。

（3）庭审前的准备工作。案件和参与人员确定之后，老师对参与学生讲授对抗式庭审的基本知识。召开参与双方协调会，讨论案情和细节的设计。准备相关的法律文件和提问设计，主要包括开头陈述、辩论材料，对各个证人的主询问和交叉询问的问题设计，指导老师应提供范文。

（4）布置法庭。

（5）模拟劳动庭审。书记员宣布开庭，法官入席。在整个庭审过程中，法官要引导庭审活动顺利进行，法官要根据程序提示双方应该做的事情，法官要根据具体情况，作出反对有效、反对无效、证人必须回答等决定。法官宣布休庭后，模拟庭审结束。

（6）评议。指导老师和其他观摩学生就模拟庭审过程评议。

第十章 疑难案例分析实验

➔ 本章概要

劳动关系　劳务关系　试用期　培训服务期　工伤与侵权竞合　劳动合同效力　劳动合同期限　无固定期限劳动合同

➔ 学习目标

通过疑难案例分析实验，学习裁判中所蕴涵的法官的思维过程；加深对法律理论知识的理解和掌握；提高了学生掌握案件事实的能力、分析案情的能力、分析和使用证据的能力和查找法律依据的能力。

➔ 理论思考

1. 怎样区别劳动关系和劳务关系？
2. 超过劳动合同期限的培训服务期协议是否有效？
3. 怎样认定单独试用期合同的效力？
4. 什么是侵权与工伤的竞合？如何处理？
5. 什么情况下用人单位必须与劳动者续订无固定期限劳动合同？
6. 在校生签订的劳动合同是否有效？

➔ 法规点睛

1.《中华人民共和国劳动合同法》（2013年）
2.《中华人民共和国劳动合同法实施条例》（2013年）
3. 劳动人事争议仲裁办案规则（2009年）
4.《中华人民共和国劳动争议调解仲裁法》（2007年）
5. 女职工劳动保护特别规定（2012年）

➡ 实务应用

实验项目一 劳动关系的认定

一、实验目的

巩固学生所学理论知识,加深对劳动关系和劳务关系基本概念、基本原理的理解,掌握认定劳动关系的构成要件及证据形式,特别是事实劳动关系认定的证据要求,培养科学严谨、求真务实的法律职业素养。

通过疑难案例研究实验来训练学生对劳动法理论与法律规范的理解运用,培养学生像法官、律师那样去思考问题、分析问题、处理问题的能力。掌握法律适用的方法和规律,掌握诉讼中事实与证据的相互关系,以及证据的审查判断方法,培养和提高学生掌握和熟悉法律适用、证据适用等技能。

二、实验原理

(一)劳动关系与劳务关系

劳动关系与劳务关系是最为普遍的两类用人关系,劳动者与用人单位既可以建立劳动关系,又可以建立劳务关系。两者都是以人的劳动为给付标的的合同。劳动关系与劳务关系都表现为一方提供劳动力,另一方支付劳动报酬。由于我国现行法律并没有对这两类关系的区别作出明确规定,理论界也存在不同的声音,致使实践中认定劳动关系和劳务关系的执法标准不一,损害了一方当事人的合法权益。

劳务关系是一种传统的经济社会关系,是指两个或两个以上的平等主体之间,依据民事法律规范,由一方向另一方提供劳务,另一方依约支付劳务报酬的一种权利义务关系。劳务关系主要有以下特征:第一,主体上,双方当事人可以都是法人或公民,也可以一方是法人,另一方是公民。第二,劳务关系是平等主体之间的合同关系。劳动者提供劳务服务,用人单位支付劳务报酬,无需提供保险、福利等待遇,不存在人身隶属关系。第三,劳务关系是基于民事法律规范成立,受民事法律规范的调整和保护,劳务关系可能产生的责任一般是违约和侵权等民事责任。劳务合同内容主要由双方当事人协商约定,可以口头约定,也可签订书面合同。

所谓劳动关系,是指用人单位和自然人之间因付出劳动和支付报酬所建立的法律关系。劳动关系主要由劳动合同确认,劳动合同是劳动者与用人单位确立劳动关系、明确双方权利和义务的协议,也是维护劳动者和用人单位合法权益的法律保障。此外,还有双方没有签订书面劳动合同,但实际履行了劳动权利义务而形成的劳动关系即事实劳动关系。

劳动关系有以下特征:第一,劳动关系须以国家法定的工资、劳动时间、劳动保护等条款为内容。换言之,用人单位与劳动者之间许多权利义务的确定要受到国家干预。比如,在劳动者履行了正常劳动义务的前提下,用人单位所给付的工资不得低于当地最低工资标准,否则,属于违法行为,要受到国家公权力的干预。第二,劳动者要参加到用人单位中,成为该单位的一员,并且要遵守该单位的各项规章制度。第三,劳动者的劳动须在高度服从用人单位的情形下进行,两者之间存在着行政上的从属关系。

确定劳动关系一般应符合以下条件。

(1)劳动者与用人单位双方主体资格合法。

(2)劳动者与用人单位有隶属关系,接受用人单位的管理,遵守用人单位的规章制度(如考勤、考核等),服从用人单位的人事安排。

(3)用人单位对劳动者具有行使工资,奖金等方面的分配权利,用人单位支付报酬的方式多以工资的方式定期支付(一般是按月支付),有规律性。

(4)劳动者付出劳动是用人单位业务的组成部分,劳动者的劳动力具有用人单位生产所必备的生产要素的性质。

(5)劳动关系反映的是一种持续性的生产要素结合关系,劳动者与用人单位之间的关系应较为稳定和紧密。

用人单位未与劳动者签订劳动合同,认定双方存在劳动关系时可参照下列凭证:

(1)工资支付凭证或记录(职工工资发放花名册)、缴纳各项社会保险费的记录;

(2)用人单位向劳动者发放的"工作证"、"服务证"等能够证明身份的证件;

(3)劳动者填写的用人单位招工招聘"登记表"、"报名表"等招用记录;

(4)考勤记录;

(5)其他劳动者的证言等。

其中,1、3、4项的有关凭证由用人单位负举证责任。用人单位招用劳动者符合第一条规定的情形的,用人单位应当与劳动者补签劳动合同,劳动合同期限由双方协商确定。协商不一致的,任何一方均可提出终止劳动关系,但对符合签订无固定期限劳动合同条件的劳动者,如果劳动者提出订立无固定期限劳动合同,用人单位应当订立。

用人单位提出终止劳动关系的,应当按照劳动者在本单位工作年限每满一年支付一个月工资的经济补偿金。

（二）劳动关系与事实劳动关系认定的相关法律规定

1. 《中华人民共和国劳动合同法》

第十条：建立劳动关系，应当订立书面劳动合同。

已建立劳动关系，未同时订立书面劳动合同的，应当自用工之日起一个月内订立书面劳动合同。

第十一条：用人单位未在用工的同时订立书面劳动合同，与劳动者约定的劳动报酬不明确的，新招用的劳动者的劳动报酬按照集体合同规定的标准执行；没有集体合同或者集体合同未规定的，实行同工同酬。

第十四条第三款：用人单位自用工之日起满一年不与劳动者订立书面劳动合同的，视为用人单位与劳动者已订立无固定期限劳动合同。

2. 《中华人民共和国劳动合同法实施条例》

第六条：用人单位自用工之日起超过一个月不满一年未与劳动者订立书面劳动合同的，应当依照《劳动合同法》第八十二条的规定向劳动者每月支付两倍的工资，并与劳动者补订书面劳动合同；劳动者不与用人单位订立书面劳动合同的，用人单位应当书面通知劳动者终止劳动关系，并依照《劳动合同法》第四十七条的规定支付经济补偿。

前款规定的用人单位向劳动者每月支付两倍工资的起算时间为用工之日起满一个月的次日，截止时间为补订书面劳动合同的前一日。

第七条：用人单位自用工之日起满一年未与劳动者订立书面劳动合同的，自用工之日起满一个月的次日至满一年的前一日应当依照《劳动合同法》第八十二条的规定向劳动者每月支付两倍的工资，并视为自用工之日起满一年的当日已经与劳动者订立无固定期限劳动合同，应当立即与劳动者补订书面劳动合同。

3. 最高人民法院关于审理劳动争议案件适用法律若干问题的解释

第十六条：劳动合同期满后，劳动者仍在原用人单位工作，原用人单位未表示异议的，视为双方同意以原条件继续履行劳动合同。一方提出终止劳动关系的，人民法院应当支持。

根据《劳动法》第二十条之规定，用人单位应当与劳动者签订无固定期限劳动合同而未签订的，人民法院可以视为双方之间存在无固定期限劳动合同关系，并以原劳动合同确定双方的权利义务关系。

4. 劳动和社会保障部关于确立劳动关系有关事项的通知

（1）用人单位招用劳动者未订立书面劳动合同，但同时具备下列情形的，劳动关系成立。

1）用人单位和劳动者符合法律、法规规定的主体资格；

2）用人单位依法制定的各项劳动规章制度适用于劳动者，劳动者受用人单位的劳动管理，从事用人单位安排的有报酬的劳动；

3）劳动者提供的劳动是用人单位业务的组成部分。

（2）用人单位未与劳动者签订劳动合同，认定双方存在劳动关系时可参照下列凭证：

1）工资支付凭证或记录（职工工资发放花名册）、缴纳各项社会保险费的记录；

2）用人单位向劳动者发放的"工作证"、"服务证"等能够证明身份的证件；

3）劳动者填写的用人单位招工招聘"登记表"、"报名表"等招用记录；

4）考勤记录；

5）其他劳动者的证言等。

其中，1）、3）、4）项的有关凭证由用人单位负举证责任。

（3）用人单位招用劳动者符合第一条规定的情形的，用人单位应当与劳动者补签劳动合同，劳动合同期限由双方协商确定。协商不一致的，任何一方均可提出终止劳动关系，但对符合签订无固定期限劳动合同条件的劳动者，如果劳动者提出订立无固定期限劳动合同，用人单位应当订立。

用人单位提出终止劳动关系的，应当按照劳动者在本单位工作年限每满一年支付一个月工资的经济补偿金。

（4）建筑施工、矿山企业等用人单位将工程（业务）或经营权发包给不具备用工主体资格的组织或自然人，对该组织或自然人招用的劳动者，由具备用工主体资格的发包方承担用工主体责任。

（5）劳动者与用人单位就是否存在劳动关系引发争议的，可以向有管辖权的劳动争议仲裁委员会申请仲裁。

5. 劳动部关于贯彻执行《中华人民共和国劳动法》若干问题的意见

第十七条："用人单位与劳动者之间形成了事实劳动关系，而用人单位故意拖延不订立劳动合同，劳动行政部门应予以纠正。用人单位因此给劳动者造成损害的，应按劳动部《违反〈劳动法〉有关劳动合同规定的赔偿办法》（劳部发〔1995〕223号）的规定进行赔偿。"

第八十二条："用人单位与劳动者发生劳动争议不论是否订立劳动合同，只要存在事实劳动关系，并符合劳动法的适用范围和《中华人民共和国企业劳动争议处理条例》的受案范围，劳动争议仲裁委员会均应受理。"

6.《劳动部关于实行劳动合同制度若干问题的通知》

第14条："有固定期限的劳动合同期满后，因用人单位方面的原因未办理终止或续订手续而形成事实劳动关系的，视为续订劳动合同，用人单位应及时与劳动者协商合同期限，办理续订手续。由此给劳动者造成损失的，该用人单位应当依法承担赔偿责任。"

三、实验要求

（1）在进行本实验项目前，要求学生根据实验原理学习和掌握劳动关系和劳务关系的概念、特点及其区别，熟悉确认劳动关系的主要条件和证据要求。学生熟悉案例材料，并进行角色分组，3人一个小组，其中一人担任主报告人，做案例分析报告。

（2）法律关系分析和证据事实分析。具体内容有介绍案情、分析法律关系、阐述法律依据、分析裁判要旨和证据梳理。

（3）案例分析报告撰写。案例分析报告内容包括案情介绍、各审判决、法律依据、裁判要旨分析、制度梳理、比较法研究、法律问题和法学理论探讨、总结等方面。

四、实验素材与环节

（一）实验素材

申诉人周浩于1997年11月23日开始在被诉人某晚报的发行公司担任投递员，从事某晚报的征订、投递及其他物品配送工作。被诉人发给申诉人加盖有其公章的《工作证》。2002年11月13日，双方签订为期一年的《劳务责任协议书》，双方约定就相关工作达成"兼职劳务协议"。2004年8月28日，申诉人参加了被诉人组织的"公司基层骨干训练营"并经考核认定，申诉人初步掌握了业务开拓、客户服务、员工激励及基层管理的相关技能，被诉人发给申诉人结业证书。被诉人于2005年3月15日制定有《发行站投递员工作考评制度》，对包括申诉人在内的发行站投递员在工作纪律、服务质量、发行业绩、投递线路横向产品业绩等四个方面进行考评。

2006年4月19日，双方再次签订《劳务责任协议书》，内容包括：被诉人委托申诉人提供的劳务是在某地区发行站担任报纸投递、收订报纸及送水、回收废报等工作；被诉人视工作岗位需要确定申诉人的工作时段，并在申诉人按要求完成工作任务后支付劳务费；被诉人为申诉人购买人身意外保险，申诉人如以自由职业者身份在户口所在地的劳动与社会保障部门缴纳基本养老保险后，可凭缴费收据向被诉人申领50元/月的社保补贴，申诉人不得以任何理由向甲方提出有关社保方面的要求；协议有效期自2006年4月19日起至2008年4月19日止。

被诉人要求投递员在每日13:30分到发行站进行准备工作，待晚报印刷出厂并送到发行站后即按固定路线投递，投递员在投递时必须使用被诉人的工作服、工作证、自行车、包等工具；投递时不得从事非被诉人业务的工作；根据投递线路的不同，完成投递的时间为3到5个小时不等；被诉人对投递员在完成投递之外是否在其他用人单位从事兼职工作不作限制，但禁止投递员在从事非被诉人业务时以被诉人的名义，使用被诉人的工作服、工作证、工具等。被诉人按月通过银行转账支付投递员的劳动报酬。

2008年2月，申诉人与被诉人因为工作关系发生纠纷，申诉人向劳动争议仲裁委员会提出仲裁申请，要求确认申诉人与被诉人之间自1997年11月23日至今存在劳动关系，同时，被诉人为申诉人补办1997年11月23日至今的养老、失业、医疗、工伤等社会保险的缴交手续。

问题：申诉人与被诉人之间的关系是劳动关系还是劳务关系？为什么？

（二）实验环节

（1）阅读案例。根据给出的案例材料，梳理出案件的基本事实。

（2）法律关系和证据事实分析。分组讨论、当面指导和报告形式，这种方法是实验教学的主要方法。分组讨论主要使学生能够形成一个团队，在各自学习的基础上交流分享学习经验。一般2至4人一个小组，分析研究案例，具体内容有介绍案情、分析法律关系、阐述法律依据、分析裁判要旨和证据梳理等。最终由主报告人在教学总结会上作案例分析报告，介绍案例研习过程中所遇到的问题及解决过程。

（3）案例分析报告撰写。案例分析报告内容包括案情介绍、审判情况、法律依据、裁判要旨分析、制度梳理、比较法研究、法律问题和法学理论探讨、总结等方面。

实验项目二　单独试用期合同的效力

一、实验目的

进行本实验项目前，要求学生熟悉试用期的概念、特点和作用，熟练掌握劳动合同法有关试用期的规定，以及怎样签订试用期的劳动合同，明确单独试用期合同的效力。

通过疑难案例研究实验训练学生对劳动法理论与法律规范的理解和适用，培养学生像法官、律师那样去思考问题、分析问题、处理问题的能力。

二、实验原理

所谓试用期，又叫适应期，是指用人单位和劳动者为相互了解、选择而在劳动合同中约定的不超过6个月的考察期。目的是让劳动者和用人单位相互考察，以决定是否建立劳动关系。劳动合同法关于试用期的规定主要涉及以下几方面。

（1）劳动合同中的试用期应由用人单位和劳动者双方平等协商约定，不得由用人单位一方强行规定。

（2）试用期是劳动合同期限的组成部分。当事人双方首次签订劳动合同时，在合同期限内可以约定试用期。试用期并不是劳动合同的必备条款，而属于选择性约定。《劳动合同法》第十九条第四款规定："试用期包含在劳动合同期限内。劳动合同仅约定试用期的，试用期不成立，该期限为劳动合同期限。"也就是说，试用期与劳动合同期限的关系是：试用期是劳动合同期限的组成部分。用人单位与劳动者约定试用期的，试用期应在劳动合同中约定，而不能将试用期从劳动合同中剥离出来。

（3）试用期的长度与劳动合同期限联系。3个月以下和以完成一定任务为期限的劳动合同不得约定试用期，最长试用期为6个月。一些用人单位为节省成本计，经常规定过长的试用期，有的甚至达到一年。也有一些单位规定的试用期虽然不超过六个月，但是与签订的劳动合同期限不相适应，如两年的合同规定了五个月的试用期，这些都是侵犯劳动者合法权益的。

（4）单位"试用"劳动者，只能行使一次权利。《劳动合同法》第十九条还规定："同一用人单位与同一劳动者只能约定一次试用期。"所谓只能约定一次试用期有两个含义：第一，同一用人单位与同一劳动者在建立劳动合同后，仅能约定一次试用期，此后劳动合同不论发生何种变化，均不能再次约定试用期；第二，试用期满后，用人单位不得以任何理由延长试用期限。

（5）试用期的工资有底线。《劳动合同法》第二十条规定："劳动者在试用期的工资不得低于本单位相同岗位最低档工资或者劳动合同约定工资的百分之八十，并不得低于用人单位所在地的最低工资标准。"

三、实验要求

（1）在进行本实验项目前，要求学生根据实验原理学习和掌握劳动关系和劳务关系的概念、特点及其区别，熟悉确认劳动关系的主要条件和证据要求。学生熟悉案例材料，并进行角色分组，3人一个小组，其中一人担任主报告人，做案例分析报告。

（2）法律关系分析和证据事实分析。具体内容有介绍案情、分析法律关系、阐述法律依据、分析裁判要旨和证据审查。

（3）案例分析报告撰写。案例分析报告内容包括案情介绍、各审判决、法律依据、裁判要旨分析、制度梳理、比较法研究、法律问题和法学理论探讨、总结等方面。

四、实验素材及环节

（一）实验素材

某旅行社高薪招聘法语导游。邱小姐只是旅游专科学校毕业，利用业余学习过法语，但是也去应聘了。老板说"你没有法语证书，我们凭什么相信你？"她说："这样行不行，我就要去考证了，你先让我做做看。我们只签试用期合同，合同上注明试用期内基本工资为1500元，不办理各项社会保险，但是正式录用以后基本工资为4500元。等我证书考出来，再签正式的劳动合同。如果试用期内您不满意，就下逐客令，如何？"考虑到眼下法语导游难找，于是老板与邱小姐签订了6个月的试用期合同，并口头说明，到时候法语证书考不出来，可别怪我不用你。

工作三个月后，邱小姐就辞职了，并向劳动争议仲裁庭申请仲裁，要求为她补缴三个月的社会保险金，并且按照每个月4500元的工资标准，补发拖欠的工资差额，三个月共计人民币9000元整。

问题：邱小姐的要求能否得到支持？为什么？从本案例用人单位应该吸取什么教训？

（二）实验环节

（1）阅读案例材料，梳理案件基本事实，归纳双方争议焦点。

（2）分析案件的证据事实和法律关系。具体内容有介绍案情、分析法律关系、阐述法律依据、分析裁判要旨和证据梳理。

（3）撰写案例分析报告。案例分析报告内容包括案情介绍、各审判决、法律依据、裁判要旨分析、制度梳理、比较法研究、法律问题和法学理论探讨、总结等方面。

（4）教师点评。归纳、评价课堂分析讨论的内容，重点指出案例涉及的法律问题的关键点以及讨论中的难点，引导学生学以致用。

实验项目三　培训服务期协议

一、实验目的

进行本实验项目前，要求学生熟悉劳动合同期与培训服务期的概念、特点和作用，培训服务期协议签订的方式，熟练掌握劳动合同法有关劳动合同期和培训服务期的规定，明确违反培训服务期协议的责任。

通过真实案例的研读、解析和反思，培养和提高学生掌握和熟悉法律适用、证据适用等技能，巩固学生所学理论知识，加深对劳动合同期与培训服务期规定的理解与适用，培养科学严谨、求真务实的法律职业素养。

二、实验原理

劳动合同期限是指用人单位和劳动者在劳动合同中约定的劳动合同的有效时间，起于合同生效之时，终于合同终止或解除之时。劳动合同可以有固定期限，也可以无固定期限，或者以完成一定的工作为期限三种。合同中应有规定期限的条款，若没有规定又不能通过其他方法明确必要的期限时，合同不能成立。就具体的劳动合同而言，当事人在不违背法律禁止性规定的前提下，可自行协商合同期限。而服务期是劳动者与用人单位约定在由用人单位专门出资，为劳动者提供专项培训费用，对其进行专业技术培训的情况下劳动者必须为用人单位提供服务的期限。

劳动合同期限的设定，主要是为了保护劳动者的合法权益，维护劳动者的就业稳定权；而服务期的规定，在一定程度上是为了劳动者利益和用人单位利益的平衡，允许用人单位在采取一定的行为之后可以要求劳动者在一定的服务期内向用人单位提供劳动。

培训服务期和劳动合同期限主要存在以下几种情况。

第一，劳动合同期限和服务期期限相同。一般情况下，劳动合同的期限和服务期的期限是一致的。在此情况下，对于劳动者和用人单位而言均不会产生纠纷。需要提出的是，如果劳动者提前三十天向用人单位告知并在劳动合同期限内要求解除劳动合同的，此时约定的服务期对劳动者的约束力如何?按照我国《劳动合同法》第三十七条的规定，劳动者提前三十日以书面形式通知用人单位，可以解除劳动合同。也就是说，如果不存在服务期，那么劳动者在提前三十天书面通知用人单位的，则可以解除劳动合同，不需要支付其他费用；但是如果约定了服务期的，劳动者违反该服务期约定的，应当按照约定向用人单位支付违约金。只不过，对于违反服务期约定需要支付的违约金的数额不得超过用人单位提供的培训费用。违约时，劳动者所支付的违约金不得超过服务期尚未履行部分所应分摊的培训费用。

第二，劳动合同期限比服务期限短。这种情况比较复杂。其一，如果劳动合同期限届满，劳动合同终止的，在此种情况下，劳动者如果按照我国《劳动合同法》第四十四条第（一）项的规定，其是否可以自由择业呢?我们认为，按照服务期的设立目的来看，劳动者在此期间应该不能自由择业，但是作为劳动者自主择业的补偿，用人单位应该按照工资调整机制提高劳动者在服务期间的劳动报酬。但是，如果用人单位和劳动者能够按照原合同规定的条件续订劳动合同的，则不存在什么问题，双方当事人继续履行劳动合同。如果此时劳动者和用人单位不能达成一致的，则又需要分情况进行讨论：如果是因为用人单位拒绝继续签订劳动合同的，那么应该将用人单位该行为视为放弃剩余服务期限，如果是因为劳动者拒绝继续订立劳动合同的，则劳动者应该就违反服务期的规定向用人单位承担违约责任。

也有人认为，劳动合同期限比服务期短的话，劳动合同期限应当自动顺延至服务期满。"因为服务期的法律性质仍然是合同期限，服务期约定对双方都有约束力。"

第三，劳动合同期限比服务期期限长。这个问题不是很大，主要涉及的是，如果在服务期限内，劳动者依法解除劳动合同的，那么，劳动者应该就违反服务期的约定向用人单位承担违约责任。

劳动者违反培训协议就要承担违约责任。作为对用人单位提供专项培训费用、对劳动者进行专业技术培训的对价，服务期是劳动者应履行的一项义务，同时是用人单位的权利。因此，如果用人单位要求本单位劳动者继续履行服务期的，劳动者应当履行，否则视为违约。

当然，法律也赋予了劳动者辞职的权利，因此，即使在劳动合同到期、服务期未满，用人单位要求继续履行劳动合同的情况下，劳动者也可以辞职，单位必须同意，但是辞职的劳动者必须按服务期协议的约定给予用人单位赔偿。

劳动者违反服务期约定的，应当按照约定向用人单位支付违约金。违约金的数额不得超过用人单位提供的培训费用。用人单位要求劳动者支付的违约金不得超过服务期尚未履行部分所应分摊的培训费用。

三、实验要求

（1）在进行本实验项目前，要求学生根据实验原理学习和掌握劳动合同期的类型及签订条件，培训服务期协议的概念、内容及条件，熟悉签订培训服务期协议的方式、内容及违反协议的法律责任。学生熟悉案例材料，并进行角色分组，3人一个小组，其中一人担任主报告人作案例分析报告。

（2）法律关系分析和证据事实分析。具体内容有介绍案情、分析法律关系、阐述法律依据、分析裁判要旨和证据梳理。

（3）案例分析报告撰写。案例分析报告内容包括案情介绍、各审判决、法律依据、裁判要旨分析、制度梳理、比较法研究、法律问题和法学理论探讨、总结等方面。

四、实验素材及环节

（一）实验素材

2007年9月，小朱硕士研究生毕业后与一家外资公司签订了为期3年的劳动合同。

公司为了提高小朱的工作技能，2008年6月，该公司把小朱送到日本进行专门培训3个月，并与小朱签订了培训协议。协议约定，在接受培训后，小朱必须再为公司工作4年，在这4年里小朱如果要离开该公司，必须赔偿该公司培训费用4万元。但是，公司与小朱并没有重新修改劳动合同的期限。

2010年9月，小朱与该公司的劳动合同到期，小朱提出双方终止劳动合同，而该公司却认为双方签订了培训协议，小朱的服务期还未满，小朱应继续为该公司工作。如果小朱一定要离开该公司，就应该按照培训协议的约定赔偿该公司培训费用4万元。

问题：劳动合同期限届满后，是否还要履行培训服务期协议？若不履行是否要承担赔偿责任？要承担多少的赔偿责任？

（二）实验环节

（1）阅读案例材料，梳理案件基本事实，归纳双方争议焦点。

（2）分析案件的证据事实和法律关系。具体内容有介绍案情、分析法律关系、阐述法律依据、分析裁判要旨和证据梳理。

（3）撰写案例分析报告。案例分析报告内容包括案情介绍、各审判决、法律依据、裁判要旨分析、制度梳理、比较法研究、法律问题和法学理论探讨、总结等方面。

（4）教师点评。归纳、评价课堂分析讨论的内容，重点指出案例涉及的法律问题的关键点以及讨论中的难点，引导学生学以致用。

实验项目四　侵权与工伤的竞合

一、实验目的

熟悉侵权责任的构成要件和归责原则，工伤的概念、构成要件，侵权与工伤的竞合的概念及处理，掌握侵权责任和工伤赔偿责任的区别、赔偿范围、标准等法律规定，如何具体计算工伤保险和侵权损害赔偿竞合案件的具体赔偿数额，以及劳动者分别主张侵权损害赔偿和工伤保险赔偿案件处理的程序问题。

通过真实案例的研读、解析和反思，培养和提高学生掌握和熟悉法律适用、证据适用等技能，巩固学生所学理论知识，加深对侵权责任与工伤赔偿竞合规定的理解与适用，培养科学严谨、求真务实的法律职业素养。

二、实验原理

工伤与侵权的竞合是指由于一个侵权行为，造成了两个及其以上的法律后果，劳动者因第三人的侵权行为受到伤害，而该行为又同时构成工伤的，会产生工伤补偿请求和侵权损害赔偿请求权两种法律后果。工伤与侵权责任竞合分为三种情形：一是用人单位的雇主对劳工的侵权造成的工伤；二是用人单位以外的第三人对劳工侵权造成的工伤；三是雇主和第三人共同侵权造成劳工的工伤。

如何处理工伤责任的赔付与民事侵权损害赔偿之关系，是一项不易解决的难题，各国大概有四种模式：一是双重受益模式，工伤劳动者可以依据民事侵权法要求民事赔偿，同时又能依据工伤保险的规定请求工伤赔付人赔付，三方不发生代位求偿关系。工伤劳动者可以得到双重赔偿。二是取代模式，又称为工伤保险取代侵权赔偿，工伤劳动者只能请求工伤保险赔付，而不能依侵权行为的规定向侵权人请求损害赔偿。三是选择模式，它允许工伤劳动者在民事侵权损害赔偿与工伤保险赔付之间选择其一，同时，三方不发生代位求偿关系。四是补充模式，工伤劳动者可以向侵权人主张民事侵权损害赔偿，也可以向工伤赔付人主张工伤赔付，但取得的赔付不得超过其实际所受到的损失。

我国2004年1月1日起实施的《工伤保险条例》未对工伤保险责任与民事侵权责任竞合的问题作出规定，2004年5月1日起实施的《最高人民法院关于审理人身损害赔偿案件适用法律若干问题的解释》第十二条规定，依法应当参加工伤保险统筹的用人单位的劳动者，因工伤事故遭受人身损害，劳动者或者其近亲属向人民法院起诉请求用人单位承担民事赔偿责任的，告知其按《工伤保险条例》的规定处理。因用人单位以外的第三人侵权造成劳动者人身损害，赔偿权利人请求第三人承担民事赔偿责任的，人民法院应予支持。依照上述司法解释，在用人单位造成工伤事故的情形下，应采用取代模式，只能适用工伤保险责任，不能向侵权人主张侵权损害赔偿。而在因用人单位以外的第三人造成工伤事故的情形下，劳动者享有工伤保险与民事侵权赔偿的双重救济，然工伤保险与侵权赔偿是兼得还是补充的关系，司法解释未予明确。

2002年5月1日起实施的《职业病防治法》第五十二条规定，职业病病人除依法享有工伤社会保险外，依照有关民事法律，尚有获得赔偿的权利的，有权向用人单位提出赔偿要求。2002年11月1日起实施的《安全生产法》第四十八条也规定，因生产安全受到损失的从业人员，除依法享有工伤保险外，依照民事法律尚有获得赔偿的权利的，有权向本单位提出赔偿要求。两部法律均表明受害劳动者享受工伤保险待遇和民事侵权赔偿并非限定在第三人造成损害的情形中。虽最高人民法院《关于审理人身损害赔偿案件适用法律若干问题的解释》属于后法，《职业病防治法》、《安全生产法》属于前法，但其并非同一位阶，《职业病防治法》、《安全生产法》由全国人大常务委员会颁布，《最高人民法院关于审理人身损害赔偿案件适用法律若干问题的解释》仅是司法机关作出的一项司法解释，原则上仅适用于司法审判过程中，无法适用后法优于前法的原则。

可见，目前我国关于工伤事故赔偿责任的法律规范不仅规定不明，而且相关部门所作出的法律法规、司法解释之间相互冲突，造成实践中用人单位、劳动者及相关部门莫衷一是的困惑。

由于未形成全国性统一的法律法规，各个地方根据各自情况制定了本地区适用的规定。例如，《四川省人民政府关于贯彻〈工伤保险条例〉的实施意见》（川府发〔2003〕42号）第十条规定："职工上下班途中受到交通机动车事故伤害，或者履行工作职责和完成工作任务过程中遭受意外伤害，按《条例》规定认定为工伤和视同工伤的，如第三方责任赔偿的相关待遇已经达到工伤保险相关待遇标准的，用人单位或社会保险经办机构不再支付相关待遇，如第三方责任赔偿低于工伤保险相关待遇，或因其他原因使工伤职工未获得赔偿的，用人单位或社会保险经办机构应按照规定补足工伤保险相关待遇。"重庆市劳动保障局《关于贯彻执行〈工伤保险条例〉有关问题处理意见的通知》第十二条、第十三条规定：不论是由于上下班途中机动车事故引起的工伤，还是其他因第三人侵权引致的工伤，工伤职工必须先按《道路交通安全法》及其他有关规定请求民事赔偿。只有在交通事故赔偿或其他伤害赔偿的总额低于工伤保险待遇时才由用人单位或工伤保险经办机构补足差额。《湖北省高级人民法院关于审理劳动争议案件若干问题的意见（试行）》（2004年3月21日颁布）第十九条"关于工伤保险赔付与民事损害赔偿和人身保险赔付的关系问题"规定："劳动者的工伤系第三人侵权所致，用人单位以劳动者已获侵权损害赔偿为由拒绝承担工伤保险赔付的，人民法院不予支持。"《上海市工伤保险实施办法》第四十四条规定："因机动车事故或者其他第三方民事侵权引起工伤，用人单位或者工伤保险基金按照本办法规定的工伤保险待遇先期支付的，工伤人员或者其直系亲属在获得机动车事故等民事赔偿后，应当予以相应偿还。"《山东省高级人民法院关于印发全省民事审判工作座谈会纪要的通知》（鲁高法〔2005〕201号）规定："对劳动部门没有作出工伤认定结论或者劳动者以一般民事侵权赔偿纠纷向人民法院起诉的，用人单位可以以构成工伤事故为理由进行抗辩，并由其承担相应的举证责任。如果劳动部门没有认定工伤或者用人单位也不能证明构成工伤事故的，则可以按照一般民事侵权赔偿予以处理。……如果劳动者的工伤系第三人侵权所致，按照我国现行法律和最高人民法院司法解释的规定，用人单位仍应承担劳动者的工伤保险待遇，但劳动者也可追究第三人的侵权赔偿责任，即劳动者可以在工伤事故中获得双重赔偿。"《深圳市中级人民法院关于审理劳动争议案件相关法律适用问题的座谈纪要》（深中法〔2006〕88号）第十六条关于"民事赔偿与工伤待遇关系问题"规定："劳动者因他人的民事侵权行为导致工伤的，如其就民事侵权已获得相应赔偿，不影响其享受工伤待遇。"《深圳市中级人民法院关于审理工伤保险待遇纠纷案件相关法律适用问题的指导意见（试行）》（2009年4月颁布）第12条规定："劳动者的工伤系第三人侵权所致，劳动者先获得侵权赔偿的，不影响其享受工伤待遇，但对于医疗费、丧葬费和辅助器具更换费等不得重复享有。"可见，绝大部分地方规定确立的是补充模式，受害劳动者可享有工伤保险赔付及侵权损害赔偿两项请求权，但不可重复获赔。

三、实验要求

（1）在进行本实验项目前，要求学生根据实验原理学习和掌握民事侵权与工伤竞合的概念、归责原则，工伤认定的条件，民事侵权与工伤赔偿范围、标准的差别。学生熟悉案例材料，并进行角色分组，3人一个小组，其中一人担任主报告人作案例分析报告。

（2）学生根据教师提供的实验素材，分析证据及其能证明的法律事实，这些事实涉及的法律关系，具体内容应该有介绍案情、分析法律关系、阐述法律依据、分析裁判要旨和证据梳理。

（3）掌握案例分析报告撰写。案例分析报告内容包括案情介绍、各审判决、法律依据、裁判要旨分析、制度梳理、比较法研究、法律问题和法学理论探讨、总结等方面，提出案件处理的具体意见。

四、实验素材及环节

（一）实验素材

2012年5月8日，张连生到成都市交安汽车维修有限公司（以下简称"成都交安"）处工作，担任公司汽车维修工，月平均工资为7500元。期间成都交安未与张连生签订劳动合同，也未为张连生购买社会保险。2014年1月14日，张连生在外出工作过程中被车辆碾伤，致张连生腿部受伤（该肇事车辆为郑某所有）。张连生被送至成都军区医院，诊断为"左腿胫骨上段开放性粉碎性骨折，左小腿皮肤挫裂伤，左小腿组织感染"。张连生在申请工伤认定时，并无书面劳动合同来证明与成都交安之间存在劳动关系，为此，向仲裁委提出确认其与成都交安之间存在劳动关系的请求。仲裁委根据双方提供的证据，依照法定程序审理并作出了确认张连生与成都交安之间存在劳动关系的裁决。而成都交安不服仲裁委的裁决，向人民法院提起诉讼，请求判决其与张连生之间不存在劳动关系，法院依法判决驳回成都交安的诉讼请求。张连生以第三人侵权为由将郑某诉诸法院，请求法院依法判决郑某承担了一系列侵权赔偿责任（包括医疗费、误工费、交通费、后续治疗费、营养费等）。随后张连生持仲裁委确定其与成都交安存在劳动关系的仲裁书，以工伤为由将成都交安诉诸法院，请求判决成都交安承担一系列的工伤保险赔偿责任。

成都交安答辩认为，张连生受伤是由郑某侵权造成的，且郑某已经承担了侵权赔偿责任，成都交安不应再承担工伤保险赔偿责任。

本案的焦点在于张连生是否有权获得侵权和工伤的双重赔偿。

（二）实验环节

（1）阅读案例材料，梳理案件基本事实，归纳双方争议焦点。

（2）分析案件的证据事实和法律关系。

（3）撰写案例分析报告。案例分析报告内容包括案情介绍、各审判决、法律依据、裁判要旨分析、制度梳理、比较法研究、法律问题和法学理论探讨、总结等方面。

（4）教师点评。归纳、评价课堂分析讨论的内容，重点指出案例涉及的法律问题的关键点以及讨论中的难点，引导学生学以致用。

实验项目五　无固定期限劳动合同的签订

一、实验目的

理解劳动合同期限的概念、种类，重点掌握无固定期限劳动合同签订的条件，以及视为无固定期限劳动合同的情形，解除和变更无固定期限劳动合同的条件及程序。

通过对案例研讨，掌握劳动合同签订的具体分类条文及合同订立的程序，掌握劳动合同单方解除权的配置方式，熟悉用人单位怎样行使单方解除权的解除无固定期限劳动合同，以及违法解除无固定期限劳动合同的法律后果。

二、实验原理

（一）无固定期限劳动合同的概念

无固定期限劳动合同，是指用人单位与劳动者约定无确定终止时间的劳动合同。由于缺乏对无固定期限劳动合同制度的正确认识，不少人认为无固定期限劳动合同是"铁饭碗"、"终身制"，认为无固定期限劳动合同一经签订就不能解除。因此，很多劳动者把无固定期限劳动合同视为"护身符"，千方百计要与用人单位签订无固定期限劳动合同。另一方面，用人单位则将无固定期限劳动合同看成了"终身包袱"，想方设法逃避签订无固定期限劳动合同的法律义务。

这里所说的无确定终止时间，是指劳动合同没有一个确切的终止时间，劳动合同的期限长短不能确定，但并不是没有终止时间。只要没有出现法律规定的条件或者双方约定的条件，双方当事人就要继续履行劳动合同规定的义务。一旦出现了法律规定的情形，无固定期限劳动合同也同样能够解除。

（二）订立无固定期限劳动合同的条件

订立无固定期限劳动合同有两种情形。

一是用人单位与劳动者协商一致，可以订立无固定期限劳动合同。根据本法规定，订立劳动合同应当遵循平等自愿、协商一致的原则。只要用人单位与劳动者协商一致，没有采取胁迫、欺诈、隐瞒事实等非法手段，符合法律的有关规定，就可以订立无固定期限劳动合同。

二是在法律规定的情形出现时，劳动者提出或者同意续订劳动合同的，应当订立无固定期限劳动合同。无固定期限合同一经签订，双方就建立了一种相对稳固和长远的劳动关系，只要不出现法律规定的条件或者双方约定的条件，劳动合同就不能解除。因此，法律对无固定期限劳动合同的签订条件作了严格的规定，当事人一方并不能随意的要求签订或者拒绝签订无固定期限劳动合同。

根据本条规定，只要出现了本条规定的三种情形，在劳动者主动提出续订劳动合同或者用人单位提出续订劳动合同劳动者同意的情况下，就应当订立无固定期限劳动合同。这种续订劳动合同意愿的主动权掌握在劳动者手中，无论用人单位是否同意续订劳动合同，只要劳动者提出，用人单位就必须同意续订，而且是订立无固定期限劳动合同。如果用人单位提出续订劳动合同，劳动者有权不同意。劳动者同意的，应当订立无固定期限劳动合同。这三种情形如下。

（1）劳动者已在该用人单位连续工作满十年的。签订无固定期限劳动合同的劳动者必须在同一单位连续工作了十年以上，是这个情形的最基本的内容。具体是指劳动者与同一用人单位签订的劳动合同的期限不间断达到十年。如有的劳动者在用人单位工作五年后，离职到别的单位去工作了两年，然后又回到了这个用人单位工作五年。虽然累计时间达到了十年，但是劳动合同期限有所间断，不符合在"该用人单位连续工作满十年"的条件。劳动者工作时间不足十年的，即使提出订立无固定期限劳动合同，用人单位也有权不接受。法律作这样的规定，主要是为了维持劳动关系的稳定。如果一个劳动者在该用人单位工作了十年，就能说明他已经能够胜任这份工作,而用人单位的这个工作岗位也确实需要保持人员的相对稳定。在这种情况下,如果劳动者愿意,用人单位应当与劳动者订立无固定期限劳动合同,维持较长的劳动关系。

(2)用人单位初次实行劳动合同制度或者国有企业改制重新订立劳动合同时,劳动者在该用人单位连续工作满十年且距法定退休年龄不足十年的。劳动合同制是以签订劳动合同的形式,明确规定用工单位和劳动者双方的权力、责任、利益,把用工与经济责任制相结合的一种新的用工制度劳动合同制度。1986年7月,我国决定改革国有企业的劳动用工制度,自1986年10月1日起,国有企业在新招收工人中普遍推行劳动合同制。随着劳动法合同法的施行,劳动合同制度在各类企业当中广泛推行。国有企业改制在二十世纪八十年代中期开始,在二十世纪九十年代成为国有企业改革的核心内容,企业通过改变企业形态,改变企业股权结构,改变企业的基本制度,转变为符合自身特点的企业资产组织形式。

在推行劳动合同制度前,或是在国有企业进行改制前,用人单位的有些职工已经在本单位工作了很长时间。推行新的制度以后,很多老职工难以适应这种新型的劳动关系,一旦让其进入市场,确实存在着竞争力弱难以适应的问题,年龄的局限又使其没有充足的条件来提高改进,应当说这是历史的原因造成的。他们担心的不仅是能否与原单位签订劳动合同的问题,还担心劳动合同期限,在其尚未退休前合同到期却没有用人单位再与其签订劳动合同的问题。我们在制定法律和政策的同时,应当考虑那些给国家和企业作出过很多贡献的老职工的利益。因此,对于已在该用人单位连续工作满十年并且距法定退休年龄不足十年的劳动者,在订立劳动合同时,允许劳动者提出签订无固定期限劳动合同。如果一个劳动者以在该用人单位满十年,但距离法定退休年龄超过十年,则不属于本项规定的情形。

(3)连续订立二次固定期限劳动合同且劳动者没有本法第三十九条规定的情形续订劳动合同的。根据这一项规定,在劳动者没有本法第三十九条规定的用人单位可以解除劳动合同的情形下,如果用人单位与劳动者签订了一次固定期限劳动合同,在签订第二次固定期限劳动合同时,就意味着下一次必须签订无固定期限劳动合同。所以在第一次劳动合同期满,用人单位与劳动者准备订立第二次固定期限劳动合同时,应当作出慎重考虑。

(三)视为无固定期限劳动合同

《劳动合同法》第十条规定,建立劳动关系,应当订立书面劳动合同。但在现实中有很多用人单位为了逃避义务,使劳动关系处于一种不明确的状态,在发生劳动争议的时候也无据可查,经常有不订立书面劳动合同的情况发生。对此,本法规定,对于已经建立劳动关系,但没有同时订立书面劳动合同的情况,要求用人单位与劳动者应当自用工之日起一个月内订立书面劳动合同。用人单位未在用工的同时订立书面劳动合同，与劳动者约定的劳动报酬不明确的，新招用的劳动者的劳动报酬应当按照企业的或者行业的集体合同规定的标准执行；没有集体合同或者集体合同未作规定的，用人单位应当对劳动者实行同工同酬。用人单位自用工之日起超过一个月但不满一年未与劳动者订立书面劳动合同的，应当向劳动者支付二倍的月工资。

根据本条规定，用人单位自用工之日起满一年不与劳动者订立书面劳动合同的，视为用人单位与劳动者已订立无固定期限劳动合同。但需要注意的是，虽然已经视为用人单位与劳动者签订了无固定期限劳动合同，但并不代表用人单位已经与劳动者签订了劳动合同。实践中很多用人单位无视法律的规定，仍然不与劳动者订立劳动合同。对于这种情况，本法第八十一条第二款规定："用人单位违反本法规定不与劳动者订立无固定期限劳动合同的，应当向劳动者支付二倍的月工资。"

（四）无固定期限劳动合同的解除和变更

无固定期限的劳动合同也是劳动合同的一种类型，在履行过程中，任何一方由于某种原因希望或已提出解除劳动合同，另一方只要表示同意，双方达成一致意见，就可以依据本法第三十六条的规定解除劳动合同。当法律规定的可以解除劳动合同的条件出现，或当事人在合同中约定的可以解除劳动合同的条件出现，无固定期限的劳动合同就可以依法定条件或约定条件解除。如劳动者有本法第三十九条规定的情形之一出现时，用人单位就可以解除劳动合同。用人单位有本法第三十八条规定的情形之一时，劳动者就可以解除劳动合同。由此可见，无固定期限合同并不是没有终止时间的"铁饭碗"，只要符合法律规定的条件，劳动者与用人单位都可以依法解除劳动合同。

另外，有很多错误观点认为无固定期限劳动合同是不能变更的"死合同"。无固定期限劳动合同和其他类型的合同一样，也适用劳动法与本法的协商变更原则。按照劳动法的规定，用人单位与劳动者协商一致，可以变更劳动合同约定的内容。除了劳动合同期限以外，双方当事人还可以就工作内容、劳动报酬、劳动条件和违反劳动合同的赔偿责任等方面协商，进行变更。在变更合同条款时，应当按照自愿、平等原则进行协商，不能采取胁迫、欺诈、隐瞒事实等非法手段，同时还必须注意变更后的内容不违法，否则，这种变更是无效的。

三、实验要求

（1）在进行本实验项目前，要求学生根据实验原理学习和理解无固定期限劳动合同签订的条件，以及视为无固定期限劳动合同的情形。学生熟悉案例材料，并进行角色分组，3人一个小组，其中一人担任主报告人作案例分析报告。

（2）学生根据教师提供的实验素材，分析证据及其能证明的法律事实，这些事实涉及的法律关系，具体内容应该有介绍案情、分析法律关系、阐述法律依据、分析裁判要旨和证据梳理。

（3）案例分析报告撰写。案例分析报告内容应该包括案情介绍、各审判决、法律依据、裁判要旨分析、制度梳理、比较法研究、法律问题和法学理论探讨、总结等方面，提出案件处理的具体意见。

四、实验素材及环节

（一）实验素材

王浩波于1996年7月进入三立公司工作。2006年1月25日与三立公司签订了书面劳动合同，合同期限从2006年1月1日起至2010年12月31日止。

2010年12月27日，三立公司向王浩波送达终止劳动合同通知书，该通知书载明"因劳动合同期限于2010年12月31日届满，本公司决定劳动合同期限届满后不再与你续订劳动合同，请于劳动合同到期当日即2010年12月31日到公司办理结算和交接手续，公司将依法支付相应的经济补偿金……如果不与公司办理结算和交接，不影响劳动合同关系到期终止"。王浩波对该通知书不予接受，于同日向经济开发区劳动争议仲裁委员会申请仲裁裁决：①双方2011年1月1日起的劳动关系继续存在；②三立公司支付2006年11月至2010年12月31日的基本工资88 200元，2010年1月至2010年11月的双倍工资19 800元。经济开发区劳动争议仲裁委员会于2011年3月2日作出裁决，驳回王浩波的全部仲裁请求。王浩波不服该裁决，起诉至经济开发区人民法院，请求判决从2011年1月1日起双方的劳动关系继续存在。2011年5月16日，该院作出（2011）经开法民初字第3812号民事判决，驳回王浩波的诉讼请求。王浩波不服，上诉至市中级人民法院，请求撤销（2011）经开法民初字第3812号民事判决，并依法判决三立公司与王浩波签订自2011年1月1日起的无固定期限劳动合同，确认双方的劳动关系继续存在。市中级人民法院于2011年7月5日作出第4942号民事判决，认定王浩波在二审中增加签订无固定期限劳动合同的诉请，超过了本案一审的审理范围，三立公司明确表示不同意，二审不予处理，遂判决驳回上诉，维持原判。王浩波不服申请再审。2011年11月15日，王浩波撤回再审申请。

2011年12月5日，王浩波向经济开发区劳动争议仲裁委员会提出仲裁申请，申请裁决三立公司与王浩波续签自2011年1月1日起的无固定期限劳动合同。2012年2月16日，该委作出裁决，由三立公司于裁决书生效之日起十五日内与王浩波订立无固定期限劳动合同。三立公司不服该裁决，诉至经济开发区人民法院。

一审法院另查明，2010年12月31日合同到期后，王浩波未再到三立公司上班。王浩波与三立公司解除劳动合同后到格林期货有限公司江城营业部工作，格林期货有限公司江城营业部为王浩波办理了相关社会保险（时间从2011年10月至2012年1月）。

一审法院判决认为，王浩波于1996年7月进入三立公司工作，双方建立劳动关系，后双方于2006年1月25日签订劳动合同，约定合同期限从2006年1月1日起至2010年12月31日止。2010年12月27日，三立公司向王浩波送达终止劳动合同通知书，决定劳动合同期限届满后不再续订劳动合同，至此，王浩波在公司已连续工作满十年，王浩波无证据证明其在劳动合同关系解除前向三立公司要求过在2010年12月31日合同到期后与之签订无固定期限劳动合同。三立公司与王浩波之间的劳动合同关系于2010年12月31日到期终止，已由生效的法律文书确认。2011年1月1日后，王浩波又与其他单位建立劳动关系。王浩波在与三立公司劳动合同终止11个月后又提出与三立公司签订无固定期限劳动合同的诉讼请求，无法律依据，应不予支持。遂依照《劳动合同法》第十四条、第四十四条第一款之规定，判决三立公司不与王浩波签订自2011年1月1日起的无固定期限劳动合同。

王浩波不服一审判决，向市中级人民法院上诉称，2010年12月31日后，王浩波和以前一样正常为被上诉人提供劳动；三立公司恶意克扣王浩波的法定劳动报酬，致其被迫短暂打工，王浩波不认可其与三立公司之间以外的劳动合同关系；2010年12月27日，王浩波对三立公司终止劳动关系通知书不予接受，并依法提起劳动争议仲裁，王浩波已无需再另行实施法律行为来证明王浩波要求与三立公司订立无固定期限劳动合同。

三立公司答辩称，原审判决认定事实清楚，王浩波与三立公司劳动合同终止于2010年12月31日，已经生效判决确定，王浩波与三立公司劳动合同终止后，也没有到三立公司上班，而是到其他单位工作，与其他单位建立了劳动关系，王浩波没有在劳动合同终止前提出要求签订无固定期限劳动合同，原审判决结果客观公正。

本案争议的焦点王浩波主张签订无固定期限劳动合同是否符合法律规定。

（二）实验环节

（1）阅读案例材料，梳理案件基本事实，归纳双方争议焦点。

（2）分析案件的证据事实和法律关系。

（3）撰写案例分析报告。案例分析报告内容包括案情介绍、各审判决、法律依据、裁判要旨分析、制度梳理、比较法研究、法律问题和法学理论探讨、总结等方面。

（4）教师点评。归纳、评价课堂分析讨论的内容，重点指出案例涉及的法律问题的关键点以及讨论中的难点，引导学生学以致用。

实验项目六　在校大学生签订的劳动合同的效力

一、实验目的

通过实验掌握劳动合同生效的条件及其影响劳动合同效力的情形，明确劳动合同效力争议的抗辩及证明要点。熟悉劳动合同主体的相关法律法规，了解大学生的特殊身份，依法维护自身权益。

通过对案例研讨，掌握劳动合同签订的主体以及合同订立的程序要求，明确告知义务的方式，掌握劳动合同效力认定的关键及法律法规的正确适用。

二、实验原理

劳动合同的生效，是指具备有效要件的劳动合同按其意思表示的内容产生了法律效力，此时这份劳动合同的内容才对签约双方具有法律约束力。劳动合同发生法律效力必须具备一些条件，这些条件包括：

一是劳动合同的双方当事人必须具备法定的资格。行为能力是签订合同的任何一方必须有法律上认可的签订劳动合同的资格。通常，年满16周岁、精神正常的人才具有签订劳动合同的行为能力。另一方面，用人单位要有用工主体资格。

二是劳动合同的内容和形式必须合法，不得违反法律的强制性规定或者社会公共利益。所谓强制性规定就是当事人不能约定，只能按照法律规定办的权利义务。如本法第十九条规定，劳动合同期限三个月以上不满一年的，试用期不得超过一个月。在这种情况下即使双方在合同中约定了一个月以上的试用期，也是违反法律规定的，该条款将视为无效。

三是劳动合同需由用人单位与劳动者协商一致订立。订立劳动合同的双方必须意思表示真实，任何一方采用欺诈、胁迫等手段与另一方签订的劳动合同是无效的。

如何认定在校生与用人单位之间签订的劳动合同是否有效？认定在校生与单位签订的劳动合同是否有效，关键要看劳动者的实际情况及劳动合同约定内容。

（1）符合求职就业条件应有劳动主体资格。《关于贯彻〈中华人民共和国劳动法〉若干意见》中规定："在校生利用业余时间勤工助学，不视为就业，未建立劳动关系，可以不签订劳动合同。"很多人据此认为在校生不具备劳动主体资格。该条规定针对的是学生仍以在校学习为主，不以就业为目的，只是利用业余时间进行社会实践或打零散工的情形，但并没有否定在校学生的劳动主体资格。

相关法规也明确规定了不适用劳动法的主体范围：其中有公务员和比照公务员制度的事业组织和社会团体的工作人员，以及农村劳动者、现役军人和家庭保姆，并未将在校学生罗列在内。

所以，在校生只要在签订劳动合同时已经年满16周岁，已具备面向社会求职和就业的条件，应具有劳动主体资格。

（2）明知是在校生签合同，劳动关系合法有效。认定在校生与单位签订的劳动合同是否有效，关键要看劳动者的实际情况及劳动合同约定内容。

如果在校生已完成了全部学习任务，向单位明确了求职就业愿望，双方签订了内容全面的劳动合同，劳动者按合同约定按时上班为单位付出自己的劳动，单位也按合同约定对在校生进行管理。在此情况下，单位明知劳动者为在校学生而与之建立劳动关系，应当认定劳动者与单位签订的劳动合同是合法有效的。反过来说，如果劳动者隐瞒了在校学生的身份就会导致劳动合同无效。

（3）单位聘用在校学生无法转移用工风险。现在越来越多的单位由于工作需要喜欢招录即将毕业的在校学生到单位工作。因在校生还没正式毕业，其档案、人事关系等还在学校，单位与之建立劳动关系后，由于各政策及条件限制，单位在该生毕业之前是没有办法为其缴纳社会保险的。这种情况下单位就违反了劳动法的相关规定，如果劳动者去相关部门反映或仲裁，单位可能要承担一定的赔偿责任，甚至存在被有关部门处罚的风险。

另外，在校生有干劲但缺乏经验，这样的特点使在校学生在工作中很容易发生意外，无可否认，实习学生是潜在的工伤高发人群。

对于员工的工伤风险，企业通常以购买社保的方式将其转移给社会保险机构，但对于实习学生，企业却无法转移工伤风险。如果在此期间，该劳动者发生了工伤，由于单位没有为其上工伤保险，因工伤支付的费用就只能由单位承担，这样单位存在支付高额赔偿费用的风险。

三、实验要求

（1）在进行本实验项目前，要求学生根据实验原理学习和理解劳动合同签订的主体及程序要求，理解劳动合同的成立与生效区别。学生熟悉案例材料，并进行角色分组，3人一个小组，其中一人担任主报告人作案例分析报告。

（2）学生根据教师提供的实验素材，分析证据及其能证明的法律事实，这些事实涉及的法律关系，具体内容应该有介绍案情、分析法律关系、阐述法律依据、分析裁判要旨和证据梳理。

（3）掌握案例分析报告撰写。案例分析报告内容应该包括案情介绍、各审判决、法律依据、裁判要旨分析、制度梳理、比较法研究、法律问题和法学理论探讨、总结等方面，提出案件处理的具体意见。

四、实验素材及环节

（一）实验素材

2006年2月，小丽拿着徐州某职业技术学院颁发的"2006届毕业生双向选择就业推荐表"前去海门某公司应聘办公室文员工作，此时她的论文答辩尚未完成。公司审核和面试后，便通知小丽去上班。上班后，公司就与小丽签订了《劳动合同协议书》，协议约定：小丽担任职务为办公室文员；合同期限为一年，其中试用期为三个月，试用期月薪为500元，试用期满后，按小丽技术水平、劳动态度、工作效益评定，根据评定的级别或职务确定月薪。

两个月后，小丽在上班路上发生了交通事故，遂治疗和休息。同年8月，伤愈后的小丽多次向公司交涉，认为双方既然签订了劳动合同，其身份属于公司员工，应该享受工伤待遇，但遭到公司拒绝。11月份，她向劳动行政部门提出认定劳动工伤申请，公司也向当地劳动争议仲裁委员会提出仲裁申请，要求确认公司与小丽签订的劳动合同无效。小丽则针对公司的仲裁申请提起反诉，请求确认合同约定试用期为三个月、试用期月薪500元等条款违法，要求月薪按社会平均工资标准执行，同时要求公司为自己办理社会保险，缴纳保险金。

小丽认为，自己已年满十六周岁，就具有就业的权利能力和行为能力，学校已经向其发放了双向选择推荐表，就具有到社会上就业的资格，推荐表中已载明了自己的情况，包括尚未正式毕业的事实，公司录用时予以了审查，不存在隐瞒和欺诈，法律也没有禁止在校大学生就业的规定，因此自己具备劳动主体资格，签订的劳动合同应当有效。

公司辩称，小丽在签订劳动合同时仍是在校大学生，其应受学校的管理，不具有劳动关系的主体资格，不能同时拥有职工和学生两种身份，所以双方签订的劳动合同是无效的。

劳动争议仲裁委员会裁决，小丽在签订劳动合同时仍属在校大学生，不符合就业条件，不具备建立劳动关系的主体资格，其与公司订立的劳动合同协议书自始无效。小丽不服，遂向法院起诉，要求确认自己与公司签订的《劳动合同协议书》合法有效。法院认为，原告小丽已年满16周岁，已符合《劳动法》规定的就业年龄，其在校大学生的身份也非《劳动法》规定排除适用的对象，何况，原告已取得学校颁发的《2006届毕业生双向选择就业推荐表》，已完全具备面向社会求职、就业的条件，被告公司在与原告签订劳动合同时，对原告的基本情况进行了审查和考核（面试），对原告至2006年6月底方才正式毕业的情况也完全知晓，在此基础之上，双方就应聘、录用达成一致意见而签订的劳动合同应是双方真实意思的表示，不存在欺诈、隐瞒事实或威胁等情形，双方签订的劳动合同也不违反法律、行政法规的有关规定，因此，该劳动合同应当有效，应对双方具有法律约束力。公司不服上诉，二审判决驳回上诉，维持原判。

本案争议的焦点在于在校大学生是否具备劳动者的主体资格，双方签订的劳动合同是否有效。

（二）实验环节

（1）阅读案例材料，梳理案件基本事实，归纳双方争议焦点。

（2）分析案件的证据事实和法律关系。具体内容包括介绍案情、分析法律关系、阐述法律依据、分析裁判要旨和证据梳理。

（3）撰写案例分析报告。案例分析报告内容包括案情介绍、各审判决、法律依据、裁判要旨分析、制度梳理、比较法研究、法律问题和法学理论探讨、总结等方面。

（4）教师点评。归纳、评价课堂分析讨论的内容，重点指出案例涉及的法律问题的关键点以及讨论中的难点，引导学生学以致用。

附 录

附录一 中华人民共和国劳动法

《中华人民共和国劳动法》已由中华人民共和国第八届全国人民代表大会常务委员会第八次会议于1994年7月5日通过,现予公布,自1995年1月1日起施行。

第一章 总 则

第一条 为了保护劳动者的合法权益,调整劳动关系,建立和维护适应社会主义市场经济的劳动制度,促进经济发展和社会进步,根据宪法,制定本法。

第二条 在中华人民共和国境内的企业、个体经济组织(以下统称用人单位)和与之形成劳动关系的劳动者,适用本法。

第三条 劳动者享有平等就业和选择职业的权利、取得劳动报酬的权利、休息休假的权利、获得劳动安全卫生保护的权利、接受职业技能培训的权利、享受社会保险和福利的权利、提请劳动争议处理的权利以及法律规定的其他劳动权利。

劳动者应当完成劳动任务,提高职业技能,执行劳动安全卫生规程,遵守劳动纪律和职业道德。

第四条 用人单位应当依法建立和完善规章制度,保障劳动者享有劳动权利和履行劳动义务。

第五条 国家采取各种措施,促进劳动就业,发展职业教育,制定劳动标准,调节社会收入,完善社会保险,协调劳动关系,逐步提高劳动者的生活水平。

第六条 国家提倡劳动者参加社会主义义务劳动,开展劳动竞赛和合理化建议活动,鼓励和保护劳动者进行科学研究、技术革新和发明创造,表彰和奖励劳动模范和先进工作者。

第七条 劳动者有权依法参加和组织工会。

工会代表和维护劳动者的合法权益,依法独立自主地开展活动。

第八条 劳动者依照法律规定,通过职工大会、职工代表大会或者其他形式,参与民主管理或者就保护劳动合法权益与用人单位进行平等协商。

第九条 国务院劳动行政部门主管全国劳动工作。

县级以上地方人民政府劳动行政部门主管本行政区域内的劳动工作。

第二章 促进就业

第十条 国家通过促进经济和社会发展，创造就业条件，扩大就业机会。

国家鼓励企业、事业组织、社会团体在法律、行政法规规定的范围内兴办产业或者拓展经营，增加就业。

国家支持劳动者自愿组织起来就业和从事个体经营实现就业。

第十一条 地方各级人民政府应当采取措施，发展多种类型的职业介绍机构，提供就业服务。

第十二条 劳动者就业，不因民族、种族、性别、宗教信仰不同而受歧视。

第十三条 妇女享有与男子平等的就业权利。在录用职工时，除国家规定的不适合妇女的工种或者岗位外，不得以性别为由拒绝录用妇女或者提高对妇女的录用标准。

第十四条 残疾人、少数民族人员、退出现役的军人的就业，法律、法规有特别规定的，从其规定。

第十五条 禁止用人单位招用未满十六周岁的未成年人，必须依照国家有关规定，履行审批手续，并保障其接受义务教育的权利。

文艺、体育和特种工艺单位招用未满十六周岁的未成年人，必须依照国家有关规定，履行审批手续，并保障其接受义务教育的权利。

第三章 劳动合同和集体合同

第十六条 劳动合同是劳动者与用人单位确立劳动关系、明确双方权利和义务的协议。

建立劳动关系应当订立劳动合同。

第十七条 订立和变更劳动合同，应当遵循平等自愿、协商一致的原则，不得违反法律、行政法规的规定。

劳动合同依法订立即具有法律约束力，当事人必须履行劳动合同规定的义务。

第十八条 下列劳动合同无效：

（一）违反法律、行政法规的劳动合同；

（二）采取欺诈、威胁等手段订立的劳动合同。

无效的劳动合同，从订立的时候起，就没有法律约束力。确认劳动合同部分无效的，如果不影响其余部分的效力，其余部分仍然有效。

劳动合同的无效，由劳动争议仲裁委员会或者人民法院确认。

第十九条 劳动合同应当以书面形式订立，并具备以下条款：

（一）劳动合同期限；

（二）工作内容；

（三）劳动保护和劳动条件；

（四）劳动报酬；

（五）劳动纪律；

（六）劳动合同终止的条件；

（七）违反劳动合同的责任。

劳动合同除前款规定的必备条款外，当事人可以协商约定其他内容。

第二十条 劳动合同的期限分为有固定期限、无固定期限和以完成一定的工作为期限。

劳动者在同一用人单位连续工作满10年以上，当事人双方同意续延劳动合同的，如果劳动者提出订立无固定限期的劳动合同，应当订立无固定限期的劳动合同。

第二十一条 劳动合同可以约定试用期。试用期最长不得超过6个月。

第二十二条 劳动合同当事人可以在劳动合同中约定保守用人单位商业秘密的有关事项。

第二十三条 劳动合同期满或者当事人约定的劳动合同终止条件出现，劳动合同即行终止。

第二十四条 经劳动合同当事人协商一致，劳动合同可以解除。

第二十五条 劳动者有下列情形之一的，用人单位可以解除劳动合同：

（一）在试用期间被证明不符合录用条件的；

（二）严重违反劳动纪律或者用人单位规章制度的；

（三）严重失职、营私舞弊，对用人单位利益造成重大损害的；

（四）被依法追究刑事责任的。

第二十六条 有下列情形之一的，用人单位可以解除劳动合同，但是应当提前30日以书面形式通知劳动者本人：

（一）劳动者患病或者非因工负伤，医疗期满后，不能从事原工作也不能从事由用人单位另行安排的工作的；

（二）劳动者不能胜任工作，经过培训或者调整工作岗位，仍不能胜任工作的；

（三）劳动合同订立时所依据的客观情况发生重大变化，致使原劳动合同无法履行，经当事人协商不能就变更劳动合同达成协议的。

第二十七条 用人单位濒临破产进行法定整顿期间或者生产经营状况发生严重困难，确需裁减人员的，应当提前30日向工会或者全体员工说明情况，听取工会或者职工的意见，经向劳动行政部门报告后，可以裁减人员。

用人单位依据本条规定裁减人员，在6个月内录用人员的，应当优先录用被裁减人员。

第二十八条 用人单位依据本法第二十四条、第二十六条、第二十七条的规定解除劳动合同的，应当依照国家有关规定给予经济补偿。

第二十九条 劳动者有下列情形之一的，用人单位不得依据本法第二十六条、第二十七条的规定解除劳动合同：

（一）患职业病或者因工负伤并被确认丧失或者部分丧失劳动能力的；

（二）患病或者负伤，在规定的医疗期内的；

（三）女职工在孕期、产期、哺乳期的；

（四）法律、行政法规规定的其他情形。

第三十条 用人单位解除劳动合同，工会认为不适当的，有权提出意见。如果用人单位违反法律、法规或者劳动合同，工会有权要求重新处理；劳动者申请仲裁或者提起诉讼的，工会应当依法给予支持和帮助。

第三十一条 劳动者解除劳动合同，应当提前三十日以书面形式通知用人单位。

第三十二条 有下列情形之一的，劳动者可以随时通知用人单位解除劳动合同：

（一）在试用期内的；

（二）用人单位以暴力、威胁或者非法限制人身自由的手段强迫劳动的；

（三）用人单位未按照劳动合同约定支付劳动报酬或者提供劳动条件的。

第三十三条 企业职工一方与企业可以就劳动报酬、工作时间、休息休假、劳动安全卫生、保险福利等事项，签订集体合同。集体合同草案应当提交职工代表大会或者全体职工讨论通过。

集体合同由工会代表职工与企业签订；没有建立工会的企业，由职工推举的代表与企业签订。

第三十四条 集体合同签订后应当报送劳动行政部门；劳动行政部门自收到集体合同文本之日起15日内未提出异议的，集体合同即行生效。

第三十五条 依法签订的集体合同对企业和企业全体职工具有约束力。职工个人与企业订立的劳动合同中劳动条件和劳动报酬等标准不得低于集体合同的规定。

第四章 工作时间和休息休假

第三十六条 国家实行劳动者每日工作时间不超过8小时、平均每周工作时间不超过44小时的工时制度。

第三十七条 对实行计件工作的劳动者，用人单位应当根据本法第三十六条规定的工时制度合理确定其劳动定额和计件报酬标准。

第三十八条 用人单位应当保证劳动者每周至少休息1日。

第三十九条 企业应生产特点不能实行本法第三十六条、第三十八条规定的，经劳动行政部门批准，可以实行其他工作和休息办法。

第四十条 用人单位在下列节日期间应当依法安排劳动者休假：

（一）元旦；

（二）春节；

（三）国际劳动节；

（四）国庆节；

（五）法律、法规规定的其他休假节日。

第四十一条 用人单位由于生产经营需要，经与工会和劳动者协商后可以延长工作时间，一般每日不得超过1小时；因特殊原因需要延长工作时间的在保障劳动者身体健康的条件下延长工作时间每日不得超过3小时，但是每月不得超过36小时。

第四十二条 有下列情形之一的，延长工作时间不受本法第四十一条规定的限制：

（一）发生自然灾害、事故或者因其他原因，威胁劳动者生命健康和财产安全，需要紧急处理的；

（二）生产设备、交通运输线路、公共设施发生故障，影响生产和公众利益，必须及时抢修的；

（三）法律、行政法规规定的其他情形。

第四十三条 用人单位不得违反本法规定延长劳动者的工作时间。

第四十四条 有下列情形之一的，用人单位应当按照下列标准支付高于劳动者正常工作时间工资的工资报酬：

（一）安排劳动者延长时间的，支付不低于工资的百分之一百五十的工资报酬；

（二）休息日安排劳动者工作又不能安排补休的，支付不低于工资的百分之二百的工资报酬；

（三）法定休假日安排劳动者工作的，支付不低于工资的百分之三百的工资报酬。

第四十五条 国家实行带薪年休假制度。

劳动者连续工作1年以上的，享受带薪年休假。具体办法由国务院规定。

第五章 工 资

第四十六条 工资分配应当遵循按劳分配原则，实行同工同酬。

工资水平在经济发展的基础上逐步提高。国家对工资总量实行宏观调控。

第四十七条 用人单位根据本单位的生产经营特点和经济效益，依法自主确定本单位的工资分配方式和工资水平。

第四十八条 国家实行最低工资保障制度。最低工资的具体标准由省、自治区、直辖市人民政府规定，报国务院备案。

第四十九条 确定和调整最低工资标准应当综合参考下列因素：

（一）劳动者本人及平均赡养人口的最低生活费用；
（二）社会平均工资水平；
（三）劳动生产率；
（四）就业状况；
（五）地区之间经济发展水平的差异。

第五十条 工资应当以货币形式按月支付给劳动者本人。不得克扣或者无故拖欠劳动者的工资。

第五十一条 劳动者在法定休假日和婚丧假期间以及依法参加社会活动期间，用人单位应当依法支付工资。

第六章 劳动安全卫生

第五十二条 用人单位必须建立、健全劳动卫生制度，严格执行国家劳动安全卫生规程和标准，对劳动者进行劳动安全卫生教育，防止劳动过程中的事故，减少职业危害。

第五十三条 劳动安全卫生设施必须符合国家规定的标准。

新建、改建、扩建工程的劳动安全卫生设施必须与主题同时设计、同时施工、同时投入生产和使用。

第五十四条 用人单位必须为劳动者提供符合国家规定的劳动安全卫生条件和必要的劳动防护用品，对从事有职业危害作业的劳动者应当定期进行健康检查。

第五十五条 从事特种作业的劳动者必须经过专门培训并取得特种作业资格。

第五十六条 劳动者在劳动过程中必须严格遵守安全操作规程。

劳动者对用人单位管理人员违章指挥、强令冒险作业，有权拒绝执行；对危害生命安全和身体健康的行为，有权提出批评、检举和控告。

第五十七条 国家建立伤亡和职业病统计报告和处理制度。县级以上各级人民政府劳动行政部门、有关部门和用人单位应当依法对劳动者在劳动过程中发生的伤亡事故和劳动者的职业病状况，进行统计、报告和处理。

第七章 女职工和未成年工特殊保护

第五十八条 国家对女职工和未成年工实行特殊劳动保护。

未成年工是指年满16周岁未满18周岁的劳动者。

第五十九条 禁止安排女职工从事矿山井下、国家规定的第四级体力劳动强度的劳动和其他禁忌从事的劳动。

第六十条 不得安排女职工在经期从事高处、低温、冷水作业和国家规定的第三级体力劳动强度的劳动。

第六十一条 不得安排女职工在怀孕期间从事国家国家规定的第三级体力劳

动强度的劳动和孕期禁忌从事的劳动。对怀孕7个月以上的女职工，不得安排其延长工作时间和夜班劳动。

第六十二条 女职工生育享受不少于90天的产假。

第六十三条 不得安排女职工在哺乳未满1周岁的婴儿期间从事国家规定的第三级体力劳动强度的劳动和哺乳期禁忌从事的其他劳动，不得安排其延长工作时间和夜班劳动。

第六十四条 不得安排未成年工从事矿山井下、有毒有害、国家规定的第四级体力劳动强度的劳动和其他禁忌从事的劳动。

第六十五条 用人单位应当对未成年工定期进行健康检查。

第八章 职业培训

第六十六条 国家通过各种途径，采取各种措施，发展职业培训事业，开发劳动者的职业技能，提高劳动者素质，增强劳动者的就业能力和工作能力。

第六十七条 各级人民政府应当把发展职业培训纳入社会经济发展的规划，鼓励和支持有条件的企业、事业组织、社会团体和个人进行各种形式的职业培训。

第六十八条 用人单位应当建立职业培训制度，按照国家规定提取和使用职业培训经费，根据本单位实际，有计划地对劳动者进行职业培训。

从事技术工种的劳动者，上岗前必须经过培训。

第六十九条 国家确定职业分类，对规定的职业制度职业技能标准，实行职业资格证书制度，由经过政府批准的考核鉴定机构负责对劳动者实施职业技能考核鉴定。

第九章 社会保险和福利

第七十条 国家发展社会保险，建立社会保险制度，设立社会保险基金，使劳动者在年老、患病、工伤、失业、生育等情况下获得帮助和补偿。

第七十一条 社会保险水平应当与社会经济发展水平和社会承受能力相适应。

第七十二条 社会保险基金按照保险类型确定资金来源，逐步实行社会统筹。用人单位和劳动者必须依法参加社会保险，缴纳社会保险费。

第七十三条 劳动者在下列情形下，依法享受社会保险待遇：

（一）退休；

（二）患病；

（三）因工伤残或者患职业病；

（四）失业；

（五）生育。

劳动者死亡后，其遗属依法享受遗属津贴。

劳动者享受社会保险待遇的条件和标准由法律、法规规定。

劳动者享受的社会保险金必须按时足额支付。

第七十四条 社会保险基金经办机构依照法律规定收支、管理和运营社会保险基金，并负有使社会保险基金保值增值的责任。

社会保险基金监督机构依照法律规定，对社会保险基金的收支、管理和运营实施监督。

社会保险基金经办机构和社会保险基金监督机构的设立和职能由法律规定。

任何组织和个人不得挪用社会保险基金。

第七十五条 国家鼓励用人单位根据本单位实际情况为劳动者建立补充保险。

国家提倡劳动者个人进行储蓄性保险。

第七十六条 国家发展社会福利事业，兴建公共福利设施，为劳动者休息、休养和疗养提供条件。

用人单位应当创造条件，改善集体福利，提高劳动者的福利待遇。

第十章 劳动争议

第七十七条 用人单位与劳动者发生劳动争议，当事人可以依法申请调解、仲裁、提起诉讼，也可以协商解决。

调解原则适用于仲裁和诉讼程序。

第七十八条 解决劳动争议，应当根据合法、公正、及时处理的原则，依法维护劳动争议当事人的合法权益。

第七十九条 劳动争议发生后，当事人可以向本单位劳动争议调解委员会申请调解；调解不成，当事人一方要求仲裁的，可以向劳动争议仲裁委员会申请仲裁。当事人一方也可以直接向劳动争议仲裁委员会申请仲裁。对仲裁裁决不服的，可以向人民法院提出诉讼。

第八十条 在用人单位内，可以设立劳动争议调解委员会。劳动争议调解委员会由职工代表、用人单位代表和工会代表组成。劳动争议调解委员会主任由工会代表担任。

劳动争议经调解达成协议的，当事人应当履行。

第八十一条 劳动争议仲裁委员会由劳动行政部门代表、同级工会代表、用人单位代表方面的代表组成。劳动争议仲裁委员会主任由劳动行政部门代表担任。

第八十二条 提出仲裁要求的一方应当自劳动争议发生之日起60日内向劳动争议仲裁委员会提出书面申请。仲裁裁决一般应在收到仲裁申请的60日内作出。对仲裁裁决无异议的，当事人必须履行。

第八十三条 劳动争议当事人对仲裁裁决不服的，可以自收到仲裁裁决书之日起15日内向人民法院提起诉讼。一方当事人在法定期限内不起诉又不履行仲裁裁决的,另一方当事人可以申请强制执行。

第八十四条 因签订集体合同发生争议,当事人协商解决不成的,当地人民政府劳动行政部门可以组织有关各方协调处理。

因履行集体合同发生争议,当事人协商解决不成的,可以向劳动争议仲裁委员会申请仲裁;对仲裁裁决不服的,可以自收到仲裁裁决书之日起15日内向人民法院提出诉讼。

第十一章 监督检查

第八十五条 县级以上各级人民政府劳动行政部门依法对用人单位遵守劳动法律、法规的情况进行监督检查,对违反劳动法律、法规的行为有权制止,并责令改正。

第八十六条 县级以上各级人民政府劳动行政部门监督检查人员执行公务,有权进入用人单位了解执行劳动法律、法规的情况,查阅必要的资料,并对劳动场所进行检查。

县级以上各级人民政府劳动行政部门监督检查人员执行公务,必须出示证件,秉公执法并遵守有关规定。

第八十七条 县级以上各级人民政府有关部门在各自职责范围内,对用人单位遵守劳动法律、法规的情况进行监督。

第八十八条 各级工会依法维护劳动者的合法权益,对用人单位遵守劳动法律、法规的情况进行监督。

任何组织和个人对于违反劳动法律、法规的行为有权检举和控告。

第十二章 法律责任

第八十九条 用人单位制定的劳动规章制度违反法律、法规规定的,由劳动行政部门给予警告,责令改正;对劳动者造成损害的,应当承担赔偿责任。

第九十条 用人单位违反本法律规定,延长劳动者工作时间的,由劳动行政部门给予警告,责令改正,并可以处以罚款。

第九十一条 用人单位有下列侵害劳动者合法权益情形之一的,由劳动行政部门责令支付劳动者的工资报酬、经济补偿,并可以责令支付赔偿金:

(一)克扣或者无故拖欠劳动者工资的;

(二)拒不支付劳动者延长工作时间工资报酬的;

(三)低于当地最低工资标准支付劳动者工资的;

(四)解除劳动合同后,未依照本法规定给予劳动者经济补偿的。

第九十二条 用人单位的劳动安全设施和劳动卫生条件不符合国家规定或者

未向劳动者提供必要的劳动防护用品和劳动保护设施的,由劳动行政部门或者有关部门责令改正,可以处以罚款;情节严重的,提请县级以上人民政府决定责令停产整顿;对事故隐患不采取措施,致使发生重大事故,造成劳动者生命和财产损失的,对责任人员依照刑法有关规定追究刑事责任。

第九十三条 用人单位强令劳动者违章冒险作业,发生重大伤亡事故,造成严重后果的,对责任人员依法追究刑事责任。

第九十四条 用人单位非法招用未满16周岁的未成年人的,由劳动行政部门责令改正,处以罚款;情节严重的,由工商行政管理部门吊销营业执照。

第九十五条 用人单位违反本法对女职工和未成年工的保护规定,侵害其合法权益的,由劳动行政部门责令改正,处以罚款;对女职工或者未成年工造成损害的,应当承担赔偿责任。

第九十六条 用人单位有下列行为之一,由公安机关对责任人员处以15日以下拘留、罚款或者警告;构成犯罪的,对责任人员依法追究刑事责任:
(一)以暴力、威胁或者非法限制人身自由的手段强迫劳动的;
(二)侮辱、体罚、殴打、非法搜查和拘禁劳动者的。

第九十七条 由于用人单位的原因订立的无效合同,对劳动者造成损害的,应当承担赔偿责任。

第九十八条 用人单位违反本法规定的条件解除劳动合同或者故意拖延不订立劳动合同的,由劳动行政部门责令改正;对劳动者造成损害的,应当承担赔偿责任。

第九十九条 用人单位招用尚未解除劳动合同的劳动者,对原用人单位造成经济损失的,该用人单位应当依法承担连带赔偿责任。

第一百条 用人单位无故不缴纳社会保险费的,由劳动行政部门责令其限期缴纳;逾期不缴的,可以加收滞纳金。

第一百零一条 用人单位无理阻挠劳动行政部门、有关部门及其工作人员行使监督检查权,打击报复举报人员的,由劳动行政部门或者有关部门处以罚款;构成犯罪的,对责任人员依法追究刑事责任。

第一百零二条 劳动者违反本法规定的条件解除劳动合同或者违反劳动合同中约定的保密事项,对用人单位造成经济损失的,应当依法承担赔偿责任。

第一百零三条 劳动行政部门或者有关部门的工作人员滥用职权、玩忽职守、徇私舞弊,构成犯罪的,依法追究刑事责任;不构成犯罪的,给予行政处分。

第一百零四条 国家工作人员和社会保险基金经办机构的工作人员挪用社会保险基金,构成犯罪的,依法追究刑事责任。

第一百零五条 违反本法规定侵害劳动者合法权益,其他法律、行政法规已规定处罚的,依照该法律、行政法规的规定处罚。

第十三章 附 则

第一百零六条 省、自治区、直辖市人民政府根据本法和本地区的实际情况，规定劳动合同制度的实施步骤，报国务院备案。

第一百零七条 本法自1995年1月1日起施行。

附录二 中华人民共和国劳动合同法

第一章 总 则

第一条 为了完善劳动合同制度，明确劳动合同双方当事人的权利和义务，保护劳动者的合法权益，构建和发展和谐稳定的劳动关系，制定本法。

第二条 中华人民共和国境内的企业、个体经济组织、民办非企业单位等组织（以下称用人单位）与劳动者建立劳动关系，订立、履行、变更、解除或者终止劳动合同，适用本法。

国家机关、事业单位、社会团体和与其建立劳动关系的劳动者，订立、履行、变更、解除或者终止劳动合同，依照本法执行。

第三条 订立劳动合同，应当遵循合法、公平、平等自愿、协商一致、诚实信用的原则。

依法订立的劳动合同具有约束力，用人单位与劳动者应当履行劳动合同约定的义务。

第四条 用人单位应当依法建立和完善劳动规章制度，保障劳动者享有劳动权利、履行劳动义务。

用人单位在制定、修改或者决定有关劳动报酬、工作时间、休息休假、劳动安全卫生、保险福利、职工培训、劳动纪律以及劳动定额管理等直接涉及劳动者切身利益的规章制度或者重大事项时，应当经职工代表大会或者全体职工讨论，提出方案和意见，与工会或者职工代表平等协商确定。

在规章制度和重大事项决定实施过程中，工会或者职工认为不适当的，有权向用人单位提出，通过协商予以修改完善。

用人单位应当将直接涉及劳动者切身利益的规章制度和重大事项决定公示，或者告知劳动者。

第五条 县级以上人民政府劳动行政部门会同工会和企业方面代表，建立健全协调劳动关系三方机制，共同研究解决有关劳动关系的重大问题。

第六条 工会应当帮助、指导劳动者与用人单位依法订立和履行劳动合同，并与用人单位建立集体协商机制，维护劳动者的合法权益。

第二章 劳动合同的订立

第七条 用人单位自用工之日起即与劳动者建立劳动关系。用人单位应当建立职工名册备查。

第八条 用人单位招用劳动者时，应当如实告知劳动者工作内容、工作条件、工作地点、职业危害、安全生产状况、劳动报酬，以及劳动者要求了解的其他情况；用人单位有权了解劳动者与劳动合同直接相关的基本情况，劳动者应当如实说明。

第九条 用人单位招用劳动者，不得扣押劳动者的居民身份证和其他证件，不得要求劳动者提供担保或者以其他名义向劳动者收取财物。

第十条 建立劳动关系，应当订立书面劳动合同。

已建立劳动关系，未同时订立书面劳动合同的，应当自用工之日起一个月内订立书面劳动合同。

用人单位与劳动者在用工前订立劳动合同的，劳动关系自用工之日起建立。

第十一条 用人单位未在用工的同时订立书面劳动合同，与劳动者约定的劳动报酬不明确的，新招用的劳动者的劳动报酬按照集体合同规定的标准执行；没有集体合同或者集体合同未规定的，实行同工同酬。

第十二条 劳动合同分为固定期限劳动合同、无固定期限劳动合同和以完成一定工作任务为期限的劳动合同。

第十三条 固定期限劳动合同，是指用人单位与劳动者约定合同终止时间的劳动合同。

用人单位与劳动者协商一致，可以订立固定期限劳动合同。

第十四条 无固定期限劳动合同，是指用人单位与劳动者约定无确定终止时间的劳动合同。

用人单位与劳动者协商一致，可以订立无固定期限劳动合同。有下列情形之一，劳动者提出或者同意续订、订立劳动合同的，除劳动者提出订立固定期限劳动合同外，应当订立无固定期限劳动合同：

（一）劳动者在该用人单位连续工作满十年的；

（二）用人单位初次实行劳动合同制度或者国有企业改制重新订立劳动合同时，劳动者在该用人单位连续工作满十年且距法定退休年龄不足十年的；

（三）连续订立二次固定期限劳动合同，且劳动者没有本法第三十九条和第四十条第一项、第二项规定的情形，续订劳动合同的。

用人单位自用工之日起满一年不与劳动者订立书面劳动合同的，视为用人单位与劳动者已订立无固定期限劳动合同。

第十五条 以完成一定工作任务为期限的劳动合同，是指用人单位与劳动者约定以某项工作的完成为合同期限的劳动合同。

用人单位与劳动者协商一致，可以订立以完成一定工作任务为期限的劳动合同。

第十六条 劳动合同由用人单位与劳动者协商一致，并经用人单位与劳动者在劳动合同文本上签字或者盖章生效。

劳动合同文本由用人单位和劳动者各执一份。

第十七条 劳动合同应当具备以下条款：

（一）用人单位的名称、住所和法定代表人或者主要负责人；

（二）劳动者的姓名、住址和居民身份证或者其他有效身份证件号码；

（三）劳动合同期限；

（四）工作内容和工作地点；

（五）工作时间和休息休假；

（六）劳动报酬；

（七）社会保险；

（八）劳动保护、劳动条件和职业危害防护；

（九）法律、法规规定应当纳入劳动合同的其他事项。

劳动合同除前款规定的必备条款外，用人单位与劳动者可以约定试用期、培训、保守秘密、补充保险和福利待遇等其他事项。

第十八条 劳动合同对劳动报酬和劳动条件等标准约定不明确，引发争议的，用人单位与劳动者可以重新协商；协商不成的，适用集体合同规定；没有集体合同或者集体合同未规定劳动报酬的，实行同工同酬；没有集体合同或者集体合同未规定劳动条件等标准的，适用国家有关规定。

第十九条 劳动合同期限三个月以上不满一年的，试用期不得超过一个月；劳动合同期限一年以上不满三年的，试用期不得超过二个月；三年以上固定期限和无固定期限的劳动合同，试用期不得超过六个月。

同一用人单位与同一劳动者只能约定一次试用期。

以完成一定工作任务为期限的劳动合同或者劳动合同期限不满三个月的，不得约定试用期。

试用期包含在劳动合同期限内。劳动合同仅约定试用期的，试用期不成立，该期限为劳动合同期限。

第二十条 劳动者在试用期的工资不得低于本单位相同岗位最低档工资或者劳动合同约定工资的百分之八十，并不得低于用人单位所在地的最低工资标准。

第二十一条 在试用期中，除劳动者有本法第三十九条和第四十条第一项、第二项规定的情形外，用人单位不得解除劳动合同。用人单位在试用期解除劳动合同的，应当向劳动者说明理由。

第二十二条 用人单位为劳动者提供专项培训费用，对其进行专业技术培训的，可以与该劳动者订立协议，约定服务期。

劳动者违反服务期约定的,应当按照约定向用人单位支付违约金。违约金的数额不得超过用人单位提供的培训费用。用人单位要求劳动者支付的违约金不得超过服务期尚未履行部分所应分摊的培训费用。

用人单位与劳动者约定服务期的,不影响按照正常的工资调整机制提高劳动者在服务期期间的劳动报酬。

第二十三条 用人单位与劳动者可以在劳动合同中约定保守用人单位的商业秘密和与知识产权相关的保密事项。

对负有保密义务的劳动者,用人单位可以在劳动合同或者保密协议中与劳动者约定竞业限制条款,并约定在解除或者终止劳动合同后,在竞业限制期限内按月给予劳动者经济补偿。劳动者违反竞业限制约定的,应当按照约定向用人单位支付违约金。

第二十四条 竞业限制的人员限于用人单位的高级管理人员、高级技术人员和其他负有保密义务的人员。竞业限制的范围、地域、期限由用人单位与劳动者约定,竞业限制的约定不得违反法律、法规的规定。

在解除或者终止劳动合同后,前款规定的人员到与本单位生产或者经营同类产品、从事同类业务的有竞争关系的其他用人单位,或者自己开业生产或者经营同类产品、从事同类业务的竞业限制期限,不得超过二年。

第二十五条 除本法第二十二条和第二十三条规定的情形外,用人单位不得与劳动者约定由劳动者承担违约金。

第二十六条 下列劳动合同无效或者部分无效:

(一)以欺诈、胁迫的手段或者乘人之危,使对方在违背真实意思的情况下订立或者变更劳动合同的;

(二)用人单位免除自己的法定责任、排除劳动者权利的;

(三)违反法律、行政法规强制性规定的。

对劳动合同的无效或者部分无效有争议的,由劳动争议仲裁机构或者人民法院确认。

第二十七条 劳动合同部分无效,不影响其他部分效力的,其他部分仍然有效。

第二十八条 劳动合同被确认无效,劳动者已付出劳动的,用人单位应当向劳动者支付劳动报酬。劳动报酬的数额,参照本单位相同或者相近岗位劳动者的劳动报酬确定。

第三章 劳动合同的履行和变更

第二十九条 用人单位与劳动者应当按照劳动合同的约定,全面履行各自的义务。

第三十条 用人单位应当按照劳动合同约定和国家规定，向劳动者及时足额支付劳动报酬。

用人单位拖欠或者未足额支付劳动报酬的，劳动者可以依法向当地人民法院申请支付令，人民法院应当依法发出支付令。

第三十一条 用人单位应当严格执行劳动定额标准，不得强迫或者变相强迫劳动者加班。用人单位安排加班的，应当按照国家有关规定向劳动者支付加班费。

第三十二条 劳动者拒绝用人单位管理人员违章指挥、强令冒险作业的，不视为违反劳动合同。

劳动者对危害生命安全和身体健康的劳动条件，有权对用人单位提出批评、检举和控告。

第三十三条 用人单位变更名称、法定代表人、主要负责人或者投资人等事项，不影响劳动合同的履行。

第三十四条 用人单位发生合并或者分立等情况，原劳动合同继续有效，劳动合同由承继其权利和义务的用人单位继续履行。

第三十五条 用人单位与劳动者协商一致，可以变更劳动合同约定的内容。变更劳动合同，应当采用书面形式。

第四章 劳动合同的解除和终止

第三十六条 用人单位与劳动者协商一致，可以解除劳动合同。

第三十七条 劳动者提前三十日以书面形式通知用人单位，可以解除劳动合同。劳动者在试用期内提前三日通知用人单位，可以解除劳动合同。

第三十八条 用人单位有下列情形之一的，劳动者可以解除劳动合同：

（一）未按照劳动合同约定提供劳动保护或者劳动条件的；

（二）未及时足额支付劳动报酬的；

（三）未依法为劳动者缴纳社会保险费的；

（四）用人单位的规章制度违反法律、法规的规定，损害劳动者权益的；

（五）因本法第二十六条第一款规定的情形致使劳动合同无效的；

（六）法律、行政法规规定劳动者可以解除劳动合同的其他情形。

用人单位以暴力、威胁或者非法限制人身自由的手段强迫劳动者劳动的，或者用人单位违章指挥、强令冒险作业危及劳动者人身安全的，劳动者可以立即解除劳动合同，不需事先告知用人单位。

第三十九条 劳动者有下列情形之一的，用人单位可以解除劳动合同：

（一）在试用期间被证明不符合录用条件的；

（二）严重违反用人单位的规章制度的；

（三）严重失职，营私舞弊，给用人单位造成重大损害的；

（四）劳动者同时与其他用人单位建立劳动关系，对完成本单位的工作任务造成严重影响，或者经用人单位提出，拒不改正的；

（五）因本法第二十六条第一款第一项规定的情形致使劳动合同无效的；

（六）被依法追究刑事责任的。

第四十条 有下列情形之一的，用人单位提前三十日以书面形式通知劳动者本人或者额外支付劳动者一个月工资后，可以解除劳动合同：

（一）劳动者患病或者非因工负伤，在规定的医疗期满后不能从事原工作，也不能从事由用人单位另行安排的工作的；

（二）劳动者不能胜任工作，经过培训或者调整工作岗位，仍不能胜任工作的；

（三）劳动合同订立时所依据的客观情况发生重大变化，致使劳动合同无法履行，经用人单位与劳动者协商，未能就变更劳动合同内容达成协议的。

第四十一条 有下列情形之一，需要裁减人员二十人以上或者裁减不足二十人但占企业职工总数百分之十以上的，用人单位提前三十日向工会或者全体职工说明情况，听取工会或者职工的意见后，裁减人员方案经向劳动行政部门报告，可以裁减人员：

（一）依照企业破产法规定进行重整的；

（二）生产经营发生严重困难的；

（三）企业转产、重大技术革新或者经营方式调整，经变更劳动合同后，仍需裁减人员的；

（四）其他因劳动合同订立时所依据的客观经济情况发生重大变化，致使劳动合同无法履行的。

裁减人员时，应当优先留用下列人员：

（一）与本单位订立较长期限的固定期限劳动合同的；

（二）与本单位订立无固定期限劳动合同的；

（三）家庭无其他就业人员，有需要扶养的老人或者未成年人的。

用人单位依照本条第一款规定裁减人员，在六个月内重新招用人员的，应当通知被裁减的人员，并在同等条件下优先招用被裁减的人员。

第四十二条 劳动者有下列情形之一的，用人单位不得依照本法第四十条、第四十一条的规定解除劳动合同：

（一）从事接触职业病危害作业的劳动者未进行离岗前职业健康检查，或者疑似职业病病人在诊断或者医学观察期间的；

（二）在本单位患职业病或者因工负伤并被确认丧失或者部分丧失劳动能力的；

（三）患病或者非因工负伤，在规定的医疗期内的；

（四）女职工在孕期、产期、哺乳期的；

（五）在本单位连续工作满十五年，且距法定退休年龄不足五年的；

（六）法律、行政法规规定的其他情形。

第四十三条 用人单位单方解除劳动合同，应当事先将理由通知工会。用人单位违反法律、行政法规规定或者劳动合同约定的，工会有权要求用人单位纠正。用人单位应当研究工会的意见，并将处理结果书面通知工会。

第四十四条 有下列情形之一的，劳动合同终止：

（一）劳动合同期满的；

（二）劳动者开始依法享受基本养老保险待遇的；

（三）劳动者死亡，或者被人民法院宣告死亡或者宣告失踪的；

（四）用人单位被依法宣告破产的；

（五）用人单位被吊销营业执照、责令关闭、撤销或者用人单位决定提前解散的；

（六）法律、行政法规规定的其他情形。

第四十五条 劳动合同期满，有本法第四十二条规定情形之一的，劳动合同应当续延至相应的情形消失时终止。但是，本法第四十二条第二项规定丧失或者部分丧失劳动能力劳动者的劳动合同的终止，按照国家有关工伤保险的规定执行。

第四十六条 有下列情形之一的，用人单位应当向劳动者支付经济补偿：

（一）劳动者依照本法第三十八条规定解除劳动合同的；

（二）用人单位依照本法第三十六条规定向劳动者提出解除劳动合同并与劳动者协商一致解除劳动合同的；

（三）用人单位依照本法第四十条规定解除劳动合同的；

（四）用人单位依照本法第四十一条第一款规定解除劳动合同的；

（五）除用人单位维持或者提高劳动合同约定条件续订劳动合同，劳动者不同意续订的情形外，依照本法第四十四条第一项规定终止固定期限劳动合同的；

（六）依照本法第四十四条第四项、第五项规定终止劳动合同的；

（七）法律、行政法规规定的其他情形。

第四十七条 经济补偿按劳动者在本单位工作的年限，每满一年支付一个月工资的标准向劳动者支付。六个月以上不满一年的，按一年计算；不满六个月的，向劳动者支付半个月工资的经济补偿。

劳动者月工资高于用人单位所在直辖市、设区的市级人民政府公布的本地区上年度职工月平均工资三倍的，向其支付经济补偿的标准按职工月平均工资三倍的数额支付，向其支付经济补偿的年限最高不超过十二年。

本条所称月工资是指劳动者在劳动合同解除或者终止前十二个月的平均工资。

第四十八条 用人单位违反本法规定解除或者终止劳动合同，劳动者要求继续履行劳动合同的，用人单位应当继续履行；劳动者不要求继续履行劳动合同或者劳动合同已经不能继续履行的，用人单位应当依照本法第八十七条规定支付赔偿金。

第四十九条 国家采取措施，建立健全劳动者社会保险关系跨地区转移接续制度。

第五十条 用人单位应当在解除或者终止劳动合同时出具解除或者终止劳动合同的证明，并在十五日内为劳动者办理档案和社会保险关系转移手续。

劳动者应当按照双方约定，办理工作交接。用人单位依照本法有关规定应当向劳动者支付经济补偿的，在办结工作交接时支付。

第五章 特别规定

第一节 集体合同

第五十一条 企业职工一方与用人单位通过平等协商，可以就劳动报酬、工作时间、休息休假、劳动安全卫生、保险福利等事项订立集体合同。集体合同草案应当提交职工代表大会或者全体职工讨论通过。

集体合同由工会代表企业职工一方与用人单位订立；尚未建立工会的用人单位，由上级工会指导劳动者推举的代表与用人单位订立。

第五十二条 企业职工一方与用人单位可以订立劳动安全卫生、女职工权益保护、工资调整机制等专项集体合同。

第五十三条 在县级以下区域内，建筑业、采矿业、餐饮服务业等行业可以由工会与企业方面代表订立行业性集体合同，或者订立区域性集体合同。

第五十四条 集体合同订立后，应当报送劳动行政部门；劳动行政部门自收到集体合同文本之日起十五日内未提出异议的，集体合同即行生效。

依法订立的集体合同对用人单位和劳动者具有约束力。行业性、区域性集体合同对当地本行业、本区域的用人单位和劳动者具有约束力。

第五十五条 集体合同中劳动报酬和劳动条件等标准不得低于当地人民政府规定的最低标准；用人单位与劳动者订立的劳动合同中劳动报酬和劳动条件等标准不得低于集体合同规定的标准。

第五十六条 用人单位违反集体合同，侵犯职工劳动权益的，工会可以依法要求用人单位承担责任；因履行集体合同发生争议，经协商解决不成的，工会可以依法申请仲裁、提起诉讼。

第二节 劳务派遣

第五十七条 经营劳务派遣业务应当具备下列条件：
（一）注册资本不得少于人民币二百万元；
（二）有与开展业务相适应的固定的经营场所和设施；
（三）有符合法律、行政法规规定的劳务派遣管理制度；
（四）法律、行政法规规定的其他条件。

经营劳务派遣业务，应当向劳动行政部门依法申请行政许可；经许可的，依法办理相应的公司登记。未经许可，任何单位和个人不得经营劳务派遣业务。

第五十八条　劳务派遣单位是本法所称用人单位，应当履行用人单位对劳动者的义务。劳务派遣单位与被派遣劳动者订立的劳动合同，除应当载明本法第十七条规定的事项外，还应当载明被派遣劳动者的用工单位以及派遣期限、工作岗位等情况。

劳务派遣单位应当与被派遣劳动者订立二年以上的固定期限劳动合同，按月支付劳动报酬；被派遣劳动者在无工作期间，劳务派遣单位应当按照所在地人民政府规定的最低工资标准，向其按月支付报酬。

第五十九条　劳务派遣单位派遣劳动者应当与接受以劳务派遣形式用工的单位（以下称用工单位）订立劳务派遣协议。劳务派遣协议应当约定派遣岗位和人员数量、派遣期限、劳动报酬和社会保险费的数额与支付方式以及违反协议的责任。

用工单位应当根据工作岗位的实际需要与劳务派遣单位确定派遣期限，不得将连续用工期限分割订立数个短期劳务派遣协议。

第六十条　劳务派遣单位应当将劳务派遣协议的内容告知被派遣劳动者。

劳务派遣单位不得克扣用工单位按照劳务派遣协议支付给被派遣劳动者的劳动报酬。

劳务派遣单位和用工单位不得向被派遣劳动者收取费用。

第六十一条　劳务派遣单位跨地区派遣劳动者的，被派遣劳动者享有的劳动报酬和劳动条件，按照用工单位所在地的标准执行。

第六十二条　用工单位应当履行下列义务：

（一）执行国家劳动标准，提供相应的劳动条件和劳动保护；

（二）告知被派遣劳动者的工作要求和劳动报酬；

（三）支付加班费、绩效奖金，提供与工作岗位相关的福利待遇；

（四）对在岗被派遣劳动者进行工作岗位所必需的培训；

（五）连续用工的，实行正常的工资调整机制。

用工单位不得将被派遣劳动者再派遣到其他用人单位。

第六十三条　被派遣劳动者享有与用工单位的劳动者同工同酬的权利。用工单位应当按照同工同酬原则，对被派遣劳动者与本单位同类岗位的劳动者实行相同的劳动报酬分配办法。用工单位无同类岗位劳动者的，参照用工单位所在地相同或者相近岗位劳动者的劳动报酬确定。

劳务派遣单位与被派遣劳动者订立的劳动合同和与用工单位订立的劳务派遣协议，载明或者约定的向被派遣劳动者支付的劳动报酬应当符合前款规定。

第六十四条　被派遣劳动者有权在劳务派遣单位或者用工单位依法参加或者

组织工会，维护自身的合法权益。

第六十五条 被派遣劳动者可以依照本法第三十六条、第三十八条的规定与劳务派遣单位解除劳动合同。

被派遣劳动者有本法第三十九条和第四十条第一项、第二项规定情形的，用工单位可以将劳动者退回劳务派遣单位，劳务派遣单位依照本法有关规定，可以与劳动者解除劳动合同。

第六十六条 劳动合同用工是我国的企业基本用工形式。劳务派遣用工是补充形式，只能在临时性、辅助性或者替代性的工作岗位上实施。

前款规定的临时性工作岗位是指存续时间不超过六个月的岗位；辅助性工作岗位是指为主营业务岗位提供服务的非主营业务岗位；替代性工作岗位是指用工单位的劳动者因脱产学习、休假等原因无法工作的一定期间内，可以由其他劳动者替代工作的岗位。

用工单位应当严格控制劳务派遣用工数量，不得超过其用工总量的一定比例，具体比例由国务院劳动行政部门规定。

第六十七条 用人单位不得设立劳务派遣单位向本单位或者所属单位派遣劳动者。

第三节 非全日制用工

第六十八条 非全日制用工，是指以小时计酬为主，劳动者在同一用人单位一般平均每日工作时间不超过四小时，每周工作时间累计不超过二十四小时的用工形式。

第六十九条 非全日制用工双方当事人可以订立口头协议。

从事非全日制用工的劳动者可以与一个或者一个以上用人单位订立劳动合同；但是，后订立的劳动合同不得影响先订立的劳动合同的履行。

第七十条 非全日制用工双方当事人不得约定试用期。

第七十一条 非全日制用工双方当事人任何一方都可以随时通知对方终止用工。终止用工，用人单位不向劳动者支付经济补偿。

第七十二条 非全日制用工小时计酬标准不得低于用人单位所在地人民政府规定的最低小时工资标准。

第六章 监督检查

第七十三条 国务院劳动行政部门负责全国劳动合同制度实施的监督管理。

县级以上地方人民政府劳动行政部门负责本行政区域内劳动合同制度实施的监督管理。

县级以上各级人民政府劳动行政部门在劳动合同制度实施的监督管理工作

中，应当听取工会、企业方面代表以及有关行业主管部门的意见。

第七十四条 县级以上地方人民政府劳动行政部门依法对下列实施劳动合同制度的情况进行监督检查：

（一）用人单位制定直接涉及劳动者切身利益的规章制度及其执行的情况；

（二）用人单位与劳动者订立和解除劳动合同的情况；

（三）劳务派遣单位和用工单位遵守劳务派遣有关规定的情况；

（四）用人单位遵守国家关于劳动者工作时间和休息休假规定的情况；

（五）用人单位支付劳动合同约定的劳动报酬和执行最低工资标准的情况；

（六）用人单位参加各项社会保险和缴纳社会保险费的情况；

（七）法律、法规规定的其他劳动监察事项。

第七十五条 县级以上地方人民政府劳动行政部门实施监督检查时，有权查阅与劳动合同、集体合同有关的材料，有权对劳动场所进行实地检查，用人单位和劳动者都应当如实提供有关情况和材料。

劳动行政部门的工作人员进行监督检查，应当出示证件，依法行使职权，文明执法。

第七十六条 县级以上人民政府建设、卫生、安全生产监督管理等有关主管部门在各自职责范围内，对用人单位执行劳动合同制度的情况进行监督管理。

第七十七条 劳动者合法权益受到侵害的，有权要求有关部门依法处理，或者依法申请仲裁、提起诉讼。

第七十八条 工会依法维护劳动者的合法权益，对用人单位履行劳动合同、集体合同的情况进行监督。用人单位违反劳动法律、法规和劳动合同、集体合同的，工会有权提出意见或者要求纠正；劳动者申请仲裁、提起诉讼的，工会依法给予支持和帮助。

第七十九条 任何组织或者个人对违反本法的行为都有权举报，县级以上人民政府劳动行政部门应当及时核实、处理，并对举报有功人员给予奖励。

第七章 法律责任

第八十条 用人单位直接涉及劳动者切身利益的规章制度违反法律、法规规定的，由劳动行政部门责令改正，给予警告；给劳动者造成损害的，应当承担赔偿责任。

第八十一条 用人单位提供的劳动合同文本未载明本法规定的劳动合同必备条款或者用人单位未将劳动合同文本交付劳动者的，由劳动行政部门责令改正；给劳动者造成损害的，应当承担赔偿责任。

第八十二条 用人单位自用工之日起超过一个月不满一年未与劳动者订立书面劳动合同的，应当向劳动者每月支付二倍的工资。

用人单位违反本法规定不与劳动者订立无固定期限劳动合同的，自应当订立无固定期限劳动合同之日起向劳动者每月支付二倍的工资。

第八十三条 用人单位违反本法规定与劳动者约定试用期的，由劳动行政部门责令改正；违法约定的试用期已经履行的，由用人单位以劳动者试用期满月工资为标准，按已经履行的超过法定试用期的期间向劳动者支付赔偿金。

第八十四条 用人单位违反本法规定，扣押劳动者居民身份证等证件的，由劳动行政部门责令限期退还劳动者本人，并依照有关法律规定给予处罚。

用人单位违反本法规定，以担保或者其他名义向劳动者收取财物的，由劳动行政部门责令限期退还劳动者本人，并以每人五百元以上二千元以下的标准处以罚款；给劳动者造成损害的，应当承担赔偿责任。

劳动者依法解除或者终止劳动合同，用人单位扣押劳动者档案或者其他物品的，依照前款规定处罚。

第八十五条 用人单位有下列情形之一的，由劳动行政部门责令限期支付劳动报酬、加班费或者经济补偿；劳动报酬低于当地最低工资标准的，应当支付其差额部分；逾期不支付的，责令用人单位按应付金额百分之五十以上百分之一百以下的标准向劳动者加付赔偿金：

（一）未按照劳动合同的约定或者国家规定及时足额支付劳动者劳动报酬的；

（二）低于当地最低工资标准支付劳动者工资的；

（三）安排加班不支付加班费的；

（四）解除或者终止劳动合同，未依照本法规定向劳动者支付经济补偿的。

第八十六条 劳动合同依照本法第二十六条规定被确认无效，给对方造成损害的，有过错的一方应当承担赔偿责任。

第八十七条 用人单位违反本法规定解除或者终止劳动合同的，应当依照本法第四十七条规定的经济补偿标准的二倍向劳动者支付赔偿金。

第八十八条 用人单位有下列情形之一的，依法给予行政处罚；构成犯罪的，依法追究刑事责任；给劳动者造成损害的，应当承担赔偿责任：

（一）以暴力、威胁或者非法限制人身自由的手段强迫劳动的；

（二）违章指挥或者强令冒险作业危及劳动者人身安全的；

（三）侮辱、体罚、殴打、非法搜查或者拘禁劳动者的；

（四）劳动条件恶劣、环境污染严重，给劳动者身心健康造成严重损害的。

第八十九条 用人单位违反本法规定未向劳动者出具解除或者终止劳动合同的书面证明，由劳动行政部门责令改正；给劳动者造成损害的，应当承担赔偿责任。

第九十条 劳动者违反本法规定解除劳动合同，或者违反劳动合同中约定的保密义务或者竞业限制，给用人单位造成损失的，应当承担赔偿责任。

第九十一条 用人单位招用与其他用人单位尚未解除或者终止劳动合同的劳动者，给其他用人单位造成损失的，应当承担连带赔偿责任。

第九十二条 违反本法规定，未经许可，擅自经营劳务派遣业务的，由劳动行政部门责令停止违法行为，没收违法所得，并处违法所得一倍以上五倍以下的罚款；没有违法所得的，可以处五万元以下的罚款。

劳务派遣单位、用工单位违反本法有关劳务派遣规定的，由劳动行政部门责令限期改正；逾期不改正的，以每人五千元以上一万元以下的标准处以罚款，对劳务派遣单位，吊销其劳务派遣业务经营许可证。用工单位给被派遣劳动者造成损害的，劳务派遣单位与用工单位承担连带赔偿责任。

第九十三条 对不具备合法经营资格的用人单位的违法犯罪行为，依法追究法律责任；劳动者已经付出劳动的，该单位或者其出资人应当依照本法有关规定向劳动者支付劳动报酬、经济补偿、赔偿金；给劳动者造成损害的，应当承担赔偿责任。

第九十四条 个人承包经营违反本法规定招用劳动者，给劳动者造成损害的，发包的组织与个人承包经营者承担连带赔偿责任。

第九十五条 劳动行政部门和其他有关主管部门及其工作人员玩忽职守、不履行法定职责，或者违法行使职权，给劳动者或者用人单位造成损害的，应当承担赔偿责任；对直接负责的主管人员和其他直接责任人员，依法给予行政处分；构成犯罪的，依法追究刑事责任。

第八章 附 则

第九十六条 事业单位与实行聘用制的工作人员订立、履行、变更、解除或者终止劳动合同，法律、行政法规或者国务院另有规定的，依照其规定；未作规定的，依照本法有关规定执行。

第九十七条 本法施行前已依法订立且在本法施行之日存续的劳动合同，继续履行；本法第十四条第二款第三项规定连续订立固定期限劳动合同的次数，自本法施行后续订固定期限劳动合同时开始计算。

本法施行前已建立劳动关系，尚未订立书面劳动合同的，应当自本法施行之日起一个月内订立。

本法施行之日存续的劳动合同在本法施行后解除或者终止，依照本法第四十六条规定应当支付经济补偿的，经济补偿年限自本法施行之日起计算；本法施行前按照当时有关规定，用人单位应当向劳动者支付经济补偿的，按照当时有关规定执行。

第九十八条 本法自2013年7月1日起施行。

附录三 中华人民共和国劳动合同法实施条例

第一章 总 则

第一条 为了贯彻实施《中华人民共和国劳动合同法》（以下简称劳动合同法），制定本条例。

第二条 各级人民政府和县级以上人民政府劳动行政等有关部门以及工会等组织，应当采取措施，推动劳动合同法的贯彻实施，促进劳动关系的和谐。

第三条 依法成立的会计师事务所、律师事务所等合伙组织和基金会，属于劳动合同法规定的用人单位。

第二章 劳动合同的订立

第四条 劳动合同法规定的用人单位设立的分支机构，依法取得营业执照或者登记证书的，可以作为用人单位与劳动者订立劳动合同；未依法取得营业执照或者登记证书的，受用人单位委托可以与劳动者订立劳动合同。

第五条 自用工之日起一个月内，经用人单位书面通知后，劳动者不与用人单位订立书面劳动合同的，用人单位应当书面通知劳动者终止劳动关系，无需向劳动者支付经济补偿，但是应当依法向劳动者支付其实际工作时间的劳动报酬。

第六条 用人单位自用工之日起超过一个月不满一年未与劳动者订立书面劳动合同的，应当依照劳动合同法第八十二条的规定向劳动者每月支付两倍的工资，并与劳动者补订书面劳动合同；劳动者不与用人单位订立书面劳动合同的，用人单位应当书面通知劳动者终止劳动关系，并依照劳动合同法第四十七条的规定支付经济补偿。

前款规定的用人单位向劳动者每月支付两倍工资的起算时间为用工之日起满一个月的次日，截止时间为补订书面劳动合同的前一日。

第七条 用人单位自用工之日起满一年未与劳动者订立书面劳动合同的，自用工之日起满一个月的次日至满一年的前一日应当依照劳动合同法第八十二条的规定向劳动者每月支付两倍的工资，并视为自用工之日起满一年的当日已经与劳动者订立无固定期限劳动合同，应当立即与劳动者补订书面劳动合同。

第八条 劳动合同法第七条规定的职工名册，应当包括劳动者姓名、性别、公民身份号码、户籍地址及现住址、联系方式、用工形式、用工起始时间、劳动合同期限等内容。

第九条 劳动合同法第十四条第二款规定的连续工作满10年的起始时间，应当自用人单位用工之日起计算，包括劳动合同法施行前的工作年限。

第十条　劳动者非因本人原因从原用人单位被安排到新用人单位工作的，劳动者在原用人单位的工作年限合并计算为新用人单位的工作年限。原用人单位已经向劳动者支付经济补偿的，新用人单位在依法解除、终止劳动合同计算支付经济补偿的工作年限时，不再计算劳动者在原用人单位的工作年限。

第十一条　除劳动者与用人单位协商一致的情形外，劳动者依照劳动合同法第十四条第二款的规定，提出订立无固定期限劳动合同的，用人单位应当与其订立无固定期限劳动合同。对劳动合同的内容，双方应当按照合法、公平、平等自愿、协商一致、诚实信用的原则协商确定；对协商不一致的内容，依照劳动合同法第十八条的规定执行。

第十二条　地方各级人民政府及县级以上地方人民政府有关部门为安置就业困难人员提供的给予岗位补贴和社会保险补贴的公益性岗位，其劳动合同不适用劳动合同法有关无固定期限劳动合同的规定以及支付经济补偿的规定。

第十三条　用人单位与劳动者不得在劳动合同法第四十四条规定的劳动合同终止情形之外约定其他的劳动合同终止条件。

第十四条　劳动合同履行地与用人单位注册地不一致的，有关劳动者的最低工资标准、劳动保护、劳动条件、职业危害防护和本地区上年度职工月平均工资标准等事项，按照劳动合同履行地的有关规定执行；用人单位注册地的有关标准高于劳动合同履行地的有关标准，且用人单位与劳动者约定按照用人单位注册地的有关规定执行的，从其约定。

第十五条　劳动者在试用期的工资不得低于本单位相同岗位最低档工资的80%或者不得低于劳动合同约定工资的80%，并不得低于用人单位所在地的最低工资标准。

第十六条　劳动合同法第二十二条第二款规定的培训费用，包括用人单位为了对劳动者进行专业技术培训而支付的有凭证的培训费用、培训期间的差旅费用以及因培训产生的用于该劳动者的其他直接费用。

第十七条　劳动合同期满，但是用人单位与劳动者依照劳动合同法第二十二条的规定约定的服务期尚未到期的，劳动合同应当续延至服务期满；双方另有约定的，从其约定。

第三章　劳动合同的解除和终止

第十八条　有下列情形之一的，依照劳动合同法规定的条件、程序，劳动者可以与用人单位解除固定期限劳动合同、无固定期限劳动合同或者以完成一定工作任务为期限的劳动合同：

（一）劳动者与用人单位协商一致的；

（二）劳动者提前30日以书面形式通知用人单位的；

（三）劳动者在试用期内提前3日通知用人单位的；

（四）用人单位未按照劳动合同约定提供劳动保护或者劳动条件的；

（五）用人单位未及时足额支付劳动报酬的；

（六）用人单位未依法为劳动者缴纳社会保险费的；

（七）用人单位的规章制度违反法律、法规的规定，损害劳动者权益的；

（八）用人单位以欺诈、胁迫的手段或者乘人之危，使劳动者在违背真实意思的情况下订立或者变更劳动合同的；

（九）用人单位在劳动合同中免除自己的法定责任、排除劳动者权利的；

（十）用人单位违反法律、行政法规强制性规定的；

（十一）用人单位以暴力、威胁或者非法限制人身自由的手段强迫劳动者劳动的；

（十二）用人单位违章指挥、强令冒险作业危及劳动者人身安全的；

（十三）法律、行政法规规定劳动者可以解除劳动合同的其他情形。

第十九条 有下列情形之一的，依照劳动合同法规定的条件、程序，用人单位可以与劳动者解除固定期限劳动合同、无固定期限劳动合同或者以完成一定工作任务为期限的劳动合同：

（一）用人单位与劳动者协商一致的；

（二）劳动者在试用期间被证明不符合录用条件的；

（三）劳动者严重违反用人单位的规章制度的；

（四）劳动者严重失职，营私舞弊，给用人单位造成重大损害的；

（五）劳动者同时与其他用人单位建立劳动关系，对完成本单位的工作任务造成严重影响，或者经用人单位提出，拒不改正的；

（六）劳动者以欺诈、胁迫的手段或者乘人之危，使用人单位在违背真实意思的情况下订立或者变更劳动合同的；

（七）劳动者被依法追究刑事责任的；

（八）劳动者患病或者非因工负伤，在规定的医疗期满后不能从事原工作，也不能从事由用人单位另行安排的工作的；

（九）劳动者不能胜任工作，经过培训或者调整工作岗位，仍不能胜任工作的；

（十）劳动合同订立时所依据的客观情况发生重大变化，致使劳动合同无法履行，经用人单位与劳动者协商，未能就变更劳动合同内容达成协议的；

（十一）用人单位依照企业破产法规定进行重整的；

（十二）用人单位生产经营发生严重困难的；

（十三）企业转产、重大技术革新或者经营方式调整，经变更劳动合同后，仍需裁减人员的；

（十四）其他因劳动合同订立时所依据的客观经济情况发生重大变化，致使劳动合同无法履行的。

第二十条 用人单位依照劳动合同法第四十条的规定,选择额外支付劳动者一个月工资解除劳动合同的,其额外支付的工资应当按照该劳动者上一个月的工资标准确定。

第二十一条 劳动者达到法定退休年龄的,劳动合同终止。

第二十二条 以完成一定工作任务为期限的劳动合同因任务完成而终止的,用人单位应当依照劳动合同法第四十七条的规定向劳动者支付经济补偿。

第二十三条 用人单位依法终止工伤职工的劳动合同的,除依照劳动合同法第四十七条的规定支付经济补偿外,还应当依照国家有关工伤保险的规定支付一次性工伤医疗补助金和伤残就业补助金。

第二十四条 用人单位出具的解除、终止劳动合同的证明,应当写明劳动合同期限、解除或者终止劳动合同的日期、工作岗位、在本单位的工作年限。

第二十五条 用人单位违反劳动合同法的规定解除或者终止劳动合同,依照劳动合同法第八十七条的规定支付了赔偿金的,不再支付经济补偿。赔偿金的计算年限自用工之日起计算。

第二十六条 用人单位与劳动者约定了服务期,劳动者依照劳动合同法第三十八条的规定解除劳动合同的,不属于违反服务期的约定,用人单位不得要求劳动者支付违约金。

有下列情形之一,用人单位与劳动者解除约定服务期的劳动合同的,劳动者应当按照劳动合同的约定向用人单位支付违约金:

(一)劳动者严重违反用人单位的规章制度的;

(二)劳动者严重失职,营私舞弊,给用人单位造成重大损害的;

(三)劳动者同时与其他用人单位建立劳动关系,对完成本单位的工作任务造成严重影响,或者经用人单位提出,拒不改正的;

(四)劳动者以欺诈、胁迫的手段或者乘人之危,使用人单位在违背真实意思的情况下订立或者变更劳动合同的;

(五)劳动者被依法追究刑事责任的。

第二十七条 劳动合同法第四十七条规定的经济补偿的月工资按照劳动者应得工资计算,包括计时工资或者计件工资以及奖金、津贴和补贴等货币性收入。劳动者在劳动合同解除或者终止前12个月的平均工资低于当地最低工资标准的,按照当地最低工资标准计算。劳动者工作不满12个月的,按照实际工作的月数计算平均工资。

第四章 劳务派遣特别规定

第二十八条 用人单位或者其所属单位出资或者合伙设立的劳务派遣单位,

向本单位或者所属单位派遣劳动者的,属于劳动合同法第六十七条规定的不得设立的劳务派遣单位。

第二十九条 用工单位应当履行劳动合同法第六十二条规定的义务,维护被派遣劳动者的合法权益。

第三十条 劳务派遣单位不得以非全日制用工形式招用被派遣劳动者。

第三十一条 劳务派遣单位或者被派遣劳动者依法解除、终止劳动合同的经济补偿,依照劳动合同法第四十六条、第四十七条的规定执行。

第三十二条 劳务派遣单位违法解除或者终止被派遣劳动者的劳动合同的,依照劳动合同法第四十八条的规定执行。

第五章 法律责任

第三十三条 用人单位违反劳动合同法有关建立职工名册规定的,由劳动行政部门责令限期改正;逾期不改正的,由劳动行政部门处2000元以上2万元以下的罚款。

第三十四条 用人单位依照劳动合同法的规定应当向劳动者每月支付两倍的工资或者应当向劳动者支付赔偿金而未支付的,劳动行政部门应当责令用人单位支付。

第三十五条 用工单位违反劳动合同法和本条例有关劳务派遣规定的,由劳动行政部门和其他有关主管部门责令改正;情节严重的,以每位被派遣劳动者1000元以上5000元以下的标准处以罚款;给被派遣劳动者造成损害的,劳务派遣单位和用工单位承担连带赔偿责任。

第六章 附 则

第三十六条 对违反劳动合同法和本条例的行为的投诉、举报,县级以上地方人民政府劳动行政部门依照《劳动保障监察条例》的规定处理。

第三十七条 劳动者与用人单位因订立、履行、变更、解除或者终止劳动合同发生争议的,依照《中华人民共和国劳动争议调解仲裁法》的规定处理。

第三十八条 本条例自公布之日起施行。

附录四 劳动法相关司法解释

最高人民法院关于审理劳动争议案件适用法律若干问题的解释(一)
(2001年3月22日最高人民法院审判委员会第1165次会议通过)
法释〔2001〕14号

为正确审理劳动争议案件,根据《劳动法》,和《民事诉讼法》等相关法律之规定，就适用法律的若干问题，作如下解释。

第一条 劳动者与用人单位之间发生的下列纠纷，属于《劳动法》第二条规定的劳动争议，当事人不服劳动争议仲裁委员会作出的裁决，依法向人民法院起诉的，人民法院应当受理：

（一）劳动者与用人单位在履行劳动合同过程中发生的纠纷；

（二）劳动者与用人单位之间没有订立书面劳动合同，但已形成劳动关系后发生的纠纷；

（三）劳动者退休后，与尚未参加社会保险统筹的原用人单位因追索养老金、医疗费、工伤保险待遇和其他社会保险费而发生的纠纷。

第二条 劳动争议仲裁委员会以当事人申请仲裁的事项不属于劳动争议为由，作出不予受理的书面裁决、决定或者通知，当事人不服，依法向人民法院起诉的，人民法院应当分别情况予以处理：

（一）属于劳动争议案件的，应当受理；

（二）虽不属于劳动争议案件，但属于人民法院主管的其他案件，应当依法受理。

第三条 劳动争议仲裁委员会根据《劳动法》第八十二条之规定，以当事人的仲裁申请超过六十日期限为由，作出不予受理的书面裁决、决定或者通知，当事人不服，依法向人民法院起诉的，人民法院应当受理；对确已超过仲裁申请期限，又无不可抗力或者其他正当理由的，依法驳回其诉讼请求。

第四条 劳动争议仲裁委员会以申请仲裁的主体不适格为由，作出不予受理的书面裁决、决定或者通知，当事人不服，依法向人民法院起诉的，经审查，确属主体不适格的，裁定不予受理或者驳回起诉。

第五条 劳动争议仲裁委员会为纠正原仲裁裁决错误重新作出裁决，当事人不服，依法向人民法院起诉的，人民法院应当受理。

第六条 人民法院受理劳动争议案件后，当事人增加诉讼请求的，劳动合同法全文。如该诉讼请求与讼争的劳动争议具有不可分性，应当合并审理；如属独立的劳动争议，应当告知当事人向劳动争议仲裁委员会申请仲裁。

第七条 劳动争议仲裁委员会仲裁的事项不属于人民法院受理的案件范围，当事人不服，依法向人民法院起诉的，裁定不予受理或者驳回起诉。

第八条 劳动争议案件由用人单位所在地或者劳动合同履行地的基层人民法院管辖。

劳动合同履行地不明确的，由用人单位所在地的基层人民法院管辖。

第九条 当事人双方不服劳动争议仲裁委员会作出的同一仲裁裁决，均向同一人民法院起诉的，先起诉的一方当事人为原告，但对双方的诉讼请求，人民法院应当一并作出裁决。

当事人双方就同一仲裁裁决分别向有管辖权的人民法院起诉的，后受理的人民法院应当将案件移送给先受理的人民法院。

第十条 用人单位与其它单位合并的，合并前发生的劳动争议，由合并后的单位为当事人；用人单位分立为若干单位的，其分立前发生的劳动争议，由分立后的实际用人单位为当事人。

用人单位分立为若干单位后，对承受劳动权利义务的单位不明确的，分立后的单位均为当事人。

第十一条 用人单位招用尚未解除劳动合同的劳动者，原用人单位与劳动者发生的劳动争议，可以列新的用人单位为第三人。

原用人单位以新的用人单位侵权为由向人民法院起诉的，可以列劳动者为第三人。

原用人单位以新的用人单位和劳动者共同侵权为由向人民法院起诉的，新的用人单位和劳动者列为共同被告。

第十二条 劳动者在用人单位与其他平等主体之间的承包经营期间，与发包方和承包方双方或者一方发生劳动争议，依法向人民法院起诉的，应当将承包方和发包方作为当事人。

第十三条 因用人单位作出的开除、除名、辞退、解除劳动合同、减少劳动报酬、计算劳动者工作年限等决定而发生的劳动争议，用人单位负举证责任。

第十四条 劳动合同被确认为无效后，用人单位对劳动者付出的劳动，一般可参照本单位同期、同工种、同岗位的工资标准支付劳动报酬。

根据《劳动法》第九十七条之规定，由于用人单位的原因订立的无效合同，给劳动者造成损害的，应当比照违反和解除劳动合同经济补偿金的支付标准，赔偿劳动者因合同无效所造成的经济损失。

第十五条 用人单位有下列情形之一，迫使劳动者提出解除劳动合同的，用人单位应当支付劳动者的劳动报酬和经济补偿，并可支付赔偿金：

（一）以暴力、威胁或者非法限制人身自由的手段强迫劳动的；

（二）未按照劳动合同约定支付劳动报酬或者提供劳动条件的；

（三）克扣或者无故拖欠劳动者工资的；

（四）拒不支付劳动者延长工作时间工资报酬的；

（五）低于当地最低工资标准支付劳动者工资的。

第十六条 劳动合同期满后，劳动者仍在原用人单位工作，原用人单位未表示异议的，视为双方同意以原条件继续履行劳动合同。一方提出终止劳动关系的，人民法院应当支持。

根据《劳动法》第二十条之规定，用人单位应当与劳动者签订无固定期限劳动合同而未签订的，人民法院可以视为双方之间存在无固定期限劳动合同关系，并以原劳动合同确定双方的权利义务关系。

第十七条 劳动争议仲裁委员会作出仲裁裁决后,当事人对裁决中的部分事项不服,依法向人民法院起诉的,劳动争议仲裁裁决不发生法律效力。

第十八条 劳动争议仲裁委员会对多个劳动者的劳动争议作出仲裁裁决后,部分劳动者对仲裁裁决不服,依法向人民法院起诉的,仲裁裁决对提出起诉的劳动者不发生法律效力;对未提出起诉的部分劳动者,发生法律效力,如其申请执行的,人民法院应当受理。

第十九条 用人单位根据《劳动法》第四条之规定,通过民主程序制定的规章制度,不违反国家法律、行政法规及政策规定,并已向劳动者公示的,可以作为人民法院审理劳动争议案件的依据。

第二十条 用人单位对劳动者作出的开除、除名、辞退等处理,或者因其他原因解除劳动合同确有错误的,人民法院可以依法判决予以撤销。

对于追索劳动报酬、养老金、医疗费以及工伤保险待遇、经济补偿金、培训费及其他相关费用等案件,给付数额不当的,人民法院可以予以变更。

第二十一条 当事人申请人民法院执行劳动争议仲裁机构作出的发生法律效力的裁决书、调解书,被申请人提出证据证明劳动争议仲裁裁决书、调解书有下列情形之一,并经审查核实的,人民法院可以根据《民事诉讼法》第二百一十七条之规定,裁定不予执行:

(一)裁决的事项不属于劳动争议仲裁范围,或者劳动争议仲裁机构无权仲裁的;

(二)适用法律确有错误的;

(三)仲裁员仲裁该案时,有徇私舞弊、枉法裁决行为的;

(四)人民法院认定执行该劳动争议仲裁裁决违背社会公共利益的。

人民法院在不予执行的裁定书中,应当告知当事人在收到裁定书之次日起三十日内,可以就该劳动争议事项向人民法院起诉。

最高人民法院关于审理劳动争议案件适用法律若干问题的解释(二)
(2006年7月10日最高人民法院审判委员会第1393次会议通过)
法释〔2006〕6号

为正确审理劳动争议案件,根据《中华人民共和国劳动法》、《中华人民共和国民事诉讼法》等相关法律规定,结合民事审判实践,对人民法院审理劳动争议案件适用法律的若干问题补充解释如下:

第一条 人民法院审理劳动争议案件,对下列情形,视为劳动法第八十二条规定的"劳动争议发生之日":

(一)在劳动关系存续期间产生的支付工资争议,用人单位能够证明已经书面通知劳动者拒付工资的，书面通知送达之日为劳动争议发生之日。用人单位不能证明的，劳动者主张权利之日为劳动争议发生之日。

（二）因解除或者终止劳动关系产生的争议，用人单位不能证明劳动者收到解除或者终止劳动关系书面通知时间的，劳动者主张权利之日为劳动争议发生之日。

（三）劳动关系解除或者终止后产生的支付工资、经济补偿金、福利待遇等争议，劳动者能够证明用人单位承诺支付的时间为解除或者终止劳动关系后的具体日期的，用人单位承诺支付之日为劳动争议发生之日。劳动者不能证明的，解除或者终止劳动关系之日为劳动争议发生之日。

第二条 拖欠工资争议，劳动者申请仲裁时劳动关系仍然存续，用人单位以劳动者申请仲裁超过六十日为由主张不再支付的，人民法院不予支持。但用人单位能够证明劳动者已经收到拒付工资的书面通知的除外。

第三条 劳动者以用人单位的工资欠条为证据直接向人民法院起诉，诉讼请求不涉及劳动关系其他争议的，视为拖欠劳动报酬争议，按照普通民事纠纷受理。

第四条 用人单位和劳动者因劳动关系是否已经解除或者终止，以及应否支付解除或终止劳动关系经济补偿金产生的争议，经劳动争议仲裁委员会仲裁后，当事人依法起诉的，人民法院应予受理。

第五条 劳动者与用人单位解除或者终止劳动关系后，请求用人单位返还其收取的劳动合同定金、保证金、抵押金、抵押物产生的争议，或者办理劳动者的人事档案、社会保险关系等移转手续产生的争议，经劳动争议仲裁委员会仲裁后，当事人依法起诉的，人民法院应予受理。

第六条 劳动者因为工伤、职业病，请求用人单位依法承担给予工伤保险待遇的争议，经劳动争议仲裁委员会仲裁后，当事人依法起诉的，人民法院应予受理。

第七条 下列纠纷不属于劳动争议：

（一）劳动者请求社会保险经办机构发放社会保险金的纠纷；

（二）劳动者与用人单位因住房制度改革产生的公有住房转让纠纷；

（三）劳动者对劳动能力鉴定委员会的伤残等级鉴定结论或者对职业病诊断鉴定委员会的职业病诊断鉴定结论的异议纠纷；

（四）家庭或者个人与家政服务人员之间的纠纷；

（五）个体工匠与帮工、学徒之间的纠纷；

（六）农村承包经营户与受雇人之间的纠纷。

第八条 当事人不服劳动争议仲裁委员会作出的预先支付劳动者部分工资或者医疗费用的裁决，向人民法院起诉的，人民法院不予受理。

用人单位不履行上述裁决中的给付义务，劳动者依法向人民法院申请强制执行的，人民法院应予受理。

第九条 劳动者与起有字号的个体工商户产生的劳动争议诉讼，人民法院应当以营业执照上登记的字号为当事人，但应同时注明该字号业主的自然情况。

第十条 劳动者因履行劳动力派遣合同产生劳动争议而起诉，以派遣单位为被告；争议内容涉及接受单位的，以派遣单位和接受单位为共同被告。

第十一条 劳教者和用人单位均不服劳动争议仲裁委员会的同一裁决，向同一人民法院起诉的，人民法院应当并案审理，双方当事人互为原告和被告。在诉讼过程中，一方当事人撤诉的，人民法院应当根据另一方当事人的诉讼请求继续审理。

第十二条 当事人能够证明在申请仲裁期间内因不可抗力或者其他客观原因无法申请仲裁的，人民法院应当认定申请仲裁期间中止，从中止的原因消灭之次日起，申请仲裁期间连续计算。

第十三条 当事人能够证明在申请仲裁期间内具有下列情形之一的，人民法院应当认定申请仲裁期间中断：

（一）向对方当事人主张权利；

（二）向有关部门请求权利救济；

（三）对方当事人同意履行义务。

申请仲裁期间中断的，从对方当事人明确拒绝履行义务，或者有关部门作出处理决定或明确表示不予处理时起，申请仲裁期间重新计算。

第十四条 在诉讼过程中，劳动者向人民法院申请采取财产保全措施，人民法院经审查认为申请人经济确有困难，或有证据证明用人单位存在欠薪逃匿可能的，应当减轻或者免除劳动者提供担保的义务，及时采取保全措施。

第十五条 人民法院作出的财产保全裁定中，应当告知当事人在劳动仲裁机构的裁决书或者在人民法院的裁判文书生效后三个月内申请强制执行。逾期不申请的，人民法院应当裁定解除保全措施。

第十六条 用人单位制定的内部规章制度与集体合同或者劳动合同约定的内容不一致，劳动者请求优先适用合同约定的，人民法院应予支持。

第十七条 当事人在劳动争议调解委员会主持下达成的具有劳动权利义务内容的调解协议，具有劳动合同的约束力，可以作为人民法院裁判的根据。

当事人在劳动争议调解委员会主持下仅就劳动报酬争议达成调解协议，用人单位不履行调解协议确定的给付义务，劳动者直接向人民法院起诉的，人民法院可以按照普通民事纠纷受理。

第十八条 本解释自二〇〇六年十月一日起施行。本解释施行前本院颁布的有关司法解释与本解释规定不一致的，以本解释的规定为准。

本解释施行后，人民法院尚未审结的一审、二审案件适用本解释。本解释施行前已经审结的案件，不得适用本解释的规定进行再审。

最高人民法院关于审理劳动争议案件适用法律若干问题的解释（三）
（2010年7月12日最高人民法院审判委员会第1489次会议通过）

为正确审理劳动争议案件，根据《中华人民共和国劳动法》、《中华人民共和国劳动合同法》、《中华人民共和国劳动争议调解仲裁法》、《中华人民共和国民事诉讼法》等相关法律规定，结合民事审判实践，特作如下解释。

第一条 劳动者以用人单位未为其办理社会保险手续，且社会保险经办机构不能补办导致其无法享受社会保险待遇为由，要求用人单位赔偿损失而发生争议的，人民法院应予受理。

第二条 因企业自主进行改制引发的争议，人民法院应予受理。

第三条 劳动者依据劳动合同法第八十五条规定，向人民法院提起诉讼，要求用人单位支付加付赔偿金的，人民法院应予受理。

第四条 劳动者与未办理营业执照、营业执照被吊销或者营业期限届满仍继续经营的用人单位发生争议的，应当将用人单位或者其出资人列为当事人。

第五条 未办理营业执照、营业执照被吊销或者营业期限届满仍继续经营的用人单位，以挂靠等方式借用他人营业执照经营的，应当将用人单位和营业执照出借方列为当事人。

第六条 当事人不服劳动人事争议仲裁委员会作出的仲裁裁决，依法向人民法院提起诉讼，人民法院审查认为仲裁裁决遗漏了必须共同参加仲裁的当事人的，应当依法追加遗漏的人为诉讼当事人。

被追加的当事人应当承担责任的，人民法院应当一并处理。

第七条 用人单位与其招用的已经依法享受养老保险待遇或领取退休金的人员发生用工争议，向人民法院提起诉讼的，人民法院应当按劳务关系处理。

第八条 企业停薪留职人员、未达到法定退休年龄的内退人员、下岗待岗人员以及企业经营性停产放长假人员，因与新的用人单位发生用工争议，依法向人民法院提起诉讼的，人民法院应当按劳动关系处理。

第九条 劳动者主张加班费的，应当就加班事实的存在承担举证责任。但劳动者有证据证明用人单位掌握加班事实存在的证据，用人单位不提供的，由用人单位承担不利后果。

第十条 劳动者与用人单位就解除或者终止劳动合同办理相关手续、支付工资报酬、加班费、经济补偿或者赔偿金等达成的协议，不违反法律、行政法规的强制性规定，且不存在欺诈、胁迫或者乘人之危情形的，应当认定有效。

前款协议存在重大误解或者显失公平情形，当事人请求撤销的，人民法院应予支持。

第十一条 劳动人事争议仲裁委员会作出的调解书已经发生法律效力，一方当事人反悔提起诉讼的，人民法院不予受理；已经受理的，裁定驳回起诉。

第十二条 劳动人事争议仲裁委员会逾期未作出受理决定或仲裁裁决，当事人直接提起诉讼的，人民法院应予受理，但申请仲裁的案件存在下列事由的除外：

（一）移送管辖的；

（二）正在送达或送达延误的；

（三）等待另案诉讼结果、评残结论的；

（四）正在等待劳动人事争议仲裁委员会开庭的；

（五）启动鉴定程序或者委托其他部门调查取证的；

（六）其他正当事由。

当事人以劳动人事争议仲裁委员会逾期未作出仲裁裁决为由提起诉讼的，应当提交劳动人事争议仲裁委员会出具的受理通知书或者其他已接受仲裁申请的凭证或证明。

第十三条 劳动者依据调解仲裁法第四十七条第（一）项规定，追索劳动报酬、工伤医疗费、经济补偿或者赔偿金，如果仲裁裁决涉及数项，每项确定的数额均不超过当地月最低工资标准十二个月金额的，应当按照终局裁决处理。

第十四条 劳动人事争议仲裁委员会作出的同一仲裁裁决同时包含终局裁决事项和非终局裁决事项，当事人不服该仲裁裁决向人民法院提起诉讼的，应当按照非终局裁决处理。

第十五条 劳动者依据调解仲裁法第四十八条规定向基层人民法院提起诉讼，用人单位依据调解仲裁法第四十九条规定向劳动人事争议仲裁委员会所在地的中级人民法院申请撤销仲裁裁决的，中级人民法院应不予受理；已经受理的，应当裁定驳回申请。

被人民法院驳回起诉或者劳动者撤诉的，用人单位可以自收到裁定书之日起三十日内，向劳动人事争议仲裁委员会所在地的中级人民法院申请撤销仲裁裁决。

第十六条 用人单位依照调解仲裁法第四十九条规定向中级人民法院申请撤销仲裁裁决，中级人民法院作出的驳回申请或者撤销仲裁裁决的裁定为终审裁定。

第十七条 劳动者依据劳动合同法第三十条第二款和调解仲裁法第十六条规定向人民法院申请支付令，符合民事诉讼法第十七章督促程序规定的，人民法院应予受理。

依据劳动合同法第三十条第二款规定申请支付令被人民法院裁定终结督促程序后，劳动者就劳动争议事项直接向人民法院起诉的，人民法院应当告知其先向劳动人事争议仲裁委员会申请仲裁。

依据调解仲裁法第十六条规定申请支付令被人民法院裁定终结督促程序后，劳动者依据调解协议直接向人民法院提起诉讼的，人民法院应予受理。

第十八条　劳动人事争议仲裁委员会作出终局裁决，劳动者向人民法院申请执行，用人单位向劳动人事争议仲裁委员会所在地的中级人民法院申请撤销的，人民法院应当裁定中止执行。

用人单位撤回撤销终局裁决申请或者其申请被驳回的，人民法院应当裁定恢复执行。仲裁裁决被撤销的，人民法院应当裁定终结执行。

用人单位向人民法院申请撤销仲裁裁决被驳回后，又在执行程序中以相同理由提出不予执行抗辩的，人民法院不予支持。

最高人民法院关于审理劳动争议案件适用法律若干问题的解释（四）
（2012年12月31日最高人民法院审判委员会第1566次会议通过）
法释〔2013〕4号

为正确审理劳动争议案件，根据《中华人民共和国劳动法》《中华人民共和国劳动合同法》《中华人民共和国劳动争议调解仲裁法》《中华人民共和国民事诉讼法》等相关法律规定，结合民事审判实践，就适用法律的若干问题，作如下解释：

第一条　劳动人事争议仲裁委员会以无管辖权为由对劳动争议案件不予受理，当事人提起诉讼的，人民法院按照以下情形分别处理：

（一）经审查认为该劳动人事争议仲裁委员会对案件确无管辖权的，应当告知当事人向有管辖权的劳动人事争议仲裁委员会申请仲裁；

（二）经审查认为该劳动人事争议仲裁委员会有管辖权的，应当告知当事人申请仲裁，并将审查意见书面通知该劳动人事争议仲裁委员会，劳动人事争议仲裁委员会仍不受理，当事人就该劳动争议事项提起诉讼的，应予受理。

第二条　仲裁裁决的类型以仲裁裁决书确定为准。

仲裁裁决书未载明该裁决为终局裁决或非终局裁决，用人单位不服该仲裁裁决向基层人民法院提起诉讼的，应当按照以下情形分别处理：

（一）经审查认为该仲裁裁决为非终局裁决的，基层人民法院应予受理；

（二）经审查认为该仲裁裁决为终局裁决的，基层人民法院不予受理，但应告知用人单位可以自收到不予受理裁定书之日起三十日内向劳动人事争议仲裁委员会所在地的中级人民法院申请撤销该仲裁裁决；已经受理的，裁定驳回起诉。

第三条　中级人民法院审理用人单位申请撤销终局裁决的案件，应当组成合议庭开庭审理。经过阅卷、调查和询问当事人，对没有新的事实、证据或者理由，合议庭认为不需要开庭审理的，可以不开庭审理。

中级人民法院可以组织双方当事人调解。达成调解协议的，可以制作调解书。一方当事人逾期不履行调解协议的，另一方可以申请人民法院强制执行。

第四条　当事人在人民调解委员会主持下仅就给付义务达成的调解协议，双方认为有必要的，可以共同向人民调解委员会所在地的基层人民法院申请司法确认。

第五条 劳动者非因本人原因从原用人单位被安排到新用人单位工作，原用人单位未支付经济补偿，劳动者依照劳动合同法第三十八条规定与新用人单位解除劳动合同，或者新用人单位向劳动者提出解除、终止劳动合同，在计算支付经济补偿或赔偿金的工作年限时，劳动者请求把在原用人单位的工作年限合并计算为新用人单位工作年限的，人民法院应予支持。

用人单位符合下列情形之一的，应当认定属于"劳动者非因本人原因从原用人单位被安排到新用人单位工作"：

（一）劳动者仍在原工作场所、工作岗位工作，劳动合同主体由原用人单位变更为新用人单位；

（二）用人单位以组织委派或任命形式对劳动者进行工作调动；

（三）因用人单位合并、分立等原因导致劳动者工作调动；

（四）用人单位及其关联企业与劳动者轮流订立劳动合同；

（五）其他合理情形。

第六条 当事人在劳动合同或者保密协议中约定了竞业限制，但未约定解除或者终止劳动合同后给予劳动者经济补偿，劳动者履行了竞业限制义务，要求用人单位按照劳动者在劳动合同解除或者终止前十二个月平均工资的30%按月支付经济补偿的，人民法院应予支持。

前款规定的月平均工资的30%低于劳动合同履行地最低工资标准的，按照劳动合同履行地最低工资标准支付。

第七条 当事人在劳动合同或者保密协议中约定了竞业限制和经济补偿，当事人解除劳动合同时，除另有约定外，用人单位要求劳动者履行竞业限制义务，或者劳动者履行了竞业限制义务后要求用人单位支付经济补偿的，人民法院应予支持。

第八条 当事人在劳动合同或者保密协议中约定了竞业限制和经济补偿，劳动合同解除或者终止后，因用人单位的原因导致三个月未支付经济补偿，劳动者请求解除竞业限制约定的，人民法院应予支持。

第九条 在竞业限制期限内，用人单位请求解除竞业限制协议时，人民法院应予支持。

在解除竞业限制协议时，劳动者请求用人单位额外支付劳动者三个月的竞业限制经济补偿的，人民法院应予支持。

第十条 劳动者违反竞业限制约定，向用人单位支付违约金后，用人单位要求劳动者按照约定继续履行竞业限制义务的，人民法院应予支持。

第十一条 变更劳动合同未采用书面形式，但已经实际履行了口头变更的劳动合同超过一个月，且变更后的劳动合同内容不违反法律、行政法规、国家政策以及公序良俗，当事人以未采用书面形式为由主张劳动合同变更无效的，人民法院不予支持。

第十二条 建立了工会组织的用人单位解除劳动合同符合劳动合同法第三十九条、第四十条规定，但未按照劳动合同法第四十三条规定事先通知工会，劳动者以用人单位违法解除劳动合同为由请求用人单位支付赔偿金的，人民法院应予支持，但起诉前用人单位已经补正有关程序的除外。

第十三条 劳动合同法施行后，因用人单位经营期限届满不再继续经营导致劳动合同不能继续履行，劳动者请求用人单位支付经济补偿的，人民法院应予支持。

第十四条 外国人、无国籍人未依法取得就业证件即与中国境内的用人单位签订劳动合同，以及香港特别行政区、澳门特别行政区和台湾地区居民未依法取得就业证件即与内地用人单位签订劳动合同，当事人请求确认与用人单位存在劳动关系的，人民法院不予支持。

持有《外国专家证》并取得《外国专家来华工作许可证》的外国人，与中国境内的用人单位建立用工关系的，可以认定为劳动关系。

第十五条 本解释施行前本院颁布的有关司法解释与本解释抵触的，自本解释施行之日起不再适用。

本解释施行后尚未终审的劳动争议纠纷案件，适用本解释；本解释施行前已经终审，当事人申请再审或者按照审判监督程序决定再审的，不适用本解释。

附录五　中华人民共和国社会保险法

（2010年10月28日第十一届全国人民代表大会常务委员会第十七次会议通过）

第一章　总　　则

第一条 为了规范社会保险关系，维护公民参加社会保险和享受社会保险待遇的合法权益，使公民共享发展成果，促进社会和谐稳定，根据宪法，制定本法。

第二条 国家建立基本养老保险、基本医疗保险、工伤保险、失业保险、生育保险等社会保险制度，保障公民在年老、疾病、工伤、失业、生育等情况下依法从国家和社会获得物质帮助的权利。

第三条 社会保险制度坚持广覆盖、保基本、多层次、可持续的方针，社会保险水平应当与经济社会发展水平相适应。

第四条 中华人民共和国境内的用人单位和个人依法缴纳社会保险费，有权查询缴费记录、个人权益记录，要求社会保险经办机构提供社会保险咨询等相关服务。

个人依法享受社会保险待遇，有权监督本单位为其缴费情况。

第五条 县级以上人民政府将社会保险事业纳入国民经济和社会发展规划。

国家多渠道筹集社会保险资金。县级以上人民政府对社会保险事业给予必要的经费支持。

国家通过税收优惠政策支持社会保险事业。

第六条 国家对社会保险基金实行严格监管。

国务院和省、自治区、直辖市人民政府建立健全社会保险基金监督管理制度，保障社会保险基金安全、有效运行。

县级以上人民政府采取措施，鼓励和支持社会各方面参与社会保险基金的监督。

第七条 国务院社会保险行政部门负责全国的社会保险管理工作，国务院其他有关部门在各自的职责范围内负责有关的社会保险工作。

县级以上地方人民政府社会保险行政部门负责本行政区域的社会保险管理工作，县级以上地方人民政府其他有关部门在各自的职责范围内负责有关的社会保险工作。

第八条 社会保险经办机构提供社会保险服务，负责社会保险登记、个人权益记录、社会保险待遇支付等工作。

第九条 工会依法维护职工的合法权益，有权参与社会保险重大事项的研究，参加社会保险监督委员会，对与职工社会保险权益有关的事项进行监督。

第二章　基本养老保险

第十条 职工应当参加基本养老保险，由用人单位和职工共同缴纳基本养老保险费。

无雇工的个体工商户、未在用人单位参加基本养老保险的非全日制从业人员以及其他灵活就业人员可以参加基本养老保险，由个人缴纳基本养老保险费。

公务员和参照公务员法管理的工作人员养老保险的办法由国务院规定。

第十一条 基本养老保险实行社会统筹与个人账户相结合。

基本养老保险基金由用人单位和个人缴费以及政府补贴等组成。

第十二条 用人单位应当按照国家规定的本单位职工工资总额的比例缴纳基本养老保险费，记入基本养老保险统筹基金。

职工应当按照国家规定的本人工资的比例缴纳基本养老保险费，记入个人账户。

无雇工的个体工商户、未在用人单位参加基本养老保险的非全日制从业人员以及其他灵活就业人员参加基本养老保险的，应当按照国家规定缴纳基本养老保险费，分别记入基本养老保险统筹基金和个人账户。

第十三条 国有企业、事业单位职工参加基本养老保险前,视同缴费年限期间应当缴纳的基本养老保险费由政府承担。

基本养老保险基金出现支付不足时,政府给予补贴。

第十四条 个人账户不得提前支取,记账利率不得低于银行定期存款利率,免征利息税。个人死亡的,个人账户余额可以继承。

第十五条 基本养老金由统筹养老金和个人账户养老金组成。

基本养老金根据个人累计缴费年限、缴费工资、当地职工平均工资、个人账户金额、城镇人口平均预期寿命等因素确定。

第十六条 参加基本养老保险的个人,达到法定退休年龄时累计缴费满十五年的,按月领取基本养老金。

参加基本养老保险的个人,达到法定退休年龄时累计缴费不足十五年的,可以缴费至满十五年,按月领取基本养老金;也可以转入新型农村社会养老保险或者城镇居民社会养老保险,按照国务院规定享受相应的养老保险待遇。

第十七条 参加基本养老保险的个人,因病或者非因工死亡的,其遗属可以领取丧葬补助金和抚恤金;在未达到法定退休年龄时因病或者非因工致残完全丧失劳动能力的,可以领取病残津贴。所需资金从基本养老保险基金中支付。

第十八条 国家建立基本养老金正常调整机制。根据职工平均工资增长、物价上涨情况,适时提高基本养老保险待遇水平。

第十九条 个人跨统筹地区就业的,其基本养老保险关系随本人转移,缴费年限累计计算。个人达到法定退休年龄时,基本养老金分段计算、统一支付。具体办法由国务院规定。

第二十条 国家建立和完善新型农村社会养老保险制度。

新型农村社会养老保险实行个人缴费、集体补助和政府补贴相结合。

第二十一条 新型农村社会养老保险待遇由基础养老金和个人账户养老金组成。

参加新型农村社会养老保险的农村居民,符合国家规定条件的,按月领取新型农村社会养老保险待遇。

第二十二条 国家建立和完善城镇居民社会养老保险制度。

省、自治区、直辖市人民政府根据实际情况,可以将城镇居民社会养老保险和新型农村社会养老保险合并实施。

第三章 基本医疗保险

第二十三条 职工应当参加职工基本医疗保险,由用人单位和职工按照国家规定共同缴纳基本医疗保险费。

无雇工的个体工商户、未在用人单位参加职工基本医疗保险的非全日制从业人员以及其他灵活就业人员可以参加职工基本医疗保险，由个人按照国家规定缴纳基本医疗保险费。

第二十四条　国家建立和完善新型农村合作医疗制度。

新型农村合作医疗的管理办法，由国务院规定。

第二十五条　国家建立和完善城镇居民基本医疗保险制度。

城镇居民基本医疗保险实行个人缴费和政府补贴相结合。

享受最低生活保障的人、丧失劳动能力的残疾人、低收入家庭六十周岁以上的老年人和未成年人等所需个人缴费部分，由政府给予补贴。

第二十六条　职工基本医疗保险、新型农村合作医疗和城镇居民基本医疗保险的待遇标准按照国家规定执行。

第二十七条　参加职工基本医疗保险的个人，达到法定退休年龄时累计缴费达到国家规定年限的，退休后不再缴纳基本医疗保险费，按照国家规定享受基本医疗保险待遇；未达到国家规定年限的，可以缴费至国家规定年限。

第二十八条　符合基本医疗保险药品目录、诊疗项目、医疗服务设施标准以及急诊、抢救的医疗费用，按照国家规定从基本医疗保险基金中支付。

第二十九条　参保人员医疗费用中应当由基本医疗保险基金支付的部分，由社会保险经办机构与医疗机构、药品经营单位直接结算。

社会保险行政部门和卫生行政部门应当建立异地就医医疗费用结算制度，方便参保人员享受基本医疗保险待遇。

第三十条　下列医疗费用不纳入基本医疗保险基金支付范围：

（一）应当从工伤保险基金中支付的；

（二）应当由第三人负担的；

（三）应当由公共卫生负担的；

（四）在境外就医的。

医疗费用依法应当由第三人负担，第三人不支付或者无法确定第三人的，由基本医疗保险基金先行支付。基本医疗保险基金先行支付后，有权向第三人追偿。

第三十一条　社会保险经办机构根据管理服务的需要，可以与医疗机构、药品经营单位签订服务协议，规范医疗服务行为。

医疗机构应当为参保人员提供合理、必要的医疗服务。

第三十二条　个人跨统筹地区就业的，其基本医疗保险关系随本人转移，缴费年限累计计算。

第四章　工　伤　保　险

第三十三条　职工应当参加工伤保险，由用人单位缴纳工伤保险费，职工不缴纳工伤保险费。

第三十四条 国家根据不同行业的工伤风险程度确定行业的差别费率,并根据使用工伤保险基金、工伤发生率等情况在每个行业内确定费率档次。行业差别费率和行业内费率档次由国务院社会保险行政部门制定,报国务院批准后公布施行。

社会保险经办机构根据用人单位使用工伤保险基金、工伤发生率和所属行业费率档次等情况,确定用人单位缴费费率。

第三十五条 用人单位应当按照本单位职工工资总额,根据社会保险经办机构确定的费率缴纳工伤保险费。

第三十六条 职工因工作原因受到事故伤害或者患职业病,且经工伤认定的,享受工伤保险待遇;其中,经劳动能力鉴定丧失劳动能力的,享受伤残待遇。

工伤认定和劳动能力鉴定应当简捷、方便。

第三十七条 职工因下列情形之一导致本人在工作中伤亡的,不认定为工伤:

(一)故意犯罪;

(二)醉酒或者吸毒;

(三)自残或者自杀;

(四)法律、行政法规规定的其他情形。

第三十八条 因工伤发生的下列费用,按照国家规定从工伤保险基金中支付:

(一)治疗工伤的医疗费用和康复费用;

(二)住院伙食补助费;

(三)到统筹地区以外就医的交通食宿费;

(四)安装配置伤残辅助器具所需费用;

(五)生活不能自理的,经劳动能力鉴定委员会确认的生活护理费;

(六)一次性伤残补助金和一至四级伤残职工按月领取的伤残津贴;

(七)终止或者解除劳动合同时,应当享受的一次性医疗补助金;

(八)因工死亡的,其遗属领取的丧葬补助金、供养亲属抚恤金和因工死亡补助金;

(九)劳动能力鉴定费。

第三十九条 因工伤发生的下列费用,按照国家规定由用人单位支付:

(一)治疗工伤期间的工资福利;

(二)五级、六级伤残职工按月领取的伤残津贴;

(三)终止或者解除劳动合同时,应当享受的一次性伤残就业补助金。

第四十条 工伤职工符合领取基本养老金条件的,停发伤残津贴,享受基本养老保险待遇。基本养老保险待遇低于伤残津贴的,从工伤保险基金中补足差额。

第四十一条 职工所在用人单位未依法缴纳工伤保险费,发生工伤事故的,由用人单位支付工伤保险待遇。用人单位不支付的，从工伤保险基金中先行支付。

从工伤保险基金中先行支付的工伤保险待遇应当由用人单位偿还。用人单位不偿还的，社会保险经办机构可以依照本法第六十三条的规定追偿。

第四十二条 由于第三人的原因造成工伤，第三人不支付工伤医疗费用或者无法确定第三人的，由工伤保险基金先行支付。工伤保险基金先行支付后，有权向第三人追偿。

第四十三条 工伤职工有下列情形之一的，停止享受工伤保险待遇：

（一）丧失享受待遇条件的；

（二）拒不接受劳动能力鉴定的；

（三）拒绝治疗的。

第五章 失 业 保 险

第四十四条 职工应当参加失业保险，由用人单位和职工按照国家规定共同缴纳失业保险费。

第四十五条 失业人员符合下列条件的，从失业保险基金中领取失业保险金：

（一）失业前用人单位和本人已经缴纳失业保险费满一年的；

（二）非因本人意愿中断就业的；

（三）已经进行失业登记，并有求职要求的。

第四十六条 失业人员失业前用人单位和本人累计缴费满一年不足五年的，领取失业保险金的期限最长为十二个月；累计缴费满五年不足十年的，领取失业保险金的期限最长为十八个月；累计缴费十年以上的，领取失业保险金的期限最长为二十四个月。重新就业后，再次失业的，缴费时间重新计算，领取失业保险金的期限与前次失业应当领取而尚未领取的失业保险金的期限合并计算，最长不超过二十四个月。

第四十七条 失业保险金的标准，由省、自治区、直辖市人民政府确定，不得低于城市居民最低生活保障标准。

第四十八条 失业人员在领取失业保险金期间，参加职工基本医疗保险，享受基本医疗保险待遇。

失业人员应当缴纳的基本医疗保险费从失业保险基金中支付，个人不缴纳基本医疗保险费。

第四十九条 失业人员在领取失业保险金期间死亡的，参照当地对在职职工死亡的规定，向其遗属发给一次性丧葬补助金和抚恤金。所需资金从失业保险基金中支付。

个人死亡同时符合领取基本养老保险丧葬补助金、工伤保险丧葬补助金和失业保险丧葬补助金条件的，其遗属只能选择领取其中的一项。

第五十条 用人单位应当及时为失业人员出具终止或者解除劳动关系的证明,并将失业人员的名单自终止或者解除劳动关系之日起十五日内告知社会保险经办机构。

失业人员应当持本单位为其出具的终止或者解除劳动关系的证明,及时到指定的公共就业服务机构办理失业登记。

失业人员凭失业登记证明和个人身份证明,到社会保险经办机构办理领取失业保险金的手续。失业保险金领取期限自办理失业登记之日起计算。

第五十一条 失业人员在领取失业保险金期间有下列情形之一的,停止领取失业保险金,并同时停止享受其他失业保险待遇:

(一)重新就业的;

(二)应征服兵役的;

(三)移居境外的;

(四)享受基本养老保险待遇的;

(五)无正当理由,拒不接受当地人民政府指定部门或者机构介绍的适当工作或者提供的培训的。

第五十二条 职工跨统筹地区就业的,其失业保险关系随本人转移,缴费年限累计计算。

第六章 生育保险

第五十三条 职工应当参加生育保险,由用人单位按照国家规定缴纳生育保险费,职工不缴纳生育保险费。

第五十四条 用人单位已经缴纳生育保险费的,其职工享受生育保险待遇;职工未就业配偶按照国家规定享受生育医疗费用待遇。所需资金从生育保险基金中支付。

生育保险待遇包括生育医疗费用和生育津贴。

第五十五条 生育医疗费用包括下列各项:

(一)生育的医疗费用;

(二)计划生育的医疗费用;

(三)法律、法规规定的其他项目费用。

第五十六条 职工有下列情形之一的,可以按照国家规定享受生育津贴:

(一)女职工生育享受产假;

(二)享受计划生育手术休假;

(三)法律、法规规定的其他情形。

生育津贴按照职工所在用人单位上年度职工月平均工资计发。

第七章 社会保险费征缴

第五十七条 用人单位应当自成立之日起三十日内凭营业执照、登记证书或者单位印章，向当地社会保险经办机构申请办理社会保险登记。社会保险经办机构应当自收到申请之日起十五日内予以审核，发给社会保险登记证件。

用人单位的社会保险登记事项发生变更或者用人单位依法终止的，应当自变更或者终止之日起三十日内，到社会保险经办机构办理变更或者注销社会保险登记。

工商行政管理部门、民政部门和机构编制管理机关应当及时向社会保险经办机构通报用人单位的成立、终止情况，公安机关应当及时向社会保险经办机构通报个人的出生、死亡以及户口登记、迁移、注销等情况。

第五十八条 用人单位应当自用工之日起三十日内为其职工向社会保险经办机构申请办理社会保险登记。未办理社会保险登记的，由社会保险经办机构核定其应当缴纳的社会保险费。

自愿参加社会保险的无雇工的个体工商户、未在用人单位参加社会保险的非全日制从业人员以及其他灵活就业人员，应当向社会保险经办机构申请办理社会保险登记。

国家建立全国统一的个人社会保障号码。个人社会保障号码为公民身份号码。

第五十九条 县级以上人民政府加强社会保险费的征收工作。

社会保险费实行统一征收，实施步骤和具体办法由国务院规定。

第六十条 用人单位应当自行申报、按时足额缴纳社会保险费，非因不可抗力等法定事由不得缓缴、减免。职工应当缴纳的社会保险费由用人单位代扣代缴，用人单位应当按月将缴纳社会保险费的明细情况告知本人。

无雇工的个体工商户、未在用人单位参加社会保险的非全日制从业人员以及其他灵活就业人员，可以直接向社会保险费征收机构缴纳社会保险费。

第六十一条 社会保险费征收机构应当依法按时足额征收社会保险费，并将缴费情况定期告知用人单位和个人。

第六十二条 用人单位未按规定申报应当缴纳的社会保险费数额的，按照该单位上月缴费额的百分之一百一十确定应当缴纳数额；缴费单位补办申报手续后，由社会保险费征收机构按照规定结算。

第六十三条 用人单位未按时足额缴纳社会保险费的，由社会保险费征收机构责令其限期缴纳或者补足。

用人单位逾期仍未缴纳或者补足社会保险费的，社会保险费征收机构可以向银行和其他金融机构查询其存款账户；并可以申请县级以上有关行政部门作出划拨社会保险费的决定，书面通知其开户银行或者其他金融机构划拨社会保险费。

用人单位账户余额少于应当缴纳的社会保险费的,社会保险费征收机构可以要求该用人单位提供担保,签订延期缴费协议。

用人单位未足额缴纳社会保险费且未提供担保的,社会保险费征收机构可以申请人民法院扣押、查封、拍卖其价值相当于应当缴纳社会保险费的财产,以拍卖所得抵缴社会保险费。

第八章　社会保险基金

第六十四条　社会保险基金包括基本养老保险基金、基本医疗保险基金、工伤保险基金、失业保险基金和生育保险基金。各项社会保险基金按照社会保险险种分别建账,分账核算,执行国家统一的会计制度。

社会保险基金专款专用,任何组织和个人不得侵占或者挪用。

基本养老保险基金逐步实行全国统筹,其他社会保险基金逐步实行省级统筹,具体时间、步骤由国务院规定。

第六十五条　社会保险基金通过预算实现收支平衡。

县级以上人民政府在社会保险基金出现支付不足时,给予补贴。

第六十六条　社会保险基金按照统筹层次设立预算。社会保险基金预算按照社会保险项目分别编制。

第六十七条　社会保险基金预算、决算草案的编制、审核和批准,依照法律和国务院规定执行。

第六十八条　社会保险基金存入财政专户,具体管理办法由国务院规定。

第六十九条　社会保险基金在保证安全的前提下,按照国务院规定投资运营实现保值增值。

社会保险基金不得违规投资运营,不得用于平衡其他政府预算,不得用于兴建、改建办公场所和支付人员经费、运行费用、管理费用,或者违反法律、行政法规规定挪作其他用途。

第七十条　社会保险经办机构应当定期向社会公布参加社会保险情况以及社会保险基金的收入、支出、结余和收益情况。

第七十一条　国家设立全国社会保障基金,由中央财政预算拨款以及国务院批准的其他方式筹集的资金构成,用于社会保障支出的补充、调剂。全国社会保障基金由全国社会保障基金管理运营机构负责管理运营,在保证安全的前提下实现保值增值。

全国社会保障基金应当定期向社会公布收支、管理和投资运营的情况。国务院财政部门、社会保险行政部门、审计机关对全国社会保障基金的收支、管理和投资运营情况实施监督。

第九章 社会保险经办

第七十二条 统筹地区设立社会保险经办机构。社会保险经办机构根据工作需要，经所在地的社会保险行政部门和机构编制管理机关批准，可以在本统筹地区设立分支机构和服务网点。

社会保险经办机构的人员经费和经办社会保险发生的基本运行费用、管理费用，由同级财政按照国家规定予以保障。

第七十三条 社会保险经办机构应当建立健全业务、财务、安全和风险管理制度。

社会保险经办机构应当按时足额支付社会保险待遇。

第七十四条 社会保险经办机构通过业务经办、统计、调查获取社会保险工作所需的数据，有关单位和个人应当及时、如实提供。

社会保险经办机构应当及时为用人单位建立档案，完整、准确地记录参加社会保险的人员、缴费等社会保险数据，妥善保管登记、申报的原始凭证和支付结算的会计凭证。

社会保险经办机构应当及时、完整、准确地记录参加社会保险的个人缴费和用人单位为其缴费，以及享受社会保险待遇等个人权益记录，定期将个人权益记录单免费寄送本人。

用人单位和个人可以免费向社会保险经办机构查询、核对其缴费和享受社会保险待遇记录，要求社会保险经办机构提供社会保险咨询等相关服务。

第七十五条 全国社会保险信息系统按照国家统一规划，由县级以上人民政府按照分级负责的原则共同建设。

第十章 社会保险监督

第七十六条 各级人民代表大会常务委员会听取和审议本级人民政府对社会保险基金的收支、管理、投资运营以及监督检查情况的专项工作报告，组织对本法实施情况的执法检查等，依法行使监督职权。

第七十七条 县级以上人民政府社会保险行政部门应当加强对用人单位和个人遵守社会保险法律、法规情况的监督检查。

社会保险行政部门实施监督检查时，被检查的用人单位和个人应当如实提供与社会保险有关的资料，不得拒绝检查或者谎报、瞒报。

第七十八条 财政部门、审计机关按照各自职责，对社会保险基金的收支、管理和投资运营情况实施监督。

第七十九条 社会保险行政部门对社会保险基金的收支、管理和投资运营情况进行监督检查，发现存在问题的，应当提出整改建议，依法作出处理决定或者向有关行政部门提出处理建议。社会保险基金检查结果应当定期向社会公布。

社会保险行政部门对社会保险基金实施监督检查，有权采取下列措施：

（一）查阅、记录、复制与社会保险基金收支、管理和投资运营相关的资料，对可能被转移、隐匿或者灭失的资料予以封存；

（二）询问与调查事项有关的单位和个人，要求其对与调查事项有关的问题作出说明、提供有关证明材料；

（三）对隐匿、转移、侵占、挪用社会保险基金的行为予以制止并责令改正。

第八十条 统筹地区人民政府成立由用人单位代表、参保人员代表，以及工会代表、专家等组成的社会保险监督委员会，掌握、分析社会保险基金的收支、管理和投资运营情况，对社会保险工作提出咨询意见和建议，实施社会监督。

社会保险经办机构应当定期向社会保险监督委员会汇报社会保险基金的收支、管理和投资运营情况。社会保险监督委员会可以聘请会计师事务所对社会保险基金的收支、管理和投资运营情况进行年度审计和专项审计。审计结果应当向社会公开。

社会保险监督委员会发现社会保险基金收支、管理和投资运营中存在问题的，有权提出改正建议；对社会保险经办机构及其工作人员的违法行为，有权向有关部门提出依法处理建议。

第八十一条 社会保险行政部门和其他有关行政部门、社会保险经办机构、社会保险费征收机构及其工作人员，应当依法为用人单位和个人的信息保密，不得以任何形式泄露。

第八十二条 任何组织或者个人有权对违反社会保险法律、法规的行为进行举报、投诉。

社会保险行政部门、卫生行政部门、社会保险经办机构、社会保险费征收机构和财政部门、审计机关对属于本部门、本机构职责范围的举报、投诉，应当依法处理；对不属于本部门、本机构职责范围的，应当书面通知并移交有权处理的部门、机构处理。有权处理的部门、机构应当及时处理，不得推诿。

第八十三条 用人单位或者个人认为社会保险费征收机构的行为侵害自己合法权益的，可以依法申请行政复议或者提起行政诉讼。

用人单位或者个人对社会保险经办机构不依法办理社会保险登记、核定社会保险费、支付社会保险待遇、办理社会保险转移接续手续或者侵害其他社会保险权益的行为，可以依法申请行政复议或者提起行政诉讼。

个人与所在用人单位发生社会保险争议的，可以依法申请调解、仲裁，提起诉讼。用人单位侵害个人社会保险权益的，个人也可以要求社会保险行政部门或者社会保险费征收机构依法处理。

第十一章 法律责任

第八十四条 用人单位不办理社会保险登记的，由社会保险行政部门责令限期改正；逾期不改正的，对用人单位处应缴社会保险费数额一倍以上三倍以下的罚款，对其直接负责的主管人员和其他直接责任人员处五百元以上三千元以下的罚款。

第八十五条 用人单位拒不出具终止或者解除劳动关系证明的，依照《中华人民共和国劳动合同法》的规定处理。

第八十六条 用人单位未按时足额缴纳社会保险费的，由社会保险费征收机构责令限期缴纳或者补足，并自欠缴之日起，按日加收万分之五的滞纳金；逾期仍不缴纳的，由有关行政部门处欠缴数额一倍以上三倍以下的罚款。

第八十七条 社会保险经办机构以及医疗机构、药品经营单位等社会保险服务机构以欺诈、伪造证明材料或者其他手段骗取社会保险基金支出的，由社会保险行政部门责令退回骗取的社会保险金，处骗取金额二倍以上五倍以下的罚款；属于社会保险服务机构的，解除服务协议；直接负责的主管人员和其他直接责任人员有执业资格的，依法吊销其执业资格。

第八十八条 以欺诈、伪造证明材料或者其他手段骗取社会保险待遇的，由社会保险行政部门责令退回骗取的社会保险金，处骗取金额二倍以上五倍以下的罚款。

第八十九条 社会保险经办机构及其工作人员有下列行为之一的，由社会保险行政部门责令改正；给社会保险基金、用人单位或者个人造成损失的，依法承担赔偿责任；对直接负责的主管人员和其他直接责任人员依法给予处分：

（一）未履行社会保险法定职责的；

（二）未将社会保险基金存入财政专户的；

（三）克扣或者拒不按时支付社会保险待遇的；

（四）丢失或者篡改缴费记录、享受社会保险待遇记录等社会保险数据、个人权益记录的；

（五）有违反社会保险法律、法规的其他行为的。

第九十条 社会保险费征收机构擅自更改社会保险费缴费基数、费率，导致少收或者多收社会保险费的，由有关行政部门责令其追缴应当缴纳的社会保险费或者退还不应当缴纳的社会保险费；对直接负责的主管人员和其他直接责任人员依法给予处分。

第九十一条 违反本法规定，隐匿、转移、侵占、挪用社会保险基金或者违规投资运营的，由社会保险行政部门、财政部门、审计机关责令追回；有违法所得的，没收违法所得；对直接负责的主管人员和其他直接责任人员依法给予处分。

第九十二条 社会保险行政部门和其他有关行政部门、社会保险经办机构、社会保险费征收机构及其工作人员泄露用人单位和个人信息的,对直接负责的主管人员和其他直接责任人员依法给予处分;给用人单位或者个人造成损失的,应当承担赔偿责任。

第九十三条 国家工作人员在社会保险管理、监督工作中滥用职权、玩忽职守、徇私舞弊的,依法给予处分。

第九十四条 违反本法规定,构成犯罪的,依法追究刑事责任。

第十二章 附 则

第九十五条 进城务工的农村居民依照本法规定参加社会保险。

第九十六条 征收农村集体所有的土地,应当足额安排被征地农民的社会保险费,按照国务院规定将被征地农民纳入相应的社会保险制度。

第九十七条 外国人在中国境内就业的,参照本法规定参加社会保险。

第九十八条 本法自2011年7月1日起施行。

附录六 工伤保险条例

(2003年4月27日中华人民共和国国务院令第375号公布 根据2010年12月20日《国务院关于修改〈工伤保险条例〉的决定》修订)

第一章 总 则

第一条 为了保障因工作遭受事故伤害或者患职业病的职工获得医疗救治和经济补偿,促进工伤预防和职业康复,分散用人单位的工伤风险,制定本条例。

第二条 中华人民共和国境内的企业、事业单位、社会团体、民办非企业单位、基金会、律师事务所、会计师事务所等组织和有雇工的个体工商户(以下称用人单位)应当依照本条例规定参加工伤保险,为本单位全部职工或者雇工(以下称职工)缴纳工伤保险费。

中华人民共和国境内的企业、事业单位、社会团体、民办非企业单位、基金会、律师事务所、会计师事务所等组织的职工和个体工商户的雇工,均有依照本条例的规定享受工伤保险待遇的权利。

第三条 工伤保险费的征缴按照《社会保险费征缴暂行条例》关于基本养老保险费、基本医疗保险费、失业保险费的征缴规定执行。

第四条 用人单位应当将参加工伤保险的有关情况在本单位内公示。

用人单位和职工应当遵守有关安全生产和职业病防治的法律法规,执行安全卫生规程和标准，预防工伤事故发生，避免和减少职业病危害。

职工发生工伤时，用人单位应当采取措施使工伤职工得到及时救治。

第五条 国务院社会保险行政部门负责全国的工伤保险工作。

县级以上地方各级人民政府社会保险行政部门负责本行政区域内的工伤保险工作。

社会保险行政部门按照国务院有关规定设立的社会保险经办机构（以下称经办机构）具体承办工伤保险事务。

第六条 社会保险行政部门等部门制定工伤保险的政策、标准，应当征求工会组织、用人单位代表的意见。

第二章 工伤保险基金

第七条 工伤保险基金由用人单位缴纳的工伤保险费、工伤保险基金的利息和依法纳入工伤保险基金的其他资金构成。

第八条 工伤保险费根据以支定收、收支平衡的原则，确定费率。

国家根据不同行业的工伤风险程度确定行业的差别费率，并根据工伤保险费使用、工伤发生率等情况在每个行业内确定若干费率档次。行业差别费率及行业内费率档次由国务院社会保险行政部门制定，报国务院批准后公布施行。

统筹地区经办机构根据用人单位工伤保险费使用、工伤发生率等情况，适用所属行业内相应的费率档次确定单位缴费费率。

第九条 国务院社会保险行政部门应当定期了解全国各统筹地区工伤保险基金收支情况，及时提出调整行业差别费率及行业内费率档次的方案，报国务院批准后公布施行。

第十条 用人单位应当按时缴纳工伤保险费。职工个人不缴纳工伤保险费。

用人单位缴纳工伤保险费的数额为本单位职工工资总额乘以单位缴费费率之积。

对难以按照工资总额缴纳工伤保险费的行业，其缴纳工伤保险费的具体方式，由国务院社会保险行政部门规定。

第十一条 工伤保险基金逐步实行省级统筹。

跨地区、生产流动性较大的行业，可以采取相对集中的方式异地参加统筹地区的工伤保险。具体办法由国务院社会保险行政部门会同有关行业的主管部门制定。

第十二条 工伤保险基金存入社会保障基金财政专户，用于本条例规定的工伤保险待遇，劳动能力鉴定，工伤预防的宣传、培训等费用，以及法律、法规规定的用于工伤保险的其他费用的支付。

工伤预防费用的提取比例、使用和管理的具体办法，由国务院社会保险行政部门会同国务院财政、卫生行政、安全生产监督管理等部门规定。

任何单位或者个人不得将工伤保险基金用于投资运营、兴建或者改建办公场所、发放奖金,或者挪作其他用途。

第十三条 工伤保险基金应当留有一定比例的储备金,用于统筹地区重大事故的工伤保险待遇支付;储备金不足支付的,由统筹地区的人民政府垫付。储备金占基金总额的具体比例和储备金的使用办法,由省、自治区、直辖市人民政府规定。

第三章 工 伤 认 定

第十四条 职工有下列情形之一的,应当认定为工伤:

(一)在工作时间和工作场所内,因工作原因受到事故伤害的;

(二)工作时间前后在工作场所内,从事与工作有关的预备性或者收尾性工作受到事故伤害的;

(三)在工作时间和工作场所内,因履行工作职责受到暴力等意外伤害的;

(四)患职业病的;

(五)因工外出期间,由于工作原因受到伤害或者发生事故下落不明的;

(六)在上下班途中,受到非本人主要责任的交通事故或者城市轨道交通、客运轮渡、火车事故伤害的;

(七)法律、行政法规规定应当认定为工伤的其他情形。

第十五条 职工有下列情形之一的,视同工伤:

(一)在工作时间和工作岗位,突发疾病死亡或者在48小时之内经抢救无效死亡的;

(二)在抢险救灾等维护国家利益、公共利益活动中受到伤害的;

(三)职工原在军队服役,因战、因公负伤致残,已取得革命伤残军人证,到用人单位后旧伤复发的。

职工有前款第(一)项、第(二)项情形的,按照本条例的有关规定享受工伤保险待遇;职工有前款第(三)项情形的,按照本条例的有关规定享受除一次性伤残补助金以外的工伤保险待遇。

第十六条 职工符合本条例第十四条、第十五条的规定,但是有下列情形之一的,不得认定为工伤或者视同工伤:

(一)故意犯罪的;

(二)醉酒或者吸毒的;

(三)自残或者自杀的。

第十七条 职工发生事故伤害或者按照职业病防治法规定被诊断、鉴定为职业病,所在单位应当自事故伤害发生之日或者被诊断、鉴定为职业病之日起30日内，向统筹地区社会保险行政部门提出工伤认定申请。遇有特殊情况，经报社会保险行政部门同意，申请时限可以适当延长。

用人单位未按前款规定提出工伤认定申请的，工伤职工或者其近亲属、工会组织在事故伤害发生之日或者被诊断、鉴定为职业病之日起1年内，可以直接向用人单位所在地统筹地区社会保险行政部门提出工伤认定申请。

按照本条第一款规定应当由省级社会保险行政部门进行工伤认定的事项，根据属地原则由用人单位所在地的设区的市级社会保险行政部门办理。

用人单位未在本条第一款规定的时限内提交工伤认定申请，在此期间发生符合本条例规定的工伤待遇等有关费用由该用人单位负担。

第十八条 提出工伤认定申请应当提交下列材料：

（一）工伤认定申请表；

（二）与用人单位存在劳动关系（包括事实劳动关系）的证明材料；

（三）医疗诊断证明或者职业病诊断证明书（或者职业病诊断鉴定书）。

工伤认定申请表应当包括事故发生的时间、地点、原因以及职工伤害程度等基本情况。

工伤认定申请人提供材料不完整的，社会保险行政部门应当一次性书面告知工伤认定申请人需要补正的全部材料。申请人按照书面告知要求补正材料后，社会保险行政部门应当受理。

第十九条 社会保险行政部门受理工伤认定申请后，根据审核需要可以对事故伤害进行调查核实，用人单位、职工、工会组织、医疗机构以及有关部门应当予以协助。职业病诊断和诊断争议的鉴定，依照职业病防治法的有关规定执行。对依法取得职业病诊断证明书或者职业病诊断鉴定书的，社会保险行政部门不再进行调查核实。

职工或者其近亲属认为是工伤，用人单位不认为是工伤的，由用人单位承担举证责任。

第二十条 社会保险行政部门应当自受理工伤认定申请之日起60日内作出工伤认定的决定，并书面通知申请工伤认定的职工或者其近亲属和该职工所在单位。

社会保险行政部门对受理的事实清楚、权利义务明确的工伤认定申请，应当在15日内作出工伤认定的决定。

作出工伤认定决定需要以司法机关或者有关行政主管部门的结论为依据的，在司法机关或者有关行政主管部门尚未作出结论期间，作出工伤认定决定的时限中止。

社会保险行政部门工作人员与工伤认定申请人有利害关系的，应当回避。

第四章 劳动能力鉴定

第二十一条 职工发生工伤，经治疗伤情相对稳定后存在残疾、影响劳动能力的，应当进行劳动能力鉴定。

第二十二条 劳动能力鉴定是指劳动功能障碍程度和生活自理障碍程度的等级鉴定。

劳动功能障碍分为十个伤残等级，最重的为一级，最轻的为十级。

生活自理障碍分为三个等级：生活完全不能自理、生活大部分不能自理和生活部分不能自理。

劳动能力鉴定标准由国务院社会保险行政部门会同国务院卫生行政部门等部门制定。

第二十三条 劳动能力鉴定由用人单位、工伤职工或者其近亲属向设区的市级劳动能力鉴定委员会提出申请，并提供工伤认定决定和职工工伤医疗的有关资料。

第二十四条 省、自治区、直辖市劳动能力鉴定委员会和设区的市级劳动能力鉴定委员会分别由省、自治区、直辖市和设区的市级社会保险行政部门、卫生行政部门、工会组织、经办机构代表以及用人单位代表组成。

劳动能力鉴定委员会建立医疗卫生专家库。列入专家库的医疗卫生专业技术人员应当具备下列条件：

（一）具有医疗卫生高级专业技术职务任职资格；

（二）掌握劳动能力鉴定的相关知识；

（三）具有良好的职业品德。

第二十五条 设区的市级劳动能力鉴定委员会收到劳动能力鉴定申请后，应当从其建立的医疗卫生专家库中随机抽取3名或者5名相关专家组成专家组，由专家组提出鉴定意见。设区的市级劳动能力鉴定委员会根据专家组的鉴定意见作出工伤职工劳动能力鉴定结论；必要时，可以委托具备资格的医疗机构协助进行有关的诊断。

设区的市级劳动能力鉴定委员会应当自收到劳动能力鉴定申请之日起60日内作出劳动能力鉴定结论，必要时，作出劳动能力鉴定结论的期限可以延长30日。劳动能力鉴定结论应当及时送达申请鉴定的单位和个人。

第二十六条 申请鉴定的单位或者个人对设区的市级劳动能力鉴定委员会作出的鉴定结论不服的，可以在收到该鉴定结论之日起15日内向省、自治区、直辖市劳动能力鉴定委员会提出再次鉴定申请。省、自治区、直辖市劳动能力鉴定委员会作出的劳动能力鉴定结论为最终结论。

第二十七条 劳动能力鉴定工作应当客观、公正。劳动能力鉴定委员会组成人员或者参加鉴定的专家与当事人有利害关系的，应当回避。

第二十八条 自劳动能力鉴定结论作出之日起1年后，工伤职工或者其近亲属、所在单位或者经办机构认为伤残情况发生变化的，可以申请劳动能力复查鉴定。

第二十九条　劳动能力鉴定委员会依照本条例第二十六条和第二十八条的规定进行再次鉴定和复查鉴定的期限，依照本条例第二十五条第二款的规定执行。

第五章　工伤保险待遇

第三十条　职工因工作遭受事故伤害或者患职业病进行治疗，享受工伤医疗待遇。

职工治疗工伤应当在签订服务协议的医疗机构就医，情况紧急时可以先到就近的医疗机构急救。

治疗工伤所需费用符合工伤保险诊疗项目目录、工伤保险药品目录、工伤保险住院服务标准的，从工伤保险基金支付。工伤保险诊疗项目目录、工伤保险药品目录、工伤保险住院服务标准，由国务院社会保险行政部门会同国务院卫生行政部门、食品药品监督管理部门等部门规定。

职工住院治疗工伤的伙食补助费，以及经医疗机构出具证明，报经办机构同意，工伤职工到统筹地区以外就医所需的交通、食宿费用从工伤保险基金支付，基金支付的具体标准由统筹地区人民政府规定。

工伤职工治疗非工伤引发的疾病，不享受工伤医疗待遇，按照基本医疗保险办法处理。

工伤职工到签订服务协议的医疗机构进行工伤康复的费用，符合规定的，从工伤保险基金支付。

第三十一条　社会保险行政部门作出认定为工伤的决定后发生行政复议、行政诉讼的，行政复议和行政诉讼期间不停止支付工伤职工治疗工伤的医疗费用。

第三十二条　工伤职工因日常生活或者就业需要，经劳动能力鉴定委员会确认，可以安装假肢、矫形器、假眼、假牙和配置轮椅等辅助器具，所需费用按照国家规定的标准从工伤保险基金支付。

第三十三条　职工因工作遭受事故伤害或者患职业病需要暂停工作接受工伤医疗的，在停工留薪期内，原工资福利待遇不变，由所在单位按月支付。

停工留薪期一般不超过12个月。伤情严重或者情况特殊，经设区的市级劳动能力鉴定委员会确认，可以适当延长，但延长不得超过12个月。工伤职工评定伤残等级后，停发原待遇，按照本章的有关规定享受伤残待遇。工伤职工在停工留薪期满后仍需治疗的，继续享受工伤医疗待遇。

生活不能自理的工伤职工在停工留薪期需要护理的，由所在单位负责。

第三十四条　工伤职工已经评定伤残等级并经劳动能力鉴定委员会确认需要生活护理的，从工伤保险基金按月支付生活护理费。

生活护理费按照生活完全不能自理、生活大部分不能自理或者生活部分不能自理3个不同等级支付，其标准分别为统筹地区上年度职工月平均工资的50%、

40%或者30%。

第三十五条 职工因工致残被鉴定为一级至四级伤残的，保留劳动关系，退出工作岗位，享受以下待遇：

（一）从工伤保险基金按伤残等级支付一次性伤残补助金，标准为：一级伤残为27个月的本人工资，二级伤残为25个月的本人工资，三级伤残为23个月的本人工资，四级伤残为21个月的本人工资；

（二）从工伤保险基金按月支付伤残津贴，标准为：一级伤残为本人工资的90%，二级伤残为本人工资的85%，三级伤残为本人工资的80%，四级伤残为本人工资的75%。伤残津贴实际金额低于当地最低工资标准的，由工伤保险基金补足差额；

（三）工伤职工达到退休年龄并办理退休手续后，停发伤残津贴，按照国家有关规定享受基本养老保险待遇。基本养老保险待遇低于伤残津贴的，由工伤保险基金补足差额。

职工因工致残被鉴定为一级至四级伤残的，由用人单位和职工个人以伤残津贴为基数，缴纳基本医疗保险费。

第三十六条 职工因工致残被鉴定为五级、六级伤残的，享受以下待遇：

（一）从工伤保险基金按伤残等级支付一次性伤残补助金，标准为：五级伤残为18个月的本人工资，六级伤残为16个月的本人工资；

（二）保留与用人单位的劳动关系，由用人单位安排适当工作。难以安排工作的，由用人单位按月发给伤残津贴，标准为：五级伤残为本人工资的70%，六级伤残为本人工资的60%，并由用人单位按照规定为其缴纳应缴纳的各项社会保险费。伤残津贴实际金额低于当地最低工资标准的，由用人单位补足差额。

经工伤职工本人提出，该职工可以与用人单位解除或者终止劳动关系，由工伤保险基金支付一次性工伤医疗补助金，由用人单位支付一次性伤残就业补助金。一次性工伤医疗补助金和一次性伤残就业补助金的具体标准由省、自治区、直辖市人民政府规定。

第三十七条 职工因工致残被鉴定为七级至十级伤残的，享受以下待遇：

（一）从工伤保险基金按伤残等级支付一次性伤残补助金，标准为：七级伤残为13个月的本人工资，八级伤残为11个月的本人工资，九级伤残为9个月的本人工资，十级伤残为7个月的本人工资；

（二）劳动、聘用合同期满终止，或者职工本人提出解除劳动、聘用合同的，由工伤保险基金支付一次性工伤医疗补助金，由用人单位支付一次性伤残就业补助金。一次性工伤医疗补助金和一次性伤残就业补助金的具体标准由省、自治区、直辖市人民政府规定。

第三十八条 工伤职工工伤复发，确认需要治疗的，享受本条例第三十条、

第三十二条和第三十三条规定的工伤待遇。

第三十九条 职工因工死亡，其近亲属按照下列规定从工伤保险基金领取丧葬补助金、供养亲属抚恤金和一次性工亡补助金：

（一）丧葬补助金为6个月的统筹地区上年度职工月平均工资；

（二）供养亲属抚恤金按照职工本人工资的一定比例发给由因工死亡职工生前提供主要生活来源、无劳动能力的亲属。标准为：配偶每月40%，其他亲属每人每月30%，孤寡老人或者孤儿每人每月在上述标准的基础上增加10%。核定的各供养亲属的抚恤金之和不应高于因工死亡职工生前的工资。供养亲属的具体范围由国务院社会保险行政部门规定；

（三）一次性工亡补助金标准为上一年度全国城镇居民人均可支配收入的20倍。

伤残职工在停工留薪期内因工伤导致死亡的，其近亲属享受本条第一款规定的待遇。

一级至四级伤残职工在停工留薪期满后死亡的，其近亲属可以享受本条第一款第（一）项、第（二）项规定的待遇。

第四十条 伤残津贴、供养亲属抚恤金、生活护理费由统筹地区社会保险行政部门根据职工平均工资和生活费用变化等情况适时调整。调整办法由省、自治区、直辖市人民政府规定。

第四十一条 职工因工外出期间发生事故或者在抢险救灾中下落不明的，从事故发生当月起3个月内照发工资，从第4个月起停发工资，由工伤保险基金向其供养亲属按月支付供养亲属抚恤金。生活有困难的，可以预支一次性工亡补助金的50%。职工被人民法院宣告死亡的，按照本条例第三十九条职工因工死亡的规定处理。

第四十二条 工伤职工有下列情形之一的，停止享受工伤保险待遇：

（一）丧失享受待遇条件的；

（二）拒不接受劳动能力鉴定的；

（三）拒绝治疗的。

第四十三条 用人单位分立、合并、转让的，承继单位应当承担原用人单位的工伤保险责任；原用人单位已经参加工伤保险的，承继单位应当到当地经办机构办理工伤保险变更登记。

用人单位实行承包经营的，工伤保险责任由职工劳动关系所在单位承担。

职工被借调期间受到工伤事故伤害的，由原用人单位承担工伤保险责任，但原用人单位与借调单位可以约定补偿办法。

企业破产的，在破产清算时依法拨付应当由单位支付的工伤保险待遇费用。

第四十四条 职工被派遣出境工作，依据前往国家或者地区的法律应当参加当地工伤保险的，参加当地工伤保险，其国内工伤保险关系中止；不能参加当地工伤保险的，其国内工伤保险关系不中止。

第四十五条 职工再次发生工伤，根据规定应当享受伤残津贴的，按照新认定的伤残等级享受伤残津贴待遇。

第六章 监督管理

第四十六条 经办机构具体承办工伤保险事务，履行下列职责：

（一）根据省、自治区、直辖市人民政府规定，征收工伤保险费；

（二）核查用人单位的工资总额和职工人数，办理工伤保险登记，并负责保存用人单位缴费和职工享受工伤保险待遇情况的记录；

（三）进行工伤保险的调查、统计；

（四）按照规定管理工伤保险基金的支出；

（五）按照规定核定工伤保险待遇；

（六）为工伤职工或者其近亲属免费提供咨询服务。

第四十七条 经办机构与医疗机构、辅助器具配置机构在平等协商的基础上签订服务协议，并公布签订服务协议的医疗机构、辅助器具配置机构的名单。具体办法由国务院社会保险行政部门分别会同国务院卫生行政部门、民政部门等部门制定。

第四十八条 经办机构按照协议和国家有关目录、标准对工伤职工医疗费用、康复费用、辅助器具费用的使用情况进行核查，并按时足额结算费用。

第四十九条 经办机构应当定期公布工伤保险基金的收支情况，及时向社会保险行政部门提出调整费率的建议。

第五十条 社会保险行政部门、经办机构应当定期听取工伤职工、医疗机构、辅助器具配置机构以及社会各界对改进工伤保险工作的意见。

第五十一条 社会保险行政部门依法对工伤保险费的征缴和工伤保险基金的支付情况进行监督检查。

财政部门和审计机关依法对工伤保险基金的收支、管理情况进行监督。

第五十二条 任何组织和个人对有关工伤保险的违法行为，有权举报。社会保险行政部门对举报应当及时调查，按照规定处理，并为举报人保密。

第五十三条 工会组织依法维护工伤职工的合法权益，对用人单位的工伤保险工作实行监督。

第五十四条 职工与用人单位发生工伤待遇方面的争议，按照处理劳动争议的有关规定处理。

第五十五条 有下列情形之一的，有关单位或者个人可以依法申请行政复议，也可以依法向人民法院提起行政诉讼：

（一）申请工伤认定的职工或者其近亲属、该职工所在单位对工伤认定申请不予受理的决定不服的；

（二）申请工伤认定的职工或者其近亲属、该职工所在单位对工伤认定结论不服的；

（三）用人单位对经办机构确定的单位缴费费率不服的；

（四）签订服务协议的医疗机构、辅助器具配置机构认为经办机构未履行有关协议或者规定的；

（五）工伤职工或者其近亲属对经办机构核定的工伤保险待遇有异议的。

第七章 法律责任

第五十六条 单位或者个人违反本条例第十二条规定挪用工伤保险基金，构成犯罪的，依法追究刑事责任；尚不构成犯罪的，依法给予处分或者纪律处分。被挪用的基金由社会保险行政部门追回，并入工伤保险基金；没收的违法所得依法上缴国库。

第五十七条 社会保险行政部门工作人员有下列情形之一的，依法给予处分；情节严重，构成犯罪的，依法追究刑事责任：

（一）无正当理由不受理工伤认定申请，或者弄虚作假将不符合工伤条件的人员认定为工伤职工的；

（二）未妥善保管申请工伤认定的证据材料，致使有关证据灭失的；

（三）收受当事人财物的。

第五十八条 经办机构有下列行为之一的，由社会保险行政部门责令改正，对直接负责的主管人员和其他责任人员依法给予纪律处分；情节严重，构成犯罪的，依法追究刑事责任；造成当事人经济损失的，由经办机构依法承担赔偿责任：

（一）未按规定保存用人单位缴费和职工享受工伤保险待遇情况记录的；

（二）不按规定核定工伤保险待遇的；

（三）收受当事人财物的。

第五十九条 医疗机构、辅助器具配置机构不按服务协议提供服务的，经办机构可以解除服务协议。

经办机构不按时足额结算费用的，由社会保险行政部门责令改正；医疗机构、辅助器具配置机构可以解除服务协议。

第六十条 用人单位、工伤职工或者其近亲属骗取工伤保险待遇，医疗机构、辅助器具配置机构骗取工伤保险基金支出的，由社会保险行政部门责令退还，处骗取金额2倍以上5倍以下的罚款；情节严重，构成犯罪的，依法追究刑事责任。

第六十一条 从事劳动能力鉴定的组织或者个人有下列情形之一的，由社会保险行政部门责令改正，处2000元以上1万元以下的罚款；情节严重，构成犯罪的，依法追究刑事责任：

（一）提供虚假鉴定意见的；

（二）提供虚假诊断证明的；

（三）收受当事人财物的。

第六十二条 用人单位依照本条例规定应当参加工伤保险而未参加的，由社会保险行政部门责令限期参加，补缴应当缴纳的工伤保险费，并自欠缴之日起，按日加收万分之五的滞纳金；逾期仍不缴纳的，处欠缴数额1倍以上3倍以下的罚款。

依照本条例规定应当参加工伤保险而未参加工伤保险的用人单位职工发生工伤的，由该用人单位按照本条例规定的工伤保险待遇项目和标准支付费用。

用人单位参加工伤保险并补缴应当缴纳的工伤保险费、滞纳金后，由工伤保险基金和用人单位依照本条例的规定支付新发生的费用。

第六十三条 用人单位违反本条例第十九条的规定，拒不协助社会保险行政部门对事故进行调查核实的，由社会保险行政部门责令改正，处2000元以上2万元以下的罚款。

第八章 附 则

第六十四条 本条例所称工资总额，是指用人单位直接支付给本单位全部职工的劳动报酬总额。

本条例所称本人工资，是指工伤职工因工作遭受事故伤害或者患职业病前12个月平均月缴费工资。本人工资高于统筹地区职工平均工资300%的，按照统筹地区职工平均工资的300%计算；本人工资低于统筹地区职工平均工资60%的，按照统筹地区职工平均工资的60%计算。

第六十五条 公务员和参照公务员法管理的事业单位、社会团体的工作人员因工作遭受事故伤害或者患职业病的，由所在单位支付费用。具体办法由国务院社会保险行政部门会同国务院财政部门规定。

第六十六条 无营业执照或者未经依法登记、备案的单位以及被依法吊销营业执照或者撤销登记、备案的单位的职工受到事故伤害或者患职业病的，由该单位向伤残职工或者死亡职工的近亲属给予一次性赔偿，赔偿标准不得低于本条例规定的工伤保险待遇；用人单位不得使用童工，用人单位使用童工造成童工伤残、死亡的，由该单位向童工或者童工的近亲属给予一次性赔偿，赔偿标准不得低于本条例规定的工伤保险待遇。具体办法由国务院社会保险行政部门规定。

前款规定的伤残职工或者死亡职工的近亲属就赔偿数额与单位发生争议的，以及前款规定的童工或者童工的近亲属就赔偿数额与单位发生争议的，按照处理劳动争议的有关规定处理。

第六十七条 本条例自2004年1月1日起施行。本条例施行前已受到事故伤害或者患职业病的职工尚未完成工伤认定的,按照本条例的规定执行。

附录七 中华人民共和国劳动争议调解仲裁法

(2007年12月29日第十届全国人民代表大会常务委员会
第三十一次会议通过)

第一章 总 则

第一条 为了公正及时解决劳动争议,保护当事人合法权益,促进劳动关系和谐稳定,制定本法。

第二条 中华人民共和国境内的用人单位与劳动者发生的下列劳动争议,适用本法:

(一)因确认劳动关系发生的争议;

(二)因订立、履行、变更、解除和终止劳动合同发生的争议;

(三)因除名、辞退和辞职、离职发生的争议;

(四)因工作时间、休息休假、社会保险、福利、培训以及劳动保护发生的争议;

(五)因劳动报酬、工伤医疗费、经济补偿或者赔偿金等发生的争议;

(六)法律、法规规定的其他劳动争议。

第三条 解决劳动争议,应当根据事实,遵循合法、公正、及时、着重调解的原则,依法保护当事人的合法权益。

第四条 发生劳动争议,劳动者可以与用人单位协商,也可以请工会或者第三方共同与用人单位协商,达成和解协议。

第五条 发生劳动争议,当事人不愿协商、协商不成或者达成和解协议后不履行的,可以向调解组织申请调解;不愿调解、调解不成或者达成调解协议后不履行的,可以向劳动争议仲裁委员会申请仲裁;对仲裁裁决不服的,除本法另有规定的外,可以向人民法院提起诉讼。

第六条 发生劳动争议,当事人对自己提出的主张,有责任提供证据。与争议事项有关的证据属于用人单位掌握管理的,用人单位应当提供;用人单位不提供的,应当承担不利后果。

第七条 发生劳动争议的劳动者一方在十人以上,并有共同请求的,可以推举代表参加调解、仲裁或者诉讼活动。

第八条 县级以上人民政府劳动行政部门会同工会和企业方面代表建立协调

劳动关系三方机制，共同研究解决劳动争议的重大问题。

第九条 用人单位违反国家规定，拖欠或者未足额支付劳动报酬，或者拖欠工伤医疗费、经济补偿或者赔偿金的，劳动者可以向劳动行政部门投诉，劳动行政部门应当依法处理。

第二章 调 解

第十条 发生劳动争议，当事人可以到下列调解组织申请调解：
（一）企业劳动争议调解委员会；
（二）依法设立的基层人民调解组织；
（三）在乡镇、街道设立的具有劳动争议调解职能的组织。
企业劳动争议调解委员会由职工代表和企业代表组成。职工代表由工会成员担任或者由全体职工推举产生，企业代表由企业负责人指定。企业劳动争议调解委员会主任由工会成员或者双方推举的人员担任。

第十一条 劳动争议调解组织的调解员应当由公道正派、联系群众、热心调解工作，并具有一定法律知识、政策水平和文化水平的成年公民担任。

第十二条 当事人申请劳动争议调解可以书面申请，也可以口头申请。口头申请的，调解组织应当当场记录申请人基本情况、申请调解的争议事项、理由和时间。

第十三条 调解劳动争议，应当充分听取双方当事人对事实和理由的陈述，耐心疏导，帮助其达成协议。

第十四条 经调解达成协议的，应当制作调解协议书。
调解协议书由双方当事人签名或者盖章，经调解员签名并加盖调解组织印章后生效，对双方当事人具有约束力，当事人应当履行。
自劳动争议调解组织收到调解申请之日起十五日内未达成调解协议的，当事人可以依法申请仲裁。

第十五条 达成调解协议后，一方当事人在协议约定期限内不履行调解协议的，另一方当事人可以依法申请仲裁。

第十六条 因支付拖欠劳动报酬、工伤医疗费、经济补偿或者赔偿金事项达成调解协议，用人单位在协议约定期限内不履行的，劳动者可以持调解协议书依法向人民法院申请支付令。人民法院应当依法发出支付令。

第三章 仲 裁

第一节 一 般 规 定

第十七条 劳动争议仲裁委员会按照统筹规划、合理布局和适应实际需要的原则设立。省、自治区人民政府可以决定在市、县设立；直辖市人民政府可以决定在区、县设立。直辖市、设区的市也可以设立一个或者若干个劳动争议仲裁委员会。劳动争议仲裁委员会不按行政区划层层设立。

第十八条　国务院劳动行政部门依照本法有关规定制定仲裁规则。省、自治区、直辖市人民政府劳动行政部门对本行政区域的劳动争议仲裁工作进行指导。

第十九条　劳动争议仲裁委员会由劳动行政部门代表、工会代表和企业方面代表组成。劳动争议仲裁委员会组成人员应当是单数。

劳动争议仲裁委员会依法履行下列职责：

（一）聘任、解聘专职或者兼职仲裁员；

（二）受理劳动争议案件；

（三）讨论重大或者疑难的劳动争议案件；

（四）对仲裁活动进行监督。

劳动争议仲裁委员会下设办事机构，负责办理劳动争议仲裁委员会的日常工作。

第二十条　劳动争议仲裁委员会应当设仲裁员名册。

仲裁员应当公道正派并符合下列条件之一：

（一）曾任审判员的；

（二）从事法律研究、教学工作并具有中级以上职称的；

（三）具有法律知识、从事人力资源管理或者工会等专业工作满五年的；

（四）律师执业满三年的。

第二十一条　劳动争议仲裁委员会负责管辖本区域内发生的劳动争议。

劳动争议由劳动合同履行地或者用人单位所在地的劳动争议仲裁委员会管辖。双方当事人分别向劳动合同履行地和用人单位所在地的劳动争议仲裁委员会申请仲裁的，由劳动合同履行地的劳动争议仲裁委员会管辖。

第二十二条　发生劳动争议的劳动者和用人单位为劳动争议仲裁案件的双方当事人。

劳务派遣单位或者用工单位与劳动者发生劳动争议的，劳务派遣单位和用工单位为共同当事人。

第二十三条　与劳动争议案件的处理结果有利害关系的第三人，可以申请参加仲裁活动或者由劳动争议仲裁委员会通知其参加仲裁活动。

第二十四条　当事人可以委托代理人参加仲裁活动。委托他人参加仲裁活动，应当向劳动争议仲裁委员会提交有委托人签名或者盖章的委托书，委托书应当载明委托事项和权限。

第二十五条　丧失或者部分丧失民事行为能力的劳动者，由其法定代理人代为参加仲裁活动；无法定代理人的，由劳动争议仲裁委员会为其指定代理人。劳动者死亡的，由其近亲属或者代理人参加仲裁活动。

第二十六条 劳动争议仲裁公开进行,但当事人协议不公开进行或者涉及国家秘密、商业秘密和个人隐私的除外。

第二节 申请和受理

第二十七条 劳动争议申请仲裁的时效期间为一年。仲裁时效期间从当事人知道或者应当知道其权利被侵害之日起计算。

前款规定的仲裁时效,因当事人一方向对方当事人主张权利,或者向有关部门请求权利救济,或者对方当事人同意履行义务而中断。从中断时起,仲裁时效期间重新计算。

因不可抗力或者有其他正当理由,当事人不能在本条第一款规定的仲裁时效期间申请仲裁的,仲裁时效中止。从中止时效的原因消除之日起,仲裁时效期间继续计算。

劳动关系存续期间因拖欠劳动报酬发生争议的,劳动者申请仲裁不受本条第一款规定的仲裁时效期间的限制;但是,劳动关系终止的,应当自劳动关系终止之日起一年内提出。

第二十八条 申请人申请仲裁应当提交书面仲裁申请,并按照被申请人人数提交副本。

仲裁申请书应当载明下列事项:

(一)劳动者的姓名、性别、年龄、职业、工作单位和住所,用人单位的名称、住所和法定代表人或者主要负责人的姓名、职务;

(二)仲裁请求和所根据的事实、理由;

(三)证据和证据来源、证人姓名和住所。

书写仲裁申请确有困难的,可以口头申请,由劳动争议仲裁委员会记入笔录,并告知对方当事人。

第二十九条 劳动争议仲裁委员会收到仲裁申请之日起五日内,认为符合受理条件的,应当受理,并通知申请人;认为不符合受理条件的,应当书面通知申请人不予受理,并说明理由。对劳动争议仲裁委员会不予受理或者逾期未作出决定的,申请人可以就该劳动争议事项向人民法院提起诉讼。

第三十条 劳动争议仲裁委员会受理仲裁申请后,应当在五日内将仲裁申请书副本送达被申请人。

被申请人收到仲裁申请书副本后,应当在十日内向劳动争议仲裁委员会提交答辩书。劳动争议仲裁委员会收到答辩书后,应当在五日内将答辩书副本送达申请人。被申请人未提交答辩书的,不影响仲裁程序的进行。

第三节 开庭和裁决

第三十一条 劳动争议仲裁委员会裁决劳动争议案件实行仲裁庭制。仲裁庭由三名仲裁员组成，设首席仲裁员。简单劳动争议案件可以由一名仲裁员独任仲裁。

第三十二条 劳动争议仲裁委员会应当在受理仲裁申请之日起五日内将仲裁庭的组成情况书面通知当事人。

第三十三条 仲裁员有下列情形之一，应当回避，当事人也有权以口头或者书面方式提出回避申请：

（一）是本案当事人或者当事人、代理人的近亲属的；

（二）与本案有利害关系的；

（三）与本案当事人、代理人有其他关系，可能影响公正裁决的；

（四）私自会见当事人、代理人，或者接受当事人、代理人的请客送礼的。

劳动争议仲裁委员会对回避申请应当及时作出决定，并以口头或者书面方式通知当事人。

第三十四条 仲裁员有本法第三十三条第四项规定情形，或者有索贿受贿、徇私舞弊、枉法裁决行为的，应当依法承担法律责任。劳动争议仲裁委员会应当将其解聘。

第三十五条 仲裁庭应当在开庭五日前，将开庭日期、地点书面通知双方当事人。当事人有正当理由的，可以在开庭三日前请求延期开庭。是否延期，由劳动争议仲裁委员会决定。

第三十六条 申请人收到书面通知，无正当理由拒不到庭或者未经仲裁庭同意中途退庭的，可以视为撤回仲裁申请。

被申请人收到书面通知，无正当理由拒不到庭或者未经仲裁庭同意中途退庭的，可以缺席裁决。

第三十七条 仲裁庭对专门性问题认为需要鉴定的，可以交由当事人约定的鉴定机构鉴定；当事人没有约定或者无法达成约定的，由仲裁庭指定的鉴定机构鉴定。

根据当事人的请求或者仲裁庭的要求，鉴定机构应当派鉴定人参加开庭。当事人经仲裁庭许可，可以向鉴定人提问。

第三十八条 当事人在仲裁过程中有权进行质证和辩论。质证和辩论终结时，首席仲裁员或者独任仲裁员应当征询当事人的最后意见。

第三十九条 当事人提供的证据经查证属实的，仲裁庭应当将其作为认定事实的根据。

劳动者无法提供由用人单位掌握管理的与仲裁请求有关的证据，仲裁庭可以要求用人单位在指定期限内提供。用人单位在指定期限内不提供的，应当承担不利后果。

第四十条 仲裁庭应当将开庭情况记入笔录。当事人和其他仲裁参加人认为对自己陈述的记录有遗漏或者差错的,有权申请补正。如果不予补正,应当记录该申请。

笔录由仲裁员、记录人员、当事人和其他仲裁参加人签名或者盖章。

第四十一条 当事人申请劳动争议仲裁后,可以自行和解。达成和解协议的,可以撤回仲裁申请。

第四十二条 仲裁庭在作出裁决前,应当先行调解。

调解达成协议的,仲裁庭应当制作调解书。

调解书应当写明仲裁请求和当事人协议的结果。调解书由仲裁员签名,加盖劳动争议仲裁委员会印章,送达双方当事人。调解书经双方当事人签收后,发生法律效力。

调解不成或者调解书送达前,一方当事人反悔的,仲裁庭应当及时作出裁决。

第四十三条 仲裁庭裁决劳动争议案件,应当自劳动争议仲裁委员会受理仲裁申请之日起四十五日内结束。案情复杂需要延期的,经劳动争议仲裁委员会主任批准,可以延期并书面通知当事人,但是延长期限不得超过十五日。逾期未作出仲裁裁决的,当事人可以就该劳动争议事项向人民法院提起诉讼。

仲裁庭裁决劳动争议案件时,其中一部分事实已经清楚,可以就该部分先行裁决。

第四十四条 仲裁庭对追索劳动报酬、工伤医疗费、经济补偿或者赔偿金的案件,根据当事人的申请,可以裁决先予执行,移送人民法院执行。

仲裁庭裁决先予执行的,应当符合下列条件:

(一)当事人之间权利义务关系明确;

(二)不先予执行将严重影响申请人的生活。

劳动者申请先予执行的,可以不提供担保。

第四十五条 裁决应当按照多数仲裁员的意见作出,少数仲裁员的不同意见应当记入笔录。仲裁庭不能形成多数意见时,裁决应当按照首席仲裁员的意见作出。

第四十六条 裁决书应当载明仲裁请求、争议事实、裁决理由、裁决结果和裁决日期。裁决书由仲裁员签名,加盖劳动争议仲裁委员会印章。对裁决持不同意见的仲裁员,可以签名,也可以不签名。

第四十七条 下列劳动争议,除本法另有规定的外,仲裁裁决为终局裁决,裁决书自作出之日起发生法律效力:

(一)追索劳动报酬、工伤医疗费、经济补偿或者赔偿金,不超过当地月最低工资标准十二个月金额的争议;

(二)因执行国家的劳动标准在工作时间、休息休假、社会保险等方面发生的争议。

第四十八条 劳动者对本法第四十七条规定的仲裁裁决不服的，可以自收到仲裁裁决书之日起十五日内向人民法院提起诉讼。

第四十九条 用人单位有证据证明本法第四十七条规定的仲裁裁决有下列情形之一，可以自收到仲裁裁决书之日起三十日内向劳动争议仲裁委员会所在地的中级人民法院申请撤销裁决：

（一）适用法律、法规确有错误的；

（二）劳动争议仲裁委员会无管辖权的；

（三）违反法定程序的；

（四）裁决所根据的证据是伪造的；

（五）对方当事人隐瞒了足以影响公正裁决的证据的；

（六）仲裁员在仲裁该案时有索贿受贿、徇私舞弊、枉法裁决行为的。

人民法院经组成合议庭审查核实裁决有前款规定情形之一的，应当裁定撤销。

仲裁裁决被人民法院裁定撤销的，当事人可以自收到裁定书之日起十五日内就该劳动争议事项向人民法院提起诉讼。

第五十条 当事人对本法第四十七条规定以外的其他劳动争议案件的仲裁裁决不服的，可以自收到仲裁裁决书之日起十五日内向人民法院提起诉讼；期满不起诉的，裁决书发生法律效力。

第五十一条 当事人对发生法律效力的调解书、裁决书，应当依照规定的期限履行。一方当事人逾期不履行的，另一方当事人可以依照民事诉讼法的有关规定向人民法院申请执行。受理申请的人民法院应当依法执行。

第四章 附 则

第五十二条 事业单位实行聘用制的工作人员与本单位发生劳动争议的，依照本法执行；法律、行政法规或者国务院另有规定的，依照其规定。

第五十三条 劳动争议仲裁不收费。劳动争议仲裁委员会的经费由财政予以保障。

第五十四条 本法自2008年5月1日起施行。